智能财务研究系列丛书

区块链电子发票系统构建研究
——基于增值税征管全流程视角

刘梅玲 著

立信会计出版社
LIXIN ACCOUNTING PUBLISHING HOUSE

图书在版编目(CIP)数据

区块链电子发票系统构建研究：基于增值税征管全流程视角/刘梅玲著.—上海：立信会计出版社，2023.1

ISBN 978-7-5429-7231-6

Ⅰ.①区… Ⅱ.①刘… Ⅲ.①区块链技术-应用-增值税-税收管理-研究-中国 Ⅳ.①F812.424

中国国家版本馆CIP数据核字(2023)第044040号

策划编辑　张巧玲
责任编辑　张巧玲
助理编辑　汪玉玲

区块链电子发票系统构建研究——基于增值税征管全流程视角

出版发行	立信会计出版社	
地　　址	上海市中山西路2230号	邮政编码　200235
电　　话	(021)64411389	传　　真　(021)64411325
网　　址	www.lixinaph.com	电子邮箱　lixinaph2019@126.com
网上书店	http://lixin.jd.com	http://lxkjcbs.tmall.com
经　　销	各地新华书店	
印　　刷	常熟市人民印刷有限公司	
开　　本	710毫米×1000毫米　1/16	
印　　张	14	插　页　1
字　　数	258千字	
版　　次	2023年1月第1版	
印　　次	2023年1月第1次	
书　　号	ISBN 978-7-5429-7231-6/F	
定　　价	68.00元	

如有印订差错,请与本社联系调换

前　言

增值税是目前我国税收收入贡献最大的税种,但其征管体系仍存在一些薄弱环节,导致增值税征管成本较高,增值税纳税遵从度不尽理想。我国税收征管的重要发展方向是"信息管税",但我国增值税管理当前仍然处于"以票管税"阶段。为此,增值税发票管理是我国增值税征管的重要抓手,在我国增值税征管中具有举足轻重的地位和作用。增值税征管实务工作仍然存在较多问题,影响实务便利性、成本效益、业务真实性、发票真实性、发票数据质量和纳税遵从性等。相较于纸质发票和电子发票,区块链发票对我国增值税发票管理问题的解决程度最高、应用效果最好。区块链在我国电子发票领域的试点应用成效显著,解决了发票流转过程中一票多报、虚报虚抵、真假难验等难题,但在票种范围、地域范围、厂商对接范围、跨链实现、存储集成等方面尚存在一定局限,也未能覆盖增值税征管全流程(涵盖税务登记、税务日常管理、税款征管三个阶段),还不具备直接在全国推广应用的条件。为此,本书基于增值税征管全流程视角对区块链在电子发票领域的全国性运用展开研究。

本书基于我国2019年的增值税发票应用现状与存在问题,主要采用文献研究法、比较研究法、系统分析法和调查研究法,研判电子发票在我国增值税征管中的应用趋势,分析区块链在全国电子发票系统应用的必要性和可行性,探讨全国区块链电子发票系统的构建思路、可能效益和实施要点,对我国当前及未来研究和开发全国区块链电子发票系统仍然存在重要的参考和借鉴价值。研究发现,电子发票在我国的推广和应用是必然趋势,区块链用于全国电子发票管理系统确有必要且切实可行,但区块链并非适用所有的电子发票流转环节,区块链电子发票系统的区块链类型选择、工作机制设计、网络关系图谱设计、多链合作模式设计都至关重要。基于此研究结果,本书建议我国税务部门通过改进发票管理系统进一步提升增值税征管水平,将区块链技术引入全国增值税发票管理系统,基于联盟链设计全国区块链电子发票系统的工作机制,基于多链设计全国区块链电子发票系统的网络关系图谱,并配合财政部门共同推进会计档案无纸化工作。

本书主要有以下三点创新:一是研究视角创新。本书基于增值税税收征管全流程的视角,从税务登记、税务日常管理、税款征管三个阶段构成的增值税征管业务流程入手,将各发票干系人作为白箱处理,系统探讨区块链电子发票系统的业务需求和设计思路。二是研究内容创新。本书聚焦全国区块链电子发票系统,对其构建必要性和可行性、区块链选型、工作机制设计、网络关系图谱设计、链体架构设计展开探讨。三是研究观点创新。本书将增值税普通发票和增值税专用发票统一纳入研究范围,并考虑各省区块链发票数据的全国汇总和全国区块链发票数据的跨省清分问题,进而探讨区块链电子发票系统的单链架构和多链架构。

本书研究尚存在以下三点局限:一是提出的全国区块链电子发票系统建模还有待进一步检验和修正,二是未能对全国区块链电子发票系统的详细设计和应用路径进行探讨和分析,三是未能探讨全国区块链电子发票系统的应用效果。在未来研究中,我们可对这些问题进行系统性的深入探讨。

编者

2022 年 12 月

目 录

第1章 引言 ··· 1
  1.1 研究背景与问题描述 ··· 1
  1.2 研究对象、目标及内容 ·· 3
    1.2.1 研究对象 ·· 3
    1.2.2 研究目标 ·· 4
    1.2.3 研究内容 ·· 4
  1.3 研究意义 ·· 5
    1.3.1 为增值税征管相关问题的解决提供思路 ····························· 5
    1.3.2 为全国区块链电子发票系统的构建提供参考 ······················· 5
  1.4 研究思路、章节安排与研究方法 ·· 5
    1.4.1 研究思路 ·· 5
    1.4.2 章节安排 ·· 7
    1.4.3 研究方法 ·· 8
  1.5 研究难点与研究创新 ··· 9
    1.5.1 研究的难点 ·· 9
    1.5.2 研究的创新 ·· 10

第2章 理论基础与文献综述 ··· 11
  2.1 理论基础 ·· 11
    2.1.1 信息不对称理论 ··· 11
    2.1.2 税收征管优化思路 ··· 12
    2.1.3 软件生命周期 ··· 13
  2.2 文献回顾 ·· 14
    2.2.1 关于区块链用于税收领域的必要性 ································ 14
    2.2.2 关于区块链用于税收领域的可能场景 ···························· 15
    2.2.3 关于区块链用于税收领域的模型构建 ···························· 17
    2.2.4 关于区块链用于税收领域的可能效果 ···························· 20
    2.2.5 关于区块链用于税收领域的政策建议 ···························· 23

2.3 文献分析 24
  2.3.1 文献内容的总体分布 24
  2.3.2 文献中的国际经验 25
  2.3.3 现有文献的主要观点 28
  2.3.4 文献成果的局限与本报告的定位 29

第3章 我国增值税发票的应用现状与存在问题 31
 3.1 我国增值税发票管理的概况 31
  3.1.1 发票管理在我国增值税征管中的重要性 31
  3.1.2 我国增值税发票的分类 32
  3.1.3 我国电子发票的推进进程 34
 3.2 我国增值税发票管理系统的变迁 36
  3.2.1 增值税发票管理系统的母系统 38
  3.2.2 增值税专用发票管理系统 42
  3.2.3 增值税防伪税控系统 43
  3.2.4 增值税发票系统升级版 46
  3.2.5 我国增值税电子发票系统 50
  3.2.6 增值税发票管理系统的延伸系统 54
 3.3 我国增值税征管全流程分析 56
  3.3.1 我国电子发票的流转环节与系统支撑 56
  3.3.2 我国基于纸质发票的增值税征管全流程 57
  3.3.3 我国基于电子发票的增值税征管全流程 59
 3.4 我国增值税发票管理存在的问题与影响 67
  3.4.1 我国增值税发票管理存在的问题 67
  3.4.2 我国增值税发票管理存在问题的影响 71
 3.5 本章小结 72

第4章 区块链在全国电子发票系统的应用分析 75
 4.1 区块链概述 75
  4.1.1 区块链的定义与特征 75
  4.1.2 区块链的技术架构与交易流程 76
  4.1.3 区块链的发展与应用 76
 4.2 我国区块链的推进与应用 81
  4.2.1 我国区块链相关政策 81
  4.2.2 我国区块链产业链条 83
  4.2.3 我国联盟链典型应用项目 84

		4.2.4	我国区块链电子政务应用	87
		4.2.5	我国区块链电子发票应用试点	88
	4.3	区块链用于全国电子发票系统的必要性分析		92
		4.3.1	我国当前增值税征管存在的问题	92
		4.3.2	区块链发票有助于解决增值税发票管理问题	93
		4.3.3	我国区块链发票试点应用的局限	104
	4.4	区块链用于全国电子发票系统的可行性分析		105
		4.4.1	区块链与增值税征管需求契合	105
		4.4.2	区块链发票的可能优势分析	107
		4.4.3	区块链发票的试点优势总结	107
		4.4.4	区块链用于全国电子发票系统的可行性	109
	4.5	本章小结		113
第5章	全国区块链电子发票系统的构建			116
	5.1	电子发票系统适用的区块链类型		116
		5.1.1	区块链的类型	116
		5.1.2	电子发票系统与区块链类型的匹配	117
		5.1.3	电子发票系统适用的区块链类型确定	120
	5.2	适用区块链的电子发票流转环节分析		120
		5.2.1	我国基于区块链发票的增值税征管全流程	120
		5.2.2	基于三种形式发票的增值税征管全流程对比	123
		5.2.3	适宜采用区块链技术的电子发票流转环节	124
	5.3	区块链电子发票系统的工作机制设计		133
		5.3.1	总体工作机制	133
		5.3.2	具体工作流程	134
		5.3.3	总体工作流程	138
	5.4	区块链电子发票系统的网络关系图谱设计		139
		5.4.1	网络关系图谱的设计考量	139
		5.4.2	基于单链的网络关系图谱	139
		5.4.3	基于多链的网络关系图谱	142
		5.4.4	基于单链与多链的网络关系图谱对比	144
	5.5	区块链电子发票系统的链体架构设计		145
		5.5.1	区块链电子发票系统的单链架构设计	145
		5.5.2	区块链电子发票系统的多链架构设计	151
	5.6	区块链电子发票系统的可能收益与实施要点		159

          5.6.1 区块链电子发票系统的可能收益 …………………… 159
          5.6.2 区块链电子发票系统的实施要点 …………………… 160
    5.7 本章小结 ………………………………………………………… 162
第 6 章 研究结论与相关建议 ……………………………………………… 166
    6.1 主要结论 ………………………………………………………… 166
          6.1.1 电子发票在我国的推广和应用是必然趋势 ……………… 166
          6.1.2 我国高度重视和积极推动区块链发展应用 ……………… 166
          6.1.3 我国增值税发票管理相关的系统纷繁复杂 ……………… 167
          6.1.4 区块链用于全国电子发票管理系统确有必要 …………… 168
          6.1.5 区块链用于全国电子发票管理系统切实可行 …………… 169
          6.1.6 区块链并非适用所有的电子发票流转环节 ……………… 170
          6.1.7 区块链电子发票系统的工作机制设计重要 ……………… 171
          6.1.8 区块链电子发票系统的网络关系图谱设计重要 ………… 172
    6.2 相关建议 ………………………………………………………… 172
          6.2.1 通过改进发票管理系统提升增值税征管水平 …………… 172
          6.2.2 将区块链技术引入全国增值税发票管理系统 …………… 173
          6.2.3 基于联盟链设计全国区块链电子发票系统的工作机制
                 ……………………………………………………………… 173
          6.2.4 基于多链设计全国区块链电子发票系统的网络关系图谱
                 ……………………………………………………………… 174
          6.2.5 税务部门配合财政部门共同推进会计档案无纸化 ……… 174
    6.3 存在不足与未来研究展望 ……………………………………… 174
致谢 ………………………………………………………………………… 176
参考文献 …………………………………………………………………… 178
附录 A 增值税发票的票样 ……………………………………………… 188
附录 B 电子发票基础知识 ……………………………………………… 193
附录 C 研究报告相关调研和访谈活动 ………………………………… 197
附录 D 深圳地铁区块链电子发票开具过程 …………………………… 200
附录 E 缩略语列表（按字母顺序）……………………………………… 206

图目录

图 1-1　本书的研究思路 ····················· 6
图 1-2　本书的章节安排 ····················· 7
图 2-1　税收治理框架 ······················ 12
图 2-2　影响税收征管能力的主要因素 ············· 13
图 2-3　文献大类分布情况 ··················· 25
图 2-4　文献细类分布情况 ··················· 25
图 2-5　区块链用于税收领域模型构建方面的文献分布 ····· 30
图 3-1　我国增值税发票的流转形式 ·············· 34
图 3-2　我国增值税发票管理系统的变迁 ············ 37
图 3-3　金税三期工程的总体架构 ··············· 38
图 3-4　金税三期工程应用架构简图 ·············· 39
图 3-5　金税三期工程应用架构详图 ·············· 39
图 3-6　核心征管系统与其他业务系统之间的关系 ······· 40
图 3-7　核心征管系统功能结构图 ··············· 41
图 3-8　增值税发票管理流程（增值税专用发票管理系统） ·· 42
图 3-9　增值税防伪税控系统中的多方关系 ··········· 44
图 3-10　增值税防伪税控系统总体方案 ············ 45
图 3-11　增值税防伪税控系统功能结构设计与实体信息系统的映射 ·· 45
图 3-12　增值税发票管理流程（增值税发票系统升级版） ·· 47
图 3-13　增值税发票系统升级版的总体框架 ·········· 49
图 3-14　增值税电子发票的解决方案 ············· 51
图 3-15　增值税电子发票系统的实现逻辑 ··········· 52
图 3-16　企业视角的电子发票业务流程 ············ 52
图 3-17　增值税电子发票系统的落地方案 ··········· 53
图 3-18　税务行业大数据解决方案的总体框架 ········· 55

图 3-19　税务大数据系统的数据交互 …………………………………… 56
图 3-20　我国基于纸质发票的增值税征管全流程 …………………… 58
图 3-21　我国基于电子发票的增值税征管全流程 …………………… 60
图 4-1　区块链的技术架构 ……………………………………………… 77
图 4-2　区块链的交易流程 ……………………………………………… 77
图 4-3　区块链技术与传统软件技术的融合 …………………………… 80
图 4-4　"腾讯＋深圳税局"区块链电子普票从开具到报销的操作流程 …… 90
图 4-5　我国第一张企业间区块链增值税专用电子发票 ……………… 91
图 4-6　京东与太保集团区块链电子专票方案 ………………………… 92
图 4-7　增值税发票的三流合一示意 …………………………………… 98
图 4-8　京东商城自营商品的订单信息 ………………………………… 98
图 4-9　京东商城自营商品的订单详情 ………………………………… 99
图 4-10　京东商城自营商品的电子发票 ………………………………… 99
图 4-11　三种形式发票存在问题对比 …………………………………… 102
图 5-1　我国基于区块链发票的增值税征管全流程 …………………… 121
图 5-2　区块链发票开具流程 …………………………………………… 127
图 5-3　区块链发票存储流程 …………………………………………… 127
图 5-4　区块链发票查验流程 …………………………………………… 128
图 5-5　区块链发票入账状态更新流程 ………………………………… 128
图 5-6　区块链发票数据汇总流程 ……………………………………… 129
图 5-7　区块链发票数据清分流程 ……………………………………… 130
图 5-8　区块链发票认证流程 …………………………………………… 130
图 5-9　区块链发票数据下载流程 ……………………………………… 131
图 5-10　区块链发票纳税申报流程 ……………………………………… 132
图 5-11　区块链发票税务检查流程 ……………………………………… 132
图 5-12　区块链电子发票系统的工作机制 ……………………………… 134
图 5-13　区块链发票技术标准的选型和确认流程 ……………………… 135
图 5-14　区块链节点的维护和管控流程 ………………………………… 135
图 5-15　智能合约的开发与部署流程 …………………………………… 136
图 5-16　纳税人的数字身份认证流程 …………………………………… 136
图 5-17　区块链发票的业务规范与服务商选择流程 …………………… 136
图 5-18　区块链电子发票系统链上数据的分布式存储流程 …………… 137

图号	标题	页码
图 5-19	区块链电子发票系统链上数据的实时访问流程	137
图 5-20	区块链电子发票系统总体工作流程	138
图 5-21	基于单链的区块链电子发票系统网络关系图谱	140
图 5-22	基于多链的区块链电子发票系统网络关系图谱	143
图 5-23	区块链电子发票系统的技术架构	146
图 5-24	区块链电子发票系统的数据结构	147
图 5-25	区块链电子发票系统的共识与记账	150
图 5-26	区块链的一重多链架构	155
图 5-27	区块链的二重多链架构	156
图 5-28	区块链电子发票系统的整体多链架构	157
图 5-29	区块链电子发票系统的局端一重多链架构	158
图 5-30	区块链电子发票系统的局端二重多链架构	159
图 A-1	增值税专用发票票样	188
图 A-2	增值税普通发票票样	188
图 A-3	增值税普通发票(卷票)票样	189
图 A-4	增值税电子普通发票票样	189
图 A-5	区块链电子普通发票票样	190
图 A-6	收费公路通行费增值税电子普通发票票样	190
图 A-7	机动车销售统一发票票样	191
图 A-8	二手车销售统一发票票样	191
图 A-9	货物运输业增值税专用发票票样	192
图 B-1	增值税电子普通发票示例	194
图 B-2	电子发票二维码携带信息示例	194
图 B-3	发票的基本联次	195
图 D-1	"深圳地铁e出行"小程序开通乘车码后的界面	200
图 D-2	"深圳地铁e出行"小程序中的"深圳市地铁乘车码"	201
图 D-3	微信免密支付扣费凭证	201
图 D-4	"深圳地铁e出行"小程序中的乘车记录	202
图 D-5	区块链电子发票开具信息填写界面	202
图 D-6	微信通知中的"收到新发票提醒"	203
图 D-7	"深圳地铁e出行"小程序中已开具的发票	203
图 D-8	"深圳地铁e出行"小程序中的"查看发票"界面	204

图 D-9 "深圳地铁 e 出行"小程序中的"转发到邮箱"界面 ………… 204
图 D-10 腾讯企业邮箱中的电子发票邮件 ………………………… 204
图 D-11 深圳地铁的区块链电子普票 ……………………………… 205

表目录

表 2-1　软件生命周期　13
表 2-2　爱沙尼亚数字化进程　26
表 3-1　我国当前的增值税发票种类　32
表 3-2　我国电子发票的推进进程　34
表 3-3　发票管理流程环节及描述（增值税发票系统升级版）　47
表 3-4　电子发票的流转环节与系统设备支撑　61
表 3-5　我国增值税征管中存在的问题分类　71
表 4-1　区块链的特征　76
表 4-2　区块链的应用阶段　80
表 4-3　我国区块链相关政策文件　81
表 4-4　我国基于联盟链平台的区块链典型应用项目　84
表 4-5　各地政府"区块链＋电子政务"项目列表　87
表 4-6　深圳市区块链电子普票的推进进程　88
表 4-7　三种形式增值税发票现存征管问题对比　101
表 4-8　增值税发票管理问题的成因分析　103
表 4-9　"腾讯＋深圳税局"区块链电子普票的局限性　104
表 4-10　区块链的特征与区块链发票的优势　107
表 4-11　试点区块链电子专票的优势　108
表 5-1　三类区块链系统的特性对比　116
表 5-2　区块链发票与三类区块链系统的特性匹配　117
表 5-3　基于三种形式发票的增值税征管环节对比　123
表 5-4　适宜采用区块链技术解决的电子发票流转环节　125
表 5-5　基于单链和多链的区块链电子发票系统网络关系图谱对比　145
表 5-6　区块链常用共识机制特征对比　149

表 5-7　智能合约与传统合约对比 …………………………………… 151
表 B-1　发票的功能 …………………………………………………… 195
表 B-2　电子发票的优势 ……………………………………………… 196

第1章

引　言

本章是全书的统领和总述，从研究背景和研究问题出发，探讨本书的研究对象、研究目标、研究内容和研究意义，研究思路、章节安排和研究方法，以及研究的难度和可能的创新。

1.1 研究背景与问题描述

增值税是对纳税人生产经营成果中的新增价值部分（增值额）所征收的税，具有普遍实行比例税率、征税基础宽广、计算时凭发票进行税款抵免等特征，以及税收中性、收入充足和征管简便等优点[1]。增值税于1948年起源于法国，截至2018年已在全球170多个国家和地区开征，成为全世界征收国家和地区最多的税种之一[2]。

我国自1979年引进增值税，迄今已有40余年[3]。当前，增值税是我国税收收入贡献最大的税种，但其征管体系中仍存在一些薄弱环节[4]，如因消费者不积极向卖方索要发票导致卖方可能隐匿销售收入从而逃避税收，再如因卖方伪造或虚开增值税专用发票导致买方可能虚增进项税额抵扣或虚报出口退税，从而造成增值税税收收入流失。金税工程是我国加强增值税征管的主要措施，但金税工程系统仍然存在不足，如数据采集不充分、数据核验不充分、数据核验不及时、税款清算不及时等[5]。为此，有必要针对增值税征管问题展开

---

[1] 朱为群.中国税制[M].北京：高等教育出版社,2016：57-108.
[2] 周广仁.中国增值税改革发展四十年实践与思考[J].税务研究,2018(12)：27-32.
[3] 同②.
[4] 杜莉,郑毓文.应用区块链技术推动我国增值税征管创新：机制分析与方案设计[J].税务研究,2018(6)：72-79.
[5] 同④.

研究,以提高增值税征管水平,降低增值税征管风险。

我国税收征管的重要发展方向是"信息管税",但当前我国增值税管理仍然处于"以票管税"阶段。为此,增值税发票管理作为我国增值税征管的重要抓手,在我国增值税征管中具有举足轻重的地位和作用。经过实务调研和文献研究,本书提取了 15 个增值税发票管理问题,涉及实务便利性、成本效益、业务真实性、发票真实性、发票数据质量和纳税遵从风险六类影响,这些问题的成因包括税收政策、税收征管模式、技术方案、商业实质和税控装置使用五类,这些成因多与增值税发票管理系统相关。为此,本书聚焦增值税发票管理系统,进行探索性研究。

电子发票是指在购销商品、提供或者接受服务以及从事其他经营活动中,开具、收取的,经过电子签名认证、以电子方式存储的收付款凭证[①]。增值税电子发票的推广和应用是我国增值税发票发展的必然趋势。2013 年 6 月 27 日,京东商城开出我国内地第一张电子发票[②]。2014 年 6 月 27 日,中国人民财产保险股份有限公司和北京市国家税务局成功接收了国内第一张以电子化方式入账的电子发票[③]。据报道,2016 年全球共开出发票 3 700 亿张,其中 B2C/G2C 市场发票数量 2 000 亿张,B2B/B2G/G2B 市场发票数量 1 700 亿张[④]。据 Billentis 估计,全球 2017 年电子发票市场约为 33 亿欧元(36 亿美元),2024 年约 161 亿欧元(174 亿美元)。2019 年 8 月 1 日,国务院办公厅指出,2019 年底前建成全国统一的电子发票公共服务平台,为纳税人提供免费的电子发票开具服务,加快电子发票的推广应用;尽快研究推进增值税专用发票电子化[⑤]。

区块链由中本聪(Satoshi Nakamoto)在 2008 年提出[⑥],是分布式数据存储、点对点传输、共识机制、加密算法等计算机技术的新型应用模式。我国高度重视并

---

① 参见杭州市国家税务局、杭州市地方税务局、杭州市财政局、杭州市贸易局、杭州市工商行政管理局 2013 年 12 月 20 日发布的《关于电子发票应用试点若干事项的公告》。
② 《中国电子商务领域首张电子发票在京东诞生》,网址 https://tech.qq.com/a/20130627/016703.htm。
③ 《人保财险接收国内企业电子发票第一单》,网址 http://finance.people.com.cn/money/n/2014/0630/c42877-25216846.html。
④ 中国产业发展研究网《2017 年全球电子发票数量及主要国家发展态势分析》,网址 http://www.chinaidr.com/news/2017-09/115664.html。
⑤ 参见《国务院办公厅关于印发全国深化"放管服"改革优化营商环境电视电话会议重点任务分工方案的通知》(国办发〔2019〕39 号)。
⑥ 参见 Satoshi Nakamoto 论文 *Bitcoin: A Peer-to-Peer Electronic Cash System*(《比特币:一种点对点电子现金系统》)。

积极推动区块链的发展和应用，先后出台一系列区块链相关政策，国内区块链产业链条已形成。2019年10月24日，习近平在主持中共中央政治局第十八次集体学习时强调，区块链技术的集成应用在新的技术革新和产业变革中起着重要作用，我们要加快推动区块链技术和产业创新发展①。

区块链在电子普票和电子专票领域的试点应用成效显著。2018年8月10日，深圳国贸旋转餐厅在深圳市税务局（以下简称"深圳税局"）的主导和腾讯的支持下，开出了第一张基于区块链的增值税电子普票。区块链在电子普票领域的应用目前已覆盖多个民生领域。2018年8月17日，京东集团给太平洋保险集团开出了第一张基于区块链的增值税电子专票。区块链电子发票解决了发票流转过程中一票多报、虚报虚抵、真假难验等难题，还具有提高效率、降低成本、降低风险、优化流程、应用增值、保障数据安全和隐私等优势。

但深圳税局的区块链电子发票在票种范围、地域范围、厂商对接范围、跨链实现、存储集成等方面仍然存在一定局限，也未能覆盖增值税征管全流程（涵盖税务登记、税务日常管理、税款征管三个阶段），尚不具备全国性推广应用的条件。"京东+中国太保"区块链电子专票试点具有里程碑意义，但由于没有税局的正式参与，该试用行为仅是区块链用于增值税专用发票的技术验证，实现了增值税电子专票数据及版式文件在供应链上下游企业之间的流转，未能脱离对纸质增值税专票和相应税控专用设备的依赖。为此，本书基于增值税税收征管全流程视角对区块链在电子发票领域的全国性运用展开研究，包括电子发票在我国增值税征管中的应用趋势研判、区块链在我国电子发票领域全面应用的必要性和可行性分析、我国区块链电子发票系统的构建思路和构建建议，以期为全国区块链电子发票系统的研究和开发提供参考和借鉴。

1.2　研究对象、目标及内容

1.2.1　研究对象

本书的研究对象是我国增值税发票，涵盖增值税专用发票和增值税普通

---

① 参见习近平《加快推动区块链产业创新发展》。

发票。从发票形式或信息载体角度来看,增值税发票可划分为纸质发票和电子发票两类。电子发票本身又包括普通电子发票(简称"电子发票")和基于区块链的电子发票(简称"区块链发票")。当前,我国纸质发票包括增值税专用发票和增值税普通发票,而电子发票仅涉及增值税普通发票。

1.2.2　研究目标

本书基于增值税税收征管全流程视角,通过对增值税发票干系人的系统性分析,以及对区块链技术用于增值税征管领域的必要性和可行性分析,尝试构建基于区块链的全国电子发票系统,以解决我国增值税征收领域存在的技术方案问题、征管模式问题和税控装置使用问题,从而加速我国电子发票的推广应用,改善电子发票的推广应用效果。

1.2.3　研究内容

基于以上研究对象和研究目标,本书对以下五方面的内容开展系统研究。

(1) 我国增值税发票管理系统的变迁

研究电子发票,进而设计基于区块链的全国电子发票系统,就需要研究我国增值税发票管理系统的变迁和周边系统,进而提炼电子发票在金税工程中的流转环节和系统支撑,以便本书研究设计的区块链电子发票系统能够与金税工程中已有系统进行有效衔接。

(2) 我国增值税税收征管中的问题与成因

想要研究区块链电子发票系统的必要性,就需要厘清我国增值税税收征管中存在的问题及其影响和成因,分别剖析纸质发票、电子发票和区块链发票对这些问题的解决程度,进而通过对比三种形式发票对问题的解决程度,来论证区块链发票的优势所在。

(3) 我国区块链发票应用案例剖析

想要研究区块链电子发票系统的可行性,就需要深入剖析区块链在发票领域的应用试点案例,了解案例中发票干系人的做法和成效,吸取区块链发票设计、实现和应用方面的经验和教训,从而客观评价区块链全面用于我国发票领域的可行性。

(4) 全国区块链电子发票系统的构建思路

想要研究全国区块链电子发票系统,就需要基于区块链的发展与应用、我国增值税税收征管的全景业务流程、我国电子发票的推进与应用和我国区块链发票的试点应用案例,探讨区块链电子发票系统的设计思路、可能效益和实施要点。

(5) 全国区块链电子发票系统的构建建议

想要基于增值税税收征管全流程视角研究区块链电子发票系统,就需要基于全国区块链电子发票系统进行整体性研究,对我国构建基于区块链的全国电子发票系统提出建设性意见,包括区块链技术选型、工作机制、网络关系图谱和链体架构等方面的建议。

1.3 研究意义

1.3.1 为增值税征管相关问题的解决提供思路

本书中关于我国增值税征管中存在的增值税发票管理问题的提炼、问题的成因分析及增值税征管的优化方向研判,可为实务工作中增值税征管相关问题的解决提供思路。

1.3.2 为全国区块链电子发票系统的构建提供参考

本书中关于全国区块链电子发票系统的必要性与可行性分析,以及对于该系统的区块链技术选型、工作机制、网络关系图谱和链体架构探讨,可为实务工作中全国区块链电子发票系统的构建提供参考。

1.4 研究思路、章节安排与研究方法

1.4.1 研究思路

本书的总体研究思路是提出问题、分析问题和解决问题,如图 1-1 所示。其中,提出问题是指通过实地调研和文献资料分析,总结出我国当前增值税征

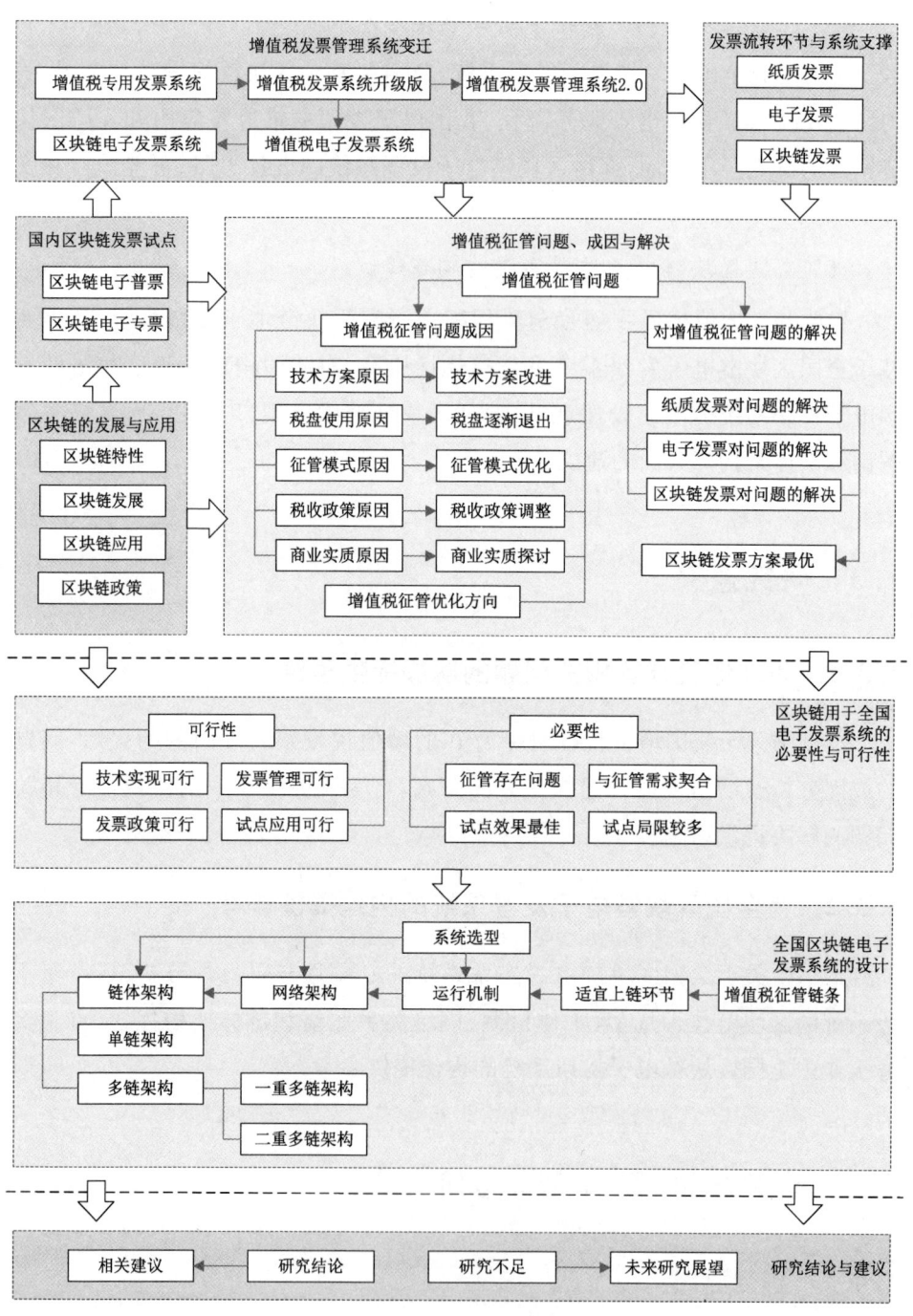

图 1-1 本书的研究思路

管中存在的增值税发票管理问题及其影响。分析问题是指基于对增值税发票管理系统变迁的分析,推衍出纸质发票、电子发票和区块链发票在增值税税收征管全流程中的流转环节和系统支撑,进而分析对比三种形式发票对于增值税征管存在问题的解决程度,论证区块链发票方案的优势所在;同时探讨增值税发票管理问题的成因,以明确增值税征管的优化方向。解决问题是指基于区块链的发展与应用,参考国内区块链发票试点案例,结合发票流转环节和系统支撑的分析结果,探讨构建全国区块链电子发票系统的必要性和可行性,进而对全国区块链电子发票系统进行系统设计,得到研究结论、相关建议、研究不足和未来研究展望。

1.4.2 章节安排

本书的章节安排如图 1-2 所示。

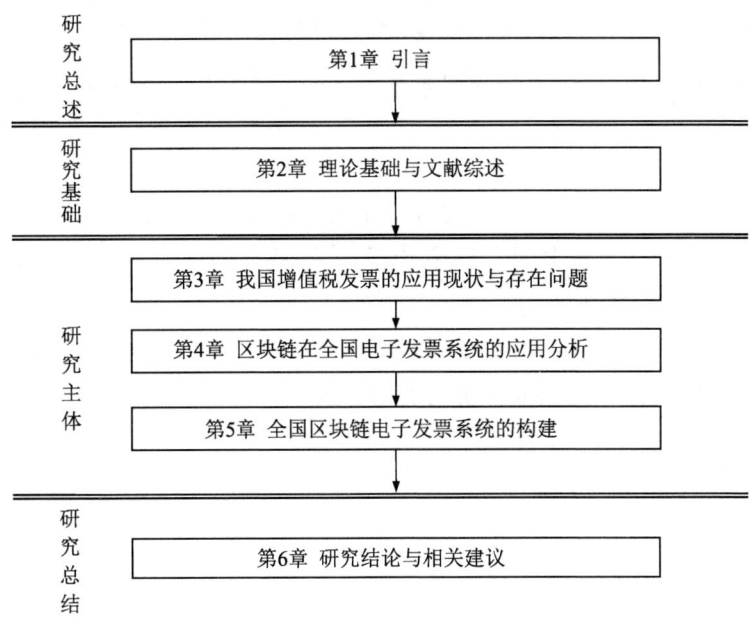

图 1-2 本书的章节安排

各章的主要内容如下:

"第 1 章 引言"是本书的统领和总述,从研究背景和研究问题出发,探讨本书的研究对象、研究目标、研究内容和研究意义,研究思路、章节安排和研究方法,以及本书研究的难度和可能的创新。

"第 2 章　理论基础与文献综述"对相关理论基础进行概述，以期将区块链电子发票系统构建得科学合理；对区块链电子发票系统相关的最新研究成果进行概述和分析，以期了解区块链在税收领域，特别是在电子发票领域已有的研究成果和尚存的研究空间，进而确定本书报告的定位。

"第 3 章　我国增值税发票的应用现状与存在问题"是本书的研究主体内容之一，旨在提出问题。通过分析我国增值税发票管理的概况、我国增值税发票管理系统的变迁、我国电子发票的流转环节与系统支撑，提炼出我国增值税发票管理存在的问题与影响，并为"第 5 章　全国区块链电子发票系统的构建"奠定基础。

"第 4 章　区块链在全国电子发票系统的应用分析"是本书的研究主体内容之一，旨在分析问题。结合区块链概述、我国区块链的推进与应用，特别是区块链在我国电子发票领域的试点应用，论证区块链用于全国电子发票系统的必要性，进而分析区块链用于全国电子发票系统的可行性。

"第 5 章　全国区块链电子发票系统的构建"是本书的研究主体内容之一，旨在解决问题。通过与区块链系统类型的匹配，确定区块链电子发票系统的区块链类型，通过对基于纸质发票、电子发票和区块链发票的增值税征管全流程环节进行分析和比较，识别出适宜采用区块链技术的电子发票流转环节，进而对区块链电子发票系统进行工作机制设计、网络关系图谱设计和链体架构设计，分析区块链用于全国电子发票系统可能产生的应用效益及实施要点。

"第 6 章　研究结论与相关建议"是本书的研究总结，包括本书的主要结论、相关建议、研究不足和未来研究展望。

1.4.3　研究方法

（1）文献研究法

本书研究查阅了大量文献，包括金税三期方面的文献、增值税征收方面的文献、电子发票方面的文献、区块链方面的文献，以及区块链用于税收治理、税收征管、增值税征管和电子发票方面的文献等。这些文献来源于 CNKI 数据库、EBSCO 数据库、Google 学术、百度文库等学术类网媒途径，研究报告、软件商解决方案、企业应用案例等实务类途径，以及专著、教材等纸媒途径。

（2）比较研究法

本书多处采用了比较研究方法。例如，将纸质发票、电子发票和区块链发票对现存增值税发票管理问题的解决程度进行对比,将基于区块链发票与纸质发票、电子发票的增值税征管全流程环节进行对比,将基于单链和多链的区块链电子发票系统的网络关系图谱进行对比,将区块链常用的共识机制进行对比,将智能合约与传统合约进行对比等。

(3) 系统分析法

本书多处采用系统分析法,包括自顶向下分析法和自底向上汇总法,如对我国增值税发票管理系统的变迁分析与总结,对电子发票流转环节的细颗粒分析与汇总,对增值税发票管理问题的深入分析与分类汇总,对区块链电子发票系统工作机制的总体设计、详细设计与汇总描述等。

(4) 调查研究法

本书采用了调查研究法,调查内容涉及金税三期设计与部署、增值税征收问题与成因、电子发票推进与应用、区块链发展与应用、区块链发票研究与试点等多个方面,调查形式包括现场参观、亲身体验、系统查看、面对面访谈、网络交流、论坛参与等多种形式。本书相关调研和访谈活动详见"附录 C 研究报告相关调研和访谈活动"。

1.5 研究难点与研究创新

1.5.1 研究的难点

(1) 金税工程庞大而复杂

金税工程始于 1994 年,迄今历经金税一期、金税二期和金税三期建设和应用,已形成多期系统并存、多套系统迭代的十分复杂的庞大系统生态,这给本书剖析金税三期工程的总体架构和应用架构、核心征管系统的功能结构和系统对接、增值税发票管理系统的管理流程和总体框架、电子发票的流转环节和系统支撑带来较大难度。

(2) 区块链技术日新月异

区块链技术自 2008 年被提出之后,已经历 1.0、2.0 和 3.0 三个阶段的发展和应用,伴随其核心技术——加密算法、分布式系统、对等网络、共识机制的替代与更迭,区块链的适用场景和典型案例层出不穷,我国对于区块链发展和应用的政策及态度变化较快,在研究时间和研究精力受限的情况下,本书的研究压力和研究难度较大。

（3）增值税政策时常调整

作为我国第一大主体税种，增值税征管相关的税收政策、管理模式、工作机制和支撑系统时常调整，特别是关于电子发票的推行和应用实务方面变化较大。在本书撰写过程中，国家税务总局发布并开始推行增值税发票管理系统2.0，开始统一电子发票服务平台，并着手研究增值税专票电子化，这无疑给本书带来挑战。

1.5.2 研究的创新

（1）研究视角创新：从增值税征管全流程视角开展研究

本书基于税收征管的全流程视角，从税务登记、税务日常管理、税款征管构成的增值税征管业务流程入手，对纸质发票、电子发票和区块链发票的全生命周期进行系统性分析，将干系人（包括国家税务总局、销方纳税人及其主管税务机关、购方纳税人及其主管税务机关、购方ERP服务商、税控服务商、区块链发票服务商、交易平台、支付平台、物流平台等）均作为白箱处理，系统探讨区块链电子发票系统的业务需求和设计思路。

（2）研究内容创新：聚焦全国区块链电子发票系统开展研究

本书聚焦全国区块链电子发票系统，基于对金税三期特别是增值税发票管理系统的全面分析，结合我国基于区块链技术进行的电子发票（包括增值税普通发票和增值税专用发票）试点进展和现状，借鉴深圳税局推行区块链电子普票的做法和经验，依据区块链技术的最新发展和典型应用，考虑我国对于区块链发展和应用的政策及态度，对全国区块链电子发票系统进行系统分析与系统设计，包括其构建的必要性和可行性分析，以及区块链技术选型、工作机制设计、网络关系图谱设计和链体架构设计。

（3）研究观点创新：同时探讨区块链电子发票系统的单链和多链架构

本书借鉴国家税务总局电子底账系统的设计思路，即区分全国电子底账系统、电子底账系统（销方主管税务机关）、电子底账系统（购方主管税务机关），将增值税普通发票和增值税专用发票统一纳入研究范围，并统筹考虑各省区块链发票数据的全国汇总和全国区块链发票数据的跨省清分问题，进而探讨区块链电子发票系统的单链架构和多链架构。

第 2 章

理论基础与文献综述

本章对相关理论基础进行概述,以期将区块链电子发票系统构建得科学合理;对区块链电子发票系统相关的最新研究成果进行概述和分析,以期了解区块链在税收领域,特别是在电子发票领域当前已有的研究成果,以及尚存的研究空间,进而确定本书的定位。

2.1 理论基础

2.1.1 信息不对称理论

美国经济学家早在 20 世纪 70 年代便开始关注和研究信息不对称现象。信息不对称是指在市场经济活动中,各类人员对有关信息的了解存在差异,掌握信息比较充分的人员往往处于比较有利的地位,而信息贫乏的人员则处于比较不利的地位①。

当前我国税收征管中存在信息不对称现象,包括征税人与纳税人之间的信息不对称,以及国家与征税人之间的信息不对称。就第一种不对称现象而言,在应纳税额的问题上,纳税人与征税人相比普遍具有信息优势,而在对税法的了解程度上,征税人往往比纳税人具有更多信息优势②;纳税人的信息优势主要源于征税人对纳税人的交易信息获取不便捷、不充分和不及时③。第三方涉税信息共享则是解决征纳信息不对称的有效途径,包括政府各部门和金

---

① 李鸿飞.不对称信息条件下的纳税评估研究[D].大连:东北财经大学,2007.
② 王婷.不对称信息下税收遵从过程的博弈分析[J].人才资源开发,2015(16):233.
③ 华彦玲,申雨鑫.基层税务视角下大企业专业化税收研究——基于信息不对称理论[J].常州大学学报(社会科学版),2014,15(6):42-47.

融机构掌握的大量纳税人经济数据的共享[①]。税收征管的最大难题是征纳双方的信息不对称,而区块链技术的最大优势就是可以解决信息不对称问题[②]。

2.1.2 税收征管优化思路

(1) 税收征管的定位

税收治理是国家治理的重要组成部分,涉及政治、经济、社会、文化和生态文明等各个方面[③]。汤晓冬和周河山(2018)[④]构建了税收治理框架,包括纳税遵从、纳税评估、纳税信用评级和税收征管四个要素,涉及纳税人和税务部门两类主体,如图 2-1 所示。

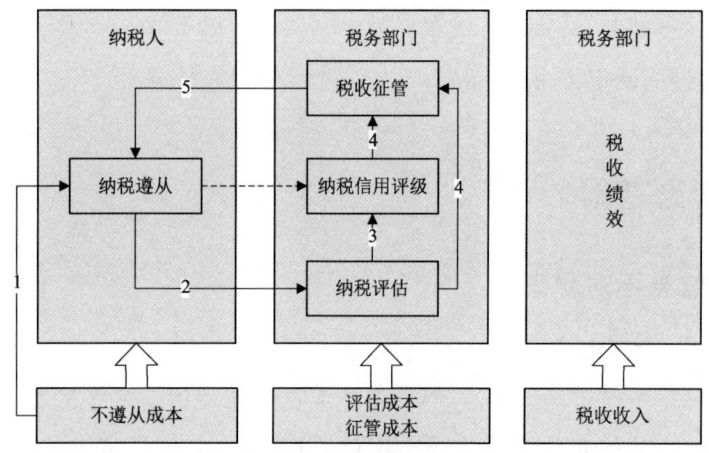

图 2-1 税收治理框架

该框架中,税务部门在纳税不遵从成本[⑤]影响其纳税遵从行为的基础上进行纳税评估,并据实更新纳税人的纳税信用评级。结合纳税评估与纳税信用评级,税务部门开展税收征管工作,对纳税人的纳税不遵从行为进行纠正,以此形成一个闭环。从区块链技术的角度看,纳税评估和纳税信用评级结果是触发税收征管的智能合约。

---

① 徐珊,黄明俊. 共享第三方涉税信息 破解税收征管信息不对称难题[J]. 江西理工大学学报,2011,32(6):25-28.
② 张巍,郭墨. 区块链技术服务税收征管现代化的契合性研究[J]. 税务研究,2019(5):80-86.
③ 陈少强,覃凤琴. 新中国成立 70 年的税收治理逻辑[J]. 税务研究,2019(10):24-28.
④ 汤晓冬,周河山. 基于区块链技术的税收治理框架构建[J]. 税务研究,2018(11):98-104.
⑤ 纳税不遵从成本,主要包括声誉损失成本、税收滞纳金和罚款。

(2) 影响税收征管能力的主要因素

影响税收征管能力的主要因素包括征税机构整体素质及税务管理水平、纳税主体整体素质及纳税结果,以及征税机构与纳税主体之间的信息交流①,如图 2-2 所示。

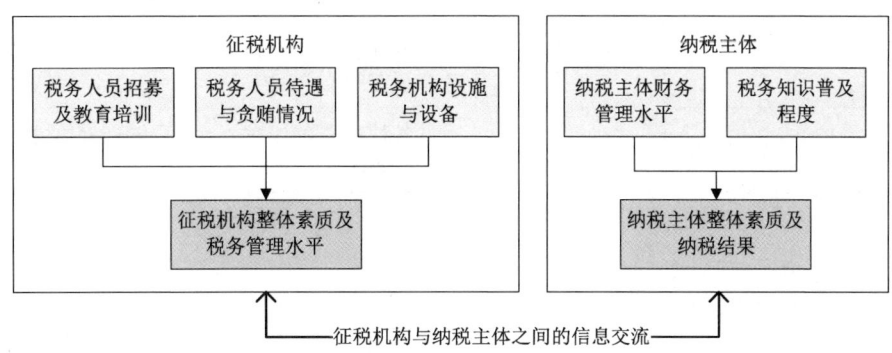

图 2-2　影响税收征管能力的主要因素

其中,征税机构整体素质及税务管理水平同时取决于税务人员招募及教育培训、税务人员待遇与尽责尽职情况,以及税务机构设施与设备三个要素。而纳税主体整体素质及纳税结果则取决于纳税主体财务管理水平和税务知识普及程度。征税机构与纳税主体之间的信息交流有效程度也影响税收征管能力。

2.1.3　软件生命周期

软件生命周期由软件定义、软件开发和软件维护三个时期组成②,每个时期又可进一步划分为总体阶段和详细阶段。每个详细阶段的基本任务如表 2-1 所示。限于篇幅,本书只重点阐述问题定义、可行性研究、需求分析和总体设计等详细阶段中的关键内容。

表 2-1　软件生命周期

时期	总体阶段	详细阶段	详细阶段基本任务
软件定义时期	系统分析	问题定义	要解决的问题是什么
		可行性研究	对确定的问题,有行得通的解决办法吗
		需求分析	为了解决这个问题,目标系统必须做什么

---

① 参见 2018 年 12 月第二届"互联网+财税"高峰论坛蔡昌的《大数据与国家税务治理趋势》。
② 张海藩.软件工程导论[M].5 版.北京:清华大学出版社,2008:11-93.

(续表)

时期	总体阶段	详细阶段	详细阶段基本任务
软件开发时期	系统设计	总体设计	概括地说,应该怎样实现这个系统
		详细设计	应该怎样具体地实现这个系统
	系统实现	编码和单元测试	写出正确的、容易理解和容易维护的程序模块
		综合测试	通过各种类型的测试及相应的调试,软件能达到预定的要求
软件维护时期	系统维护	运行维护	通过各种必要的维护活动,系统能持久地满足用户的需要

2.2 文献回顾

2.2.1 关于区块链用于税收领域的必要性

二十国集团(G20)报告(2017)指出,二十国集团必须采取果断措施,利用区块链技术,在税收等核心重点领域实现其政策目标,如打击逃税等。

(1) 区块链与税收征管高度契合

一是契合税收征管内在需要。许文等(2019)[①]提出,区块链的特性极度契合税收征管的内在需要。其中,区块链的透明性可提供全面翔实的涉税信息,区块链的不可篡改性有助于减少税收欺诈,区块链的智能合约有助于提高税款征收效率;区块链的账本共享可降低征税成本(包括编制税务报表,以及税收管理和稽查的成本)。

二是解决征纳信息不对称问题。张巍等(2019)[②]认为,税收征管的最大难题是征纳双方的信息不对称,而区块链技术的最大优势就是解决信息不对称问题。区块链技术与税收征管之间的契合性,区块链技术的应用特点与税收征管现代化需求之间的契合性,为税务机关解决征纳信息不对称问题带来了最好的技术支撑。

---

① 许文,施文泼.税收征管中的区块链技术应用:基于"不可能三角"的思考[J].财政科学,2019(2):28-36.
② 张巍,郭墨.区块链技术服务税收征管现代化的契合性研究[J].税务研究,2019(5):80-86.

（2）可解决电子发票的难点痛点

一是重复和虚假报销入账问题。滕娟（2017）①认为，电子发票将成为发票管理和应用的主流。区块链技术有望成为解决电子发票管理中难点和痛点的突破口，包括重复打印和使用 PS（Photoshop）篡改带来的重复报销和重复入账、虚假报销和虚假入账等潜在风险，以及购买增值税发票系统升级版税控设备给小微企业带来的开支。李荣辉（2019）②认为，目前电子发票在报销入账环节往往出现一票多报、真假难验等问题，企业难以辨别发票与真实交易之间的关系，这给企业内部财务管理带来了巨大隐患。

二是电子发票数据统一整合问题。徐夫田等（2018）③认为，目前，电子发票的即时存储仍散落在不同的服务器中，区块链技术可以实现电子发票数据的统一和整合，可以利用区块链技术的去中心化特点，保障所有电子发票数据的安全、透明、防篡改，有效防止虚开增值税发票。

三是金税工程系统尚存在的问题。杜莉和郑毓文（2018）④认为，金税工程是我国加强增值税税收征管的一项主要措施。金税工程系统虽然对假发票有一定扼制作用，但无法有效解决卖方不开发票隐匿销售收入的问题，也无法解决增值税发票虚开的问题，且存在数据采集不充分、数据核验不充分、数据核验不及时和税款清算不及时等不足。

2.2.2　关于区块链用于税收领域的可能场景

张文锋和雷珉（2018）⑤认为，在税务系统使用区块链需要考虑五个条件：一是有去中心化的需求，二是有业务之间的交互，三是需要多个业务操作者，四是需要多节点共享数据库，五是存在相互不信任的情形。在税收领域，区块链可运用于以下两个场景。

---

① 滕娟.区块链技术：解决电子发票痛点的突破口[N].财会信报.2017(A08).
② 李荣辉.区块链电子发票的实践之路[J].中国税务,2019(6)：60-61.
③ 徐夫田,汤荣志,董旸.基于区块链技术的税收信息化研究[J].税收经济研究,2018,23(5)：45-48.
④ 杜莉,郑毓文.应用区块链技术推动我国增值税征管创新：机制分析和方案设计[J].税务研究,2018(6)：72-79.
⑤ 张文锋,雷珉.区块链技术在税收管理中的应用[J].湖南税务高等专科学校学报,2018,31(5)：36-38,45.

一是可运用区块链的税收场景。杰弗里·欧文斯等(2017)[①]认为,可将区块链技术运用于受益所有人注册、转让定价与工薪税等税收征管领域。德勤(2017)[②]研究发现,区块链在税收领域可运用于工资税、转让定价、增值税、旋转木马欺诈、增值税币等领域。杰弗里·欧文斯和陈延忠(2018)[③]认为,税务机关可运用分布式记账技术和智能合约,实现防止税收欺诈并加强税收遵从、自动计算并自动代扣代缴税款、跨国转让定价自主和自动化,提升跨境转让定价情报交换的透明度和信任等。胡海瑞(2019)[④]认为,区块链技术可运用于纳税等级评定、无纸化"税银贷"、大数据管税等领域。杨雷鸣等(2019)[⑤]认为,区块链技术可运用于税收风险管理,构建区块链税收风险管理系统,包括利用智能合约机制实现自动、准确、客观的风险等级排序,利用区块链可追溯性提升风险管理结果应用的深度和广度,利用区块链透明性发挥公示效果提升纳税人自愿遵从积极性。

二是可运用区块链的增值税征管场景。白玉明和陈卓(2018)[⑥]指出,区块链技术可运用于税务登记和税种登记、发票管理、纳税义务发生时间确定、防止错开虚开增值税发票、识别骗取出口退税、纳税信用公示、税务稽查、协查、评估,税收优惠备案审核,利用税收分析支持决策等增值税征管场景。杨杨等(2019)[⑦]认为,可将区块链技术嵌入增值税征管过程,如税务登记、电子发票开具和入账、纳税申报、出口退税等环节。许文和施文泼(2019)[⑧]提出,在税收领域,发票管理、税款扣缴和纳税信用等是运用区块链技术的突破口。卢阳和王蕴(2019)[⑨]认为,在我国"以票管税"的基本理念下,区块链发票成了最为直接的税务应用场景。

---

① 杰弗里·欧文斯,何振华,王思凡,等.区块链技术的前瞻及在税收领域的应用前景分析[J].国际税收.2017(9):36-40.
② Deloitte. Blockchain technology and its potential in taxes[EB/OL]. 2017.
③ 杰弗里·欧文斯,陈延忠.区块链与税收:从梦想到现实[J].国际税收,2018(9):23-27.
④ 胡海瑞."区块链技术+税收治理"应用探研[J].税收征纳,2019(8):4-6.
⑤ 杨雷鸣,朱波,苏宇.关于应用区块链技术提升税收风险管理的思考[J].税务研究,2019(4):77-80.
⑥ 白玉明,陈卓.区块链技术在新时代税收征管领域的应用探析[J].中国税务,2018(7):61-63.
⑦ 杨杨,杜剑,罗翔丹.区块链技术对税收征纳双方的影响探析[J].税务研究,2019(2):114-118.
⑧ 许文,施文泼.税收征管中的区块链技术应用:基于"不可能三角"的思考[J].财政科学,2019(2):28-36.
⑨ 卢阳,王蕴.浅议区块链技术对我国税收征管体制的影响[J].沈阳工程学院学报(社会科学版),2019,15(3):335-339.

2.2.3 关于区块链用于税收领域的模型构建

(1) 关于区块链类型的选择

关于区块链在税收领域的应用选型,已有文献提出了四种建议,具体如下:

一是采用主权区块链。贵阳市人民政府新闻办公室(2016)[①]提出了主权区块链理念。主权区块链同其他区块链一样,具有点对点、不可篡改、可信任和价值转移的特点,但主权区块链更强调主权治理、可监管、分散多中心化、和谐包容的共识算法和规则体系、法律框架下的自动化规则、社会价值激励与物质财富激励的均衡、经济社会各个领域的融合应用。贾宜正等(2017)[②]认为,主权区块链具有自主、安全、可控的特征,更符合税收治理的要求,可为涉税数据共享提供新思路,为税收信用体系建设提供全局思路,为提升纳税服务效率与质量提供新手段,为减少税收争议提供技术支持。李荣辉(2019)[③]介绍,深圳区块链电子发票系统基于主权区块链,采用"多中心"加强监控,满足了安全、高效的强管控要求。

二是采用联盟链。张庆胜和刘海法(2017)[④]认为,结合电子发票目前的实际应用情况,可搭建针对电子发票业务的联盟区块链系统,以纳入数量有限(不超过100个)的节点,包括税务局和少数几家公司控制的节点。张文锋和雷珉(2018)[⑤]认为,区块链电子发票系统可采用联盟链的模式,由税务机构批准,以大企业、金融机构、第三方服务平台为区块链节点,以成千上万的纳税人为区块链系统的终端用户,间接地对区块链数据进行修改。

三是采用"私有链+联盟链"。杨杨等(2019)[⑥]提出,可渐进式地建立基于区块链技术的"私有链+联盟链"混合应用,新型征纳模式。其中,纳税人采用私有链,涉税部门联盟(包括财政、银行、海关、司法、国土及市场监管部门等)

---

① 2016年底,贵阳市发布了《贵阳区块链发展和应用白皮书》。
② 贾宜正,刘建,谷文辉,等. 大数据背景下的税收治理问题研究[J]. 税收经济研究. 2017(5):17-23.
③ 李荣辉. 区块链电子发票的实践之路[J]. 中国税务,2019(6):60-61.
④ 张庆胜,刘海法. 基于区块链的电子发票系统研究[J]. 信息安全研究,2017,3(6):516-522.
⑤ 张文锋,雷珉. 区块链技术在税收管理中的应用[J]. 湖南税务高等专科学校学报,2018,31(5):36-38,45.
⑥ 杨杨,杜剑,罗翔丹. 区块链技术对税收征纳双方的影响探析[J]. 税务研究,2019(2):114-118.

采用联盟链。

四是不同参与主体采用不同链。许文和施文泼（2019）①提出，税收征管区块链主体同时涉及税务机关、纳税人和其他机构时，适用私有链；税收征管区块链主体只涉及税务机关内部各级单位时，适用公有链；税收征管区块链涉及税务机关与其他政府部门时，适用联盟链。

（2）关于区块链平台的架构设计

一是构建逻辑框架。汤晓冬和周河山（2018）②基于区块链提出了构建涉税信息平台的逻辑框架，包括区块层、合约层、数据层和报告层。其中，区块层是起点与基础，是涉税信息真实可靠的基本保障；合约层是触发区块链信息提取的条件，其通过智能合约和人工合约相结合的方式，定期或不定期地从区块链提取信息，并输入数据层；数据层是主体，其在区块层的基础上进行架构，将区块链的涉税信息进一步转化为方便使用的数据；报告层是结果，其从数据层中提取、精炼，形成有价值的信息，并形成相应的涉税报告。任超然（2018）③构建了基于区块链技术的税收征管模型，包括提供记账、对账和账本传输底层技术的区块链层，提供智能合约的智能合约层，从技术层面解决区块链接入问题的服务层，从行政层面解决区块链接入问题的接入层，以及"区块链＋税收"应用场景组成的应用层。其中，电子发票是应用层的应用场景之一。

二是分布式架构方案。李荣辉（2019）④提出，针对全国部署的区块链电子发票系统，其可采用"主链＋侧链"的分布式架构方案。根据该架构方案的要求，全国分为几大区域，由主链进行勾连，进行全国数据的共识、共享；区域内的各省市可以自主搭建侧链，负责本地数据管理；国家税务总局作为一个主链的超级监管节点，负责对区块链电子发票系统的全局管理。该架构可保证服务的延续性、各省市发票数据的互查互访，也有利于节点运维工作的管理。

（3）关于增值税管理系统的优化

一是设计可靠增值税系统。Ainsworth 和 Shact（2016）⑤设计了一套基于区

---

① 许文，施文泼. 税收征管中的区块链技术应用：基于"不可能三角"的思考[J]. 财政科学，2019（2）：28-36.
② 汤晓冬，周河山. 基于区块链技术的税收治理框架构建[J]. 税务研究，2018（11）：98-104.
③ 任超然. 基于区块链技术的税收征管模型研究[J]. 税务研究，2018（11）：90-97.
④ 李荣辉. 区块链电子发票的实践之路[J]. 中国税务，2019（6）：60-61.
⑤ AINSWORTH R T, SHACT A. Blockchain (Distributed Ledger Technology) Solves VAT Fraud[J]. Social Science Electronic Publishing，2016.

块链技术的"可靠增值税系统(definitive VAT system)",其拥有75%共识性阈值。该系统以欧盟宗主国的税收为基础,处理欧盟内部跨境贸易,可改进增值税征收与打击增值税欺诈。

二是引入增值税币。Ainsworth 和 Alwohaibi(2017)[①]基于未来十年区块链技术将影响税收遵从性的认识,通过社区的区块链系统,探讨在数字发票海关交易所(Digital Invoice Customs Exchange,DICE)推行增值税系统,将增值税币VATCoin 直接应用于增值税遵从性管理。Ainsworth 等(2016)[②]提出了用于税收遵从的对等加密货币——增值税币 VATCoin,建议海湾合作委员会(Gulf Cooperation Council,GCC)采用 VATCoin;并认为若海湾合作委员会与数字发票海关交易所联合实施增值税,海湾国家将拥有迄今为止财政效率最高、技术最先进且能防欺诈的增值税系统之一。

三是优化增值税征管系统。杜莉和郑毓文(2018)[③]认为,可基于区块链技术设计增值税电子发票管理系统、增值税涉税交易记录系统和增值税清算系统。其中,增值税电子发票管理系统的主要功能是实现发票及其相关交易信息的及时查验,系统根据查验结果自动生成电子发票,并对发票及其相关交易信息进行安全的存储和共享。

(4) 关于区块链网络的构建

一是同时考虑电子发票干系人。张庆胜和刘海法(2017)[④]认为,应考虑电子发票流转过程的干系人,构建电子发票区块链网络。在构建的电子发票区块链网络中,监管部门只负责系统的运行和制度的监督;区块链节点负责并实现共识算法和智能合约的执行,以及分布式记账;第三方服务商负责将开票企业间接接入区块链网络,生成区块链发票,将发票报销入账状态回写区块链网络,向社会公众提供区块链发票查验接口等。

二是分别考虑税务机关和纳税人。董志学等(2018)[⑤]提出,构建以税务机

[①] AINSWORTH R T, ALWOHAIBI M. Blockchain, Bitcoin, and Vat In The GCC: The Missing Trader Example[J]. SSRN Electronic Journal, 2017.

[②] AINSWORTH R T, ALWOHAIBI M, CHEETHAM M. VATCoin: The GCC's Cryptotaxcurrency[J]. SSRN Electronic Journal, 2016.

[③] 杜莉,郑毓文.应用区块链技术推动我国增值税征管创新:机制分析和方案设计[J].税务研究,2018(6):72-79.

[④] 张庆胜,刘海法.基于区块链的电子发票系统研究[J].信息安全研究,2017,3(6):516-522.

[⑤] 董志学,张义军,宋涛.基于区块链技术的税务管控路径研究[J].税务研究,2018(4):108-112.

关为中心的协作网络关系图谱和基于纳税人"三流"数据的纳税人节点网络关系图谱,构建以纳税人业务为节点的云发票体系和以纳税人财务为节点的云账本体系,以期解决增值税发票虚开虚抵、出口骗税、税收争议和稽查取证等增值税征管难点。

三是以省级税务中心为主干。卢阳和王蕴(2019)[①]提出,构建以省级税务机关为主干的多中心验证网络,提升区块链发票的响应速度,形成中心化的税务区块链技术,是符合当前税务机关与纳税人共同利益的次优选择。

(5)关于共识机制和安全机制设计

共识机制和安全机制是区块链的核心技术组件。张庆胜、刘海法(2017)[②]认为,共识算法、密码算法、身份认证、权限管理是区块链用于电子发票的关键问题。其中,共识算法可采用效率高的共识算法,如随机竞争分配机制;密码算法建议采用国密算法,包括 SM2[③]、SM3 和 SM4 等非对称加密算法,以建立自主可控和安全可信的国家网络安全体系;身份认证是指只有符合特定身份的节点或用户才能参与到区块链电子发票系统,以确保电子发票信息的隐私性;权限管理是指区块链电子发票系统中的超级管理员应对经过身份认证的可信节点或用户进行权限配置和管理,具体可采用角色权限对应接口集合的方式实现。

2.2.4 关于区块链用于税收领域的可能效果

一是有助于提高纳税遵从度。张之乐(2017)[④]认为,区块链用于税收领域可减少纳税不遵从的因素(包括税收争议、自私性纳税不遵从、无知性或懒惰性纳税不遵从)。杰弗里·欧文斯等(2017)[⑤]认为,分布式账本或智能合约的运用,可推进前置式纳税遵从,从而提高纳税遵从效果。在 2018 年 1 月召开的全国税务工作会议上,国家税务总局局长王军提出,以区块链技术促进纳税

---

① 卢阳,王蕴.浅议区块链技术对我国税收征管体制的影响[J].沈阳工程学院学报(社会科学版),2019,15(3):335-339.
② 张庆胜,刘海法.基于区块链的电子发票系统研究[J].信息安全研究,2017,3(6):516-522.
③ SM2 算法是国家密码管理局于 2010 年 12 月 17 日发布的椭圆曲线公钥密码算法。该算法是我国自主知识产权的商用密码算法,是 ECC(Elliptic Curve Cryptosystem 椭圆曲线加密系统)算法的一种,该算法基于椭圆曲线离散对数问题,计算复杂度是指数级,求解难度较大,在同等安全程度要求下,椭圆曲线密码较其他公钥算法所需密钥长度小很多。
④ 张之乐.以区块链技术促进纳税遵从的设想[J].税务研究,2017(12):108-111.
⑤ 杰弗里·欧文斯,何振华,王思凡,等.区块链技术的前瞻及在税收领域的应用前景分析[J].国际税收.2017(9):36-40.

遵从[1]。汤晓冬和周河山（2018）[2]认为，区块链技术能够解决纳税遵从中错误、舞弊等原因导致的信息失真问题。欧盟委员会报告（2019）显示，就跨境欺诈[3]一项，如"失踪交易员"或"旋转木马"欺诈，每年造成约500亿欧元的预算损失。到2020年，欧盟委员会将向区块链项目注入3.4亿欧元，以重塑当局征收跨境税收、管理医疗记录和保护个人数据的方式。

二是有助于降低税收征纳成本。Mark Walport等（2016）[4]认为，区块链在欧盟增值税领域的运用，减轻了公司和其他组织征收和缴纳增值税的行政负担。张之乐（2017）认为，区块链用于税收领域降低了纳税遵从成本（包括纳税遵从货币成本、时间成本和非劳务成本）。杰弗里·欧文斯等（2017）认为，分布式账本或智能合约的运用，可明显降低交易成本。汤晓冬和周河山（2018）认为，区块链在税收领域中的运用，能够降低涉税信息的加工、鉴定和共享成本。爱沙尼亚政府多年来一直在使用KSI（Keyless Signature Infrastructure，无钥签名基础设施）这一分布式账本技术来试验区块链，该系统允许纳税人访问他们的账户，更改详细信息并在线支付。根据爱沙尼亚前总统托马斯·亨德里克·伊尔韦斯在2016年为世界银行撰文称，近95%的爱沙尼亚人在网上向税务局申报收入（申报过程"不到5分钟，也不需要会计师"），网上申报有效降低了税收成本，节省了公民时间（每年5.4个工作日）。希腊在税收征管领域运用区块链技术之后，有效防止了偷漏税和腐败，为政府节约监管成本约30%～50%，节约运营成本约50%[5]。杜莉和郑毓文（2018）[6]认为，区块链用于我国增值税征管体系，有助于节约纳税成本和税收征管成本。

三是有助于实现增值税征管自动化。德勤公司（2017）[7]研究发现，区块链用于增值税领域，可借助智能合约实现增值税税款的自动计算和自动支付。增值税发票的开具和税款支付场景如下：①针对客户向企业支付开票的场景。

---

① 白玉明，陈卓.区块链技术在新时代税收征管领域的应用探析[J].中国税务，2018（7）：61-63.
② 汤晓冬，周河山.基于区块链技术的税收治理框架构建[J].税务研究，2018（11）：98-104.
③ 欧盟的增值税很容易出现欺诈，因为它依赖于自我报告和欧盟成员国之间脱节的规则和执行体系。
④ 参见 The UK Government Chief Scientific Adviser 的一篇报告. Distributed Ledger Technology：Beyond Block Chain。
⑤ 聂欧，刘秋娜.区块链新图景[J].财经国家周刊，2018，12.
⑥ 杜莉，郑毓文.应用区块链技术推动我国增值税征管创新：机制分析和方案设计[J].税务研究，2018（6）：72-79.
⑦ Deloitte. Blockchain technology and its potential in taxes[EB/OL]. 2017.

区块链智能合约计算发票的增值税,将发票金额区分为非增值税部分和增值税部分。非增值税部分通过智能合约转入公司账户,增值税部分通过智能合约直接支付给税务机关。②针对企业向供应商支付开票的场景。企业填写所需金额,智能合约执行付款,区块链系统一方面自动将应付金额发送给供应商,另一方面自动计算增值税并付款给税务机关。陈宇翔等(2018)①基于Hyperledger Fabric区块链平台设计了税收场景的智能合约,如在交易场景中,可对每笔转账设置几种交易金额的税收比例,以智能合约方式自动完成交易场景中的税金征收过程。杜莉和郑毓文(2018)②认为,区块链对于完善我国增值税征管体系在技术上具有明显优势,有助于实现电子发票的自动开具、应纳增值税的自动核算和清算。

四是有助于实现增值税涉税信息共享。Mark Walport等(2016)②认为,区块链在欧盟增值税领域的运用,提高了整个经济体实时交易的透明度。杜莉和郑毓文(2018)③认为,区块链有助于完善我国增值税征管体系技术上的优势,能够克服存储空间的限制而实现海量涉税交易信息的收集,有助于实现涉税信息跨行业和跨地区的共享,有助于核查交易数据的真实性从而减少税收争议,实现多方监管和第三方主体对税务信息的共享。

五是有助于深化实施数据管税。周广仁(2018)③认为,大力研究区块链技术在税收领域的应用,有助于深化实施数据管税,不断提高增值税征管质量和效率。李荣辉(2019)④认为,区块链电子发票,具备"交易即发票""开票即报销""发票即数据"三大优势,大大推进了电子发票的普及度,对优化营商环境、提升税务管理水平等方面具有明显促进作用。其中,发票即数据,意味着税务机关可通过区块链电子发票系统获得全方位的发票数据,及相应的交易数据、支付数据和发票报销入账数据,这为税务机关提供了有效的大数据,有助于税务机关实现精准高效的税收管理。

六是有助于防范税务管理风险。Mark Walport等(2016)⑤认为,分布式账

---

① 陈宇翔,张兆雷,刘地军,等.区块链的税收智能合约设计[J].通信技术,2018,51(6):1384-1390.

② 参见 The UK Government Chief Scientific Adviser 的一篇报告 *Distributed Ledger Technology:beyond block chain*.

③ 周广仁.中国增值税改革发展四十年实践与思考[J].税务研究,2018(12):27-32.

④ 李荣辉.区块链电子发票的实践之路[J].中国税务,2019(6):60-61.

⑤ 参见 The UK Government Chief Scientific Adviser 的一篇报告 *Distributed Ledger Technology:beyond block chain*。

本技术(Distributed Ledger Technologies,DLT)可显著减少增值税的不足,提议在欧盟范围内制定一系列增值税标准和协议,将分布式账本技术部署到整个欧洲,调整从发票到银行收据的所有增值税会计交易。在这种体系下,欧盟成员国增值税适用范围的各种门槛差异可以解决,欺诈交易(包括"旋转木马"欺诈)比目前的审计方法更容易被发现,黑市经济更加难以掩盖。张胜利和刘海法(2017)[①]认为,电子发票的大规模应用促进了经济和社会发展,但仍存在重复报销等问题,而区块链技术用于电子发票系统具备四大优势:一是实现电子发票数据在发票干系人之间的共享,二是确保电子发票数据的唯一性并能对其进行确权认证,三是确保电子发票数据的真实性(即不可篡改),四是建立起发票干系人之间的相互信任。张之乐(2017)[②]认为,区块链运用于增值税电子发票领域,可优化增值税征管,包括防止虚开增值税发票、大幅度降低财务风险和税务风险、有助于识别骗取出口退税。任超然(2018)[③]认为,应用区块链技术可完善增值税抵扣链条,防止虚开虚抵增值税发票,防止骗取出口退税,解决电子发票重复报销问题。杨杨等(2019)[④]认为,将区块链嵌入纳税过程,可确保发票的可信流转,大幅降低由电子发票重复报账、重复支付、虚开发票等问题造成的税务风险。

2.2.5 关于区块链用于税收领域的政策建议

一是创造立法机制环境。胡海瑞(2019)[⑤]认为,区块链技术运用于税收领域,要加快完善部门协调机制,加快区块链的涉税立法,摆脱传统以票管税的思路,构建税务信息监控体系等。

二是创新税收征管模式。张晓丽(2018)[⑥]认为,税务机关应以"区块链+税收征管"为抓手,创新税收征管模式。在理念层面,提高对区块链的认识以深化应用区块链发展;在制度层面,建立健全多部门协税护税机制,实施大数据共治管理;在应用层面,建立行业应用数据共享平台,加强税收监管;在政策层面,完善行业区块链应用支撑体系,加强政策支持、引导与监管。

---

① 张庆胜,刘海法. 基于区块链的电子发票系统研究[J]. 信息安全研究,2017,3(6):516-522.
② 张之乐. 以区块链技术促进纳税遵从的设想[J]. 税务研究,2017(12):108-111.
③ 任超然. 基于区块链技术的税收征管模型研究[J]. 税务研究,2018(11):90-97.
④ 杨杨,杜剑,罗翔丹. 区块链技术对税收征纳双方的影响探析[J]. 税务研究,2019(2):114-118.
⑤ 胡海瑞."区块链技术+税收治理"应用探研[J]. 税收征纳,2019(8):4-6,1.
⑥ 张晓丽. 运用区块链技术 创新房地产行业税收征管模式[J]. 税务研究,2018(8):111-114.

三是转移税务工作重点。任超然(2018)①认为,为应对区块链的快速发展及区域链技术在税收征管领域的应用,税务部门的工作重心应从微观的税务稽查向宏观的科学决策转变,税务部门应在法律层面为区块链技术在税收征管中的应用提供配套支持,政府与相关部门应尽快建立区块链相关的伦理操作规范。

四是秉承税收征管原则。朱术睿(2019)②认为,区块链在税收征管中的运用,应秉承税收法定原则、税款征收部门主管原则、纳税信息透明和纳税人隐私平衡原则、国际信息规制标准统一原则。其中,智能合约应遵循法律设计原则,确定智能合约确立的条件,确定智能合约自动执行的条件,确定违反智能合约的惩罚机制,确立配套措施以弥补智能合约关于财产转移功能的缺陷。

五是做好技术风险防范。曹明星等(2018)③认为,区块链在税收领域的运用,必须把风险防范摆在突出位置,正确处理好网络安全与技术可行性问题、技术发展对监管政策的挑战问题,以及区块链透明度与纳税人隐私保护之间的平衡问题。

2.3 文献分析

2.3.1 文献内容的总体分布

关于区块链用于税收领域的文献大类、细类分布情况如下。

(1) 文献大类分布情况

通过本书"2.2 文献回顾"可知,关于区块链在税收领域应用的文献,大致可划分为五个大类,包括区块链用于税收领域的必要性、可能场景、模型构建、可能效果和政策建议,各类分布情况详见图 2-3。其中,可能效果方面的文献最多(23 篇),其次是模型构建(18 篇)和可能场景(10 篇)方面的文献,必要性(7 篇)和政策建议(5 篇)方面的文献较少。

(2) 文献细类分布情况

通过本书 2.2 内容可知,关于区块链在税收领域应用的文献,大致可划分

---

① 任超然.基于区块链技术的税收征管模型研究[J].税务研究,2018(11):90-97.
② 朱术睿.区块链在税收征管运用中的原则刍议[J].经营与管理,2019(10):6-9.
③ 曹明星,蒋安琦,刘奇超.区块链技术在税收领域的应用:功能补拓、实践观照与问题前瞻[J].国际税收,2018(5):38-45.

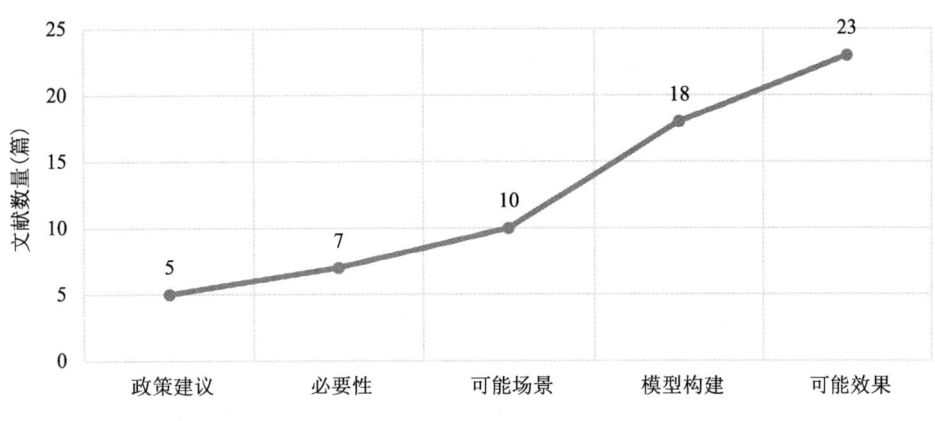

图 2-3 文献大类分布情况

为 18 个小类，小类类别及类别分布情况详见图 2-4。其中，"区块链类型的选择"和"有助于降低税收征纳成本"方面的文献最多（6~7 篇），其次是"区块链用于税收领域的政策建议""有助于防范税务管理风险""有助于提高纳税遵从度"和"可运用区块链的税收场景"方面的文献（5 篇），"共识机制和安全机制设计""使用区块链的条件"和"其他必要性"方面的文献最少。

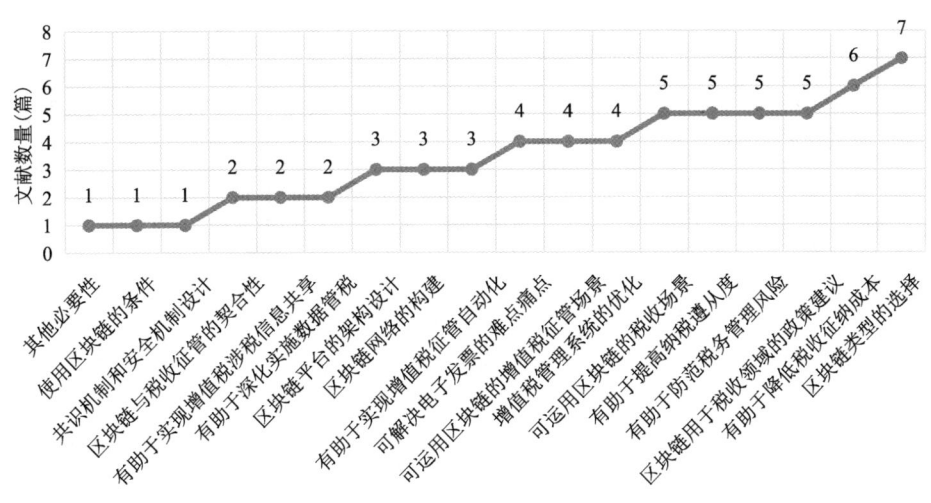

图 2-4 文献细类分布情况

2.3.2 文献中的国际经验

从"2.2 文献回顾"中可以看出，欧盟对于区块链在税收领域的探索和实践最为领先,特别是对增值税币,以及基于区块链的增值税管理系统的构建和运用,值得我国参考借鉴。其中,爱沙尼亚被誉为"由区块链保护的数字共和国",其区块链运用经验最值得总结。

(1)爱沙尼亚的数字化进程

爱沙尼亚被《连线》[①]杂志称为"世界上最先进的数字社会",被《福布斯》称为"世界上数字化程度最高的国家",其数字化进程如表2-2所示。

表2-2 爱沙尼亚数字化进程[②]

年份	数字化项目名称(英文)	数字化项目名称(中文)	数字化项目描述
1994	The first draft of "Principles of Estonian Information Policy"	"爱沙尼亚信息政策原则"初稿	《信息技术发展战略纲要》,4年后获议会批准
1996	Launch of the tiger leap initiative	发起虎跃计划	全国信息技术基础设施发展倡议
1996	First e-banking service	第一个电子银行服务	私人银行开发的网上银行解决方案
2000	E-cabinet meeting	电子内阁会议	用于简化政府决策过程的数据库和调度程序
2000	E-tax board	电子税务局	网上纳税申报
2000	M-parking	m-停车场	一种能让司机通过手机支付城市停车费的系统
2001	X-road	X-road	用于寄存器和信息系统的分布式数据交换层
2002	E-id and digital signature	电子身份证和数字签名	基于强制身份证的数字标识
2005	I-voting	i-投票	最大化地方和普通选举的可及性
2007	Cyber security	网络安全	共同努力加强信息技术安全
2008	Blockchain technology	区块链技术	由爱沙尼亚密码学家开发的可伸缩区块链技术KSI

---

① 《连线》(Wired)是一份科技类月刊杂志,1933年于美国创刊,着重于报道科学技术应用于现代和未来人类生活的各个方面,并对文化、经济和政治都有较深的影响。

② 参见网址 https://e-estonia.com/。

(续表)

年份	数字化项目名称（英文）	数字化项目名称（中文）	数字化项目描述
2008	E-health	电子医疗	一个全国性的系统，集成爱沙尼亚医疗保健提供者的数据
2010	E-prescription	电子处方	用于开具和处理医疗处方的集中无纸化系统
2013	Public services green paper	公共服务绿皮书	发展国家电子服务面临的挑战和解决方案
2014	Noad administration's e-portal	路政电子门户	为司机和车主提供一站式在线服务
2014	E-residency	电子居民	任何全球公民都可以加入的无国界数字社会
2015	World's first data embassy	世界第一数据大使馆	爱沙尼亚绿灯计划在境外建立第一个数据大使馆
2017	NIIS X-road consortium	北欧互操作性解决方案研究所 X-road 财团	确保 X-Road 和其他电子治理解决方案的开发和战略管理
2018	Seamless services roadmap	无缝服务路线图	积极主动的政府服务，对需要最少官僚主义的生活事件作出反应
2019	Government AI strategy	政府人工智能战略	概述人工智能在政府和私人服务中的当前和未来应用

（2）爱沙尼亚的数字化公共服务

对政府和公共部门而言，推动数字化不仅在于提供更好更快的服务、改进服务效果，也在于降低成本。e-Estonia 项目已经将爱沙尼亚建成一个更加透明、更加信任和更加高效的社会。爱沙尼亚于 1997 年通过电子政务系统提供公共服务，开始建设其数字化社会，迄今为止，99% 的公共服务都以电子形式向市民提供，仅有结婚、离婚和房地产交易除外。根据官员们的报告，爱沙尼亚通过其数字化的公共服务，每年节省下来的开支占其 GDP 的 2%。

（3）爱沙尼亚的 KSI 区块链

数字化社会，意味着社会暴露于网络威胁之中。爱沙尼亚在网络安全基础设施方面进行大量投资,广泛开发的专业知识,成为最受认可和最有价值的国际网络安全专家之一。爱沙尼亚是世界上第一个在生产系统中部署区块链技术的国家,在 2007 年遭受网络攻击之后,开发了可扩展的区块链技术 KSI,以确保存储在政府数据库中数据的完整性,并保护其数据免受内部威胁。

KSI 区块链创建于 2007 年,在全球范围内用于确保网络、系统和数据不受侵害,同时保证 100% 的数据隐私。区块链是一个分布式公共分类账,是一个包含一组预定义规则的数据库,这些规则根据系统参与者的分布式共识添加分类账。由于区块链被广泛见证,区块链技术使得已经在区块链上的数据无法更改。随着 KSI 区块链在爱沙尼亚政府网络中的部署,历史不能被任何人重写,电子数据的真实性可被证明。这意味着无论是黑客,还是系统管理员,抑或是政府本身,都不能操纵数据并逃脱惩罚。当前,爱沙尼亚成为北约合作网络防御卓越中心(NATO Cooperative Cyber Defence Centre of Excellence)和欧洲信息技术机构(the European IT agency)的东道国。如今,发现数据漏洞平均需要 7 个月的时间,而使用爱沙尼亚 KSI 区块链技术,则可立即发现这些漏洞。

从爱沙尼亚获取的经验是,速度对公民体验至关重要。在 KSI 区块链中,数据永远不离开系统,只有哈希被发送到区块链服务。由于没有数据存储在 KSI 区块链上,KSI 区块链每秒处理高达 10 000 亿(10^{12})个数据项。

(4)爱沙尼亚的电子税务

电子税务是指爱沙尼亚税务和海关局建立的电子税务申报系统。爱沙尼亚每年约有 98% 的纳税申报是以电子方式提交的。纳税人使用安全 ID 登录系统,在预填的表格中查看其数据,可对其进行任何必要的修改,并确认申报表。这个过程通常需要 3~5 分钟。2015 年以来,一键式纳税申报也已成为可能。系统中已有数据和计算结果一起显示给用户,用户只需单击"确认"按钮即可,这个过程需要的时间可能不到 1 分钟。除个人所得税申报外,该系统还可以进行其他申报,有企业申报所得税,社会税、失业保险和缴纳强制性养老基金,增值税申报表、酒类消费税、烟草消费税、燃料消费税和包装消费税申报表,INF 信息(所得税相关免税项目)声明,报关单。

2.3.3 现有文献的主要观点

根据"2.2 文献回顾",可以总结出理论界和实务界对于区块链在税收领域运用的主要观点,具体如下:

第一,增值税发票是增值税征管的重要抓手。税收征管是税收治理的核心要素之一,我国增值税征管是我国税收征管的重要组成内容,而我国增值税发票是我国增值税征管的重要依据、手段和抓手。

第二,我国增值税征管措施尚存在不足。金税工程是我国加强增值税征管的一项主要措施,隶属于"税务机构设施与设备"这一税收征管能力要素。金税工程系统虽然对假发票问题有一定扼制作用,但无法有效解决卖方不开发票隐匿销售收入的问题,也无法解决增值税发票虚开的问题,且存在数据采集不充分、数据核验不充分、数据核验不及时和税款清算不及时等不足。

第三,区块链与增值税征管的内在需求契合。区块链的特性极度契合税收征管的内在需要。其中,区块链的透明性可提供全面翔实的涉税信息,区块链的不可篡改性有助于减少税收欺诈,区块链的智能合约,有助于提高税款征收效率,区块链的账本共享可降低征税成本(包括编制税务报表、税收管理和稽查的成本)。

第四,电子发票系统适用联盟链或主权链。应秉承税收法定原则、税款征收部门主管原则、纳税信息透明和纳税人隐私平衡原则、国际信息规制标准统一原则,采用"多中心"加强监控,满足安全、高效的强管控要求。

第五,电子发票系统可用"主链+侧链"架构。针对全国部署的区块链电子发票系统,其可采用"主链+侧链"的分布式架构方案。根据该架构方案的要求,全国分为几大区域,由主链进行勾连,进行全国数据的共识、共享;区域内的各省市可以自主搭建侧链,负责本地数据管理;国家税务总局作为一个主链的超级监管节点,负责区块链电子发票系统的全局管理。该架构可保证服务的延续性、各省市发票数据的互查互访,也有利于节点运维工作的管理。

第六,区块链运用会带来税务工作重心转变。税务机关应以"区块链+税收征管"为抓手,创新税收征管模式。在这种新的税收征管模式下,税务部门的工作重心应从微观的税务稽查转向宏观的科学决策。

第七,税务部门需要大量配套工作支持区块链运用。在理念层面,提高对区块链的认识以深化区块链应用发展;在制度层面,建立健全多部门协税护税机制,实施大数据共治管理;在应用层面,建立行业应用数据共享平台,加强税收监管;在政策层面,完善行业区块链应用支撑体系,加强政策支持、引导与监管。

2.3.4 文献成果的局限与本报告的定位

通过对"2.3.1 文献内容的总体分布"进行分析和对"2.3.3 文献中的主要

观点"进行梳理可知,当前关于区块链在税收领域的应用研究,尚处于初级阶段。就文献大类(参见图 2-3)而言,当前区块链在税收领域的应用研究主要集中于"区块链用于税收领域的可能效果"(23 篇)和"区块链用于税收领域的模型构建"(18 篇)两个方面。

在"区块链用于税收领域的模型构建方面的文献分布"(图 2-5)中,关于"区块链类型的选择"的讨论频次最高(7 篇),选项也最多,且观点不同。关于"增值税管理系统的优化""区块链网络的构建""区块链平台的架构设计"的讨论频次(3~4 篇)居其次,而关于"共识机制和安全机制设计"的讨论频次(1 篇)最低。

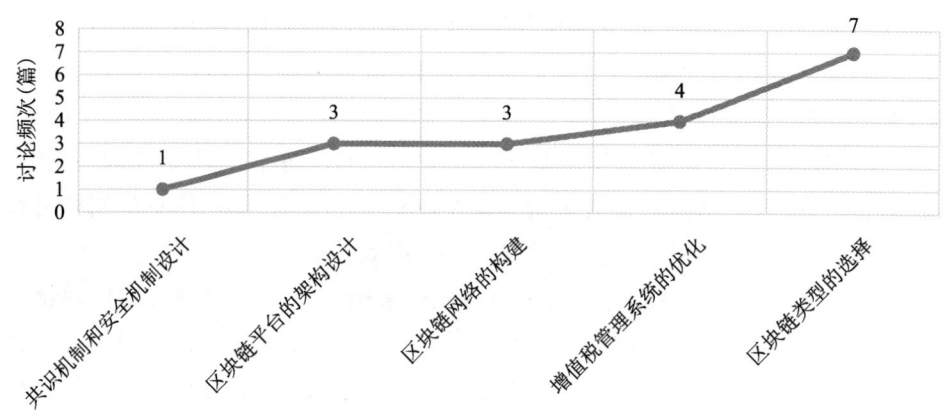

图 2-5　区块链用于税收领域模型构建方面的文献分布

对于区块链用于税收领域的研究而言,其必要性和可行性分析、区块链类型选择、增值税征管全业务流程分析、工作机制设计、网络关系图谱分析,以及链体架构设计最为重要,但文献在这些方面的探讨较少或仅有较为零散的观点,尚无文献对基于区块链的全国电子发票系统进行系统性研究。为此,本书基于增值税征管全流程视角,对区块链在电子发票领域的全国性运用展开系统研究,对电子发票在我国增值税征管中的应用趋势进行研判,对区块链在全国电子发票系统应用的必要性和可行性进行分析,对全国区块链电子发票系统的构建思路、可能效益和实施要点进行探讨,以期为全国区块链电子发票系统的研究和开发提供有价值的参考。

第3章

我国增值税发票的应用现状与存在问题

本章是本书的研究主体内容之一,旨在提出问题。本章通过分析我国增值税发票管理的概况、我国增值税发票管理系统的变迁、我国增值税征管全流程分析,提炼出我国增值税发票管理存在的问题与影响,并为"第5章　全国区块链电子发票系统的构建"奠定基础。

3.1　我国增值税发票管理的概况

3.1.1　发票管理在我国增值税征管中的重要性

增值税是对纳税人生产经营成果中的新增价值部分(增值额)所征收的税,是消费税的一种形式。虽然增值税通常由产品或服务的提供者缴纳,但其最终负担者是消费者。增值税具有普遍实行比例税率、征税基础宽广、计算时凭发票进行税款抵免等特征,以及税收中性、收入充足和征管简便等优点[1]。增值税于起源于法国,目前已在全球170多个国家和地区开征,成为全世界征收国家最多的税种之一[2]。我国自1979年引进增值税,迄今已有40余年。《中华人民共和国增值税法(征求意见稿)》[3]规定,增值税为价外税(第四条),一般计税方法按照销项税额抵扣进项税额后的余额计算应纳税额(第三条),纳税人发生应税交易时应当如实开具发票(第三十九条),进项税额应当凭合法有效凭证抵扣(第二十一条)。

与其他消费税不同,增值税在计算时采用凭发票进行税款抵免的制度。

---

[1]　朱为群.中国税制[M].北京:高等教育出版社.2016:57-108.
[2]　周广仁.中国增值税改革发展四十年实践与思考[J].税务研究,2018(12):27-32.
[3]　财政部　国家税务总局.中华人民共和国增值税法(征求意见稿)[EB/OL].(2019-11-27).http://www.chinatax.gov.cn/chinatax/n810356/n810961/c5140207/content.html.

该制度不仅消除了重复征税,而且由于具有交叉核对功能,有利于税务检查、对偷逃税款进行防范和打击。与传统的以全部流转额为计税依据的税种相比,凭发票进行税款抵免是增值税的一大特色。增值税发票是记录纳税人经营活动内容的重要载体。作为增值税销售凭证和抵扣凭证,增值税发票是税务机关控制增值税税源、征收增值税税款的重要依据,也是增值税税收管理的重要手段和抓手。

我国增值税发票先后经历了手撕发票、机打发票和电子发票三个发展阶段。长期以来,税务机关为了防控增值税发票风险,打击虚开增值税发票等违法犯罪行为,建立了严密的增值税发票管理体系,进行了一系列围绕增值税发票"量""额"上的申请、审批和核准工作。

3.1.2 我国增值税发票的分类

(1)按税款是否允许抵扣划分

税款是否允许抵扣,对增值税征管的业务流程有重要影响。为此,想要分析增值税征管的全业务流程,有必要将增值税发票按"税款是否允许抵扣"进行分类。

我国现行的增值税发票主要包括五类[①],如表3-1所示,其票样如附录A所示。

表3-1 我国当前的增值税发票种类

发票种类	发票界定	使用要点
增值税专用发票	是增值税一般纳税人销售货物或者提供应税劳务开具的发票,是购买方支付增值税额并可按照增值税有关规定据以抵扣增值税进项税额的凭证	发票联、抵扣联、记账联
增值税普通发票	是增值税纳税人销售货物或者提供应税劳务、服务时,通过增值税税控系统开具的普通发票[②]	含卷式发票、电子普通发票、区块链电子普通发票、通行费发票

---

① 发票种类,见国家税务总局全国增值税查验平台 https://inv-veri.chinatax.gov.cn/fpcs/fpzl.html。
② 发票种类,见国家税务总局全国增值税查验平台 https://inv-veri.chinatax.gov.cn/fpcs/fpzl.html,2020.10.05。

(续表)

发票种类	发票界定	使用要点
机动车销售统一发票	是凡从事机动车零售业务的单位和个人,在销售机动车(不包括销售旧机动车)收取款项时开具的发票	从 2006 年 8 月 1 日起执行
货物运输业增值税专用发票	是增值税一般纳税人提供货物运输服务(暂不包括铁路运输服务)开具的专用发票	最迟可使用至 2016 年 6 月 30 日,7 月 1 日起停止使用
二手车销售统一发票	是二手车经销企业、经纪机构和拍卖企业,在销售、中介和拍卖二手车收取款项时,通过开票软件开具的发票	区分为发票联、转移登记联、出入库联、记账联和存根联

在以上五类增值税发票中,增值税专用发票、机动车销售统一发票、货物运输业增值税专用发票和二手车销售统一发票,以及增值税普通发票中的通行费发票[①]是可以按照税法进行税款抵扣的。而增值税普通发票(通行费发票除外)一般不允许抵扣,除非税法有特别规定的经营项目。为此,在增值税征管业务流程中,抵扣环节仅针对按税法规定允许抵扣的增值税发票。

(2) 按发票信息载体类型划分

发票信息载体类型的差异,对增值税征管的业务流程有重要影响。为此,想要分析增值税征管的全业务流程,有必要将增值税发票按其载体类型进行分类。总体而言,信息载体可分为纸质载体和电子载体。为此,依据发票信息载体的不同,我国增值税发票可划分为纸质形式发票和电子形式发票两类,如图 3-1 所示。目前,增值税专用发票、机动车销售统一发票、二手车销售统一发票均以纸质形式开具和流转,而增值税普通发票可以以纸质形式开具和流转,也可以以电子形式开具和流转。以电子形式开具和流转的增值税普通发票,简称为增值税电子普票[②]。增值税电子发票,依据技术实现路径,又可划分为基于区块链技术的电子发票和基于非区块链技术的电子发票,报告中分别将其简称为"电子发票"和"区块链发票"。

---

① 国家税务总局关于国内旅客运输服务进项税抵扣等增值税征管问题的公告.国家税务总局公告 2019 年第 31 号,2019.9.16.

② 相应地,以电子形式开具和流转的增值税专用发票,简称为增值税电子专票。

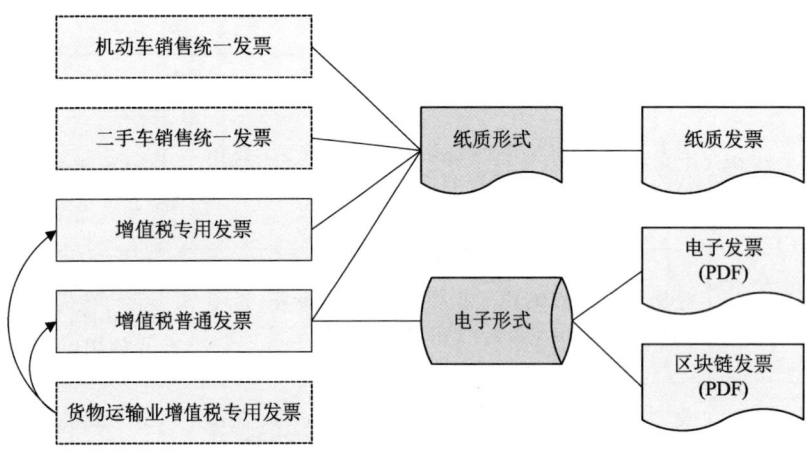

图 3-1　我国增值税发票的流转形式

3.1.3　我国电子发票的推进进程

电子发票是指在购销商品、提供或者接受服务以及从事其他经营活动中，开具、收取的，经过电子签名认证、以电子方式存储的收付款凭证①，其基础知识参见附录 B"电子发票基础知识"。自 2011 年 6 月 28 日中国物流与采购联合会发布《中国电子发票蓝皮书》，迈出我国电子发票的第一步，迄今已 10 年有余，我国电子发票发展进程中的标志性事件如表 3-2 所示。

表 3-2　我国电子发票的推进进程

时间	标志性事件	参考
2011-06-28	迈出了我国电子发票的第一步	《中国电子发票蓝皮书》②
2012-02-06	开展网络（电子）发票应用试点	《关于促进电子商务健康快速发展有关工作的通知》③
2012-05-08	开展电子发票试点	《关于组织开展国家电子商务示范城市电子商务试点专项的通知》④

---

①　参见《杭州市国家税务局　杭州市地方税务局　杭州市财政局　杭州市贸易局　杭州市工商行政管理局关于电子发票应用试点若干事项的公告》。

②　参见中国物流与采购联合会发布的《中国电子发票蓝皮书》。

③　参见《国家发展改革委办公厅　财政部办公厅　商务部办公厅　人民银行办公厅　海关总署办公厅　税务总局办公厅　工商总局办公厅　质检总局办公厅关于促进电子商务健康快速发展有关工作的通知》（发改办高技〔2012〕226号）。

④　参见《国家发展改革委办公厅关于组织开展国家电子商务示范城市电子商务试点专项的通知》（发改办高技〔2012〕1137号）。

（续表）

时间	标志性事件	参考
2013-06-27	京东开出我国内地第一张电子发票	中国电子商务领域首张电子发票在京东诞生
2014-06-27	京东开出我国内地第一张可以入账的电子发票	人保财险接收国内企业电子发票第一单①
2014-12-30	"线下"非电商业务开出第一张电子发票	中国人寿开出内地金融保险业第一张电子发票②
2015-11-26	明确增值税电子发票的法律地位，在开票量较大的行业推行电子发票，包括电商、电信、快递、公用事业等	《关于推行通过增值税电子发票系统开具的增值税电子普通发票有关问题的公告》③
2015-09-23	加快推广使用电子发票，允许将电子发票作为报销凭证	《国务院关于加快构建大众创业万众创新支撑平台的指导意见》④
2015-12-11	满足条件的电子发票可无纸化归档	《会计档案管理办法》⑤
2016-03-31	微信发布电子发票解决方案	微信发布电子发票方案 在卡包勾选可生成报销单⑥
2016-05-18	京东创新电子发票用途，作为政策宣传载体和广告载体	"营改增"随着京东购物来了 京东电子发票玩出新花样⑦
2017-01-05	支付宝上线电子发票功能	支付宝与百胜中国合作 扫码可开电子发票⑧
2017-03-21	在有特殊需求的纳税人中推行使用电子发票，包括电商、电信、金融、快递、公用事业等	《关于进一步做好增值税电子普通发票推行工作的指导意见》⑨

---

① 《人保财险接收国内企业电子发票第一单》参见网址 http://finance.people.com.cn/money/n/2014/0630/c42877-25216846.html。

② 《中国人寿开出内地金融保险业第一张电子发票》参见网址 http://xw.sinoins.com/2015-02/10/content_145591.htm。

③ 参见《国家税务总局关于推行通过增值税电子发票系统开具的增值税电子普通发票有关问题的公告》(国家税务总局公告 2015 年第 84 号)。

④ 参见《国务院关于加快构建大众创业万众创新支撑平台的指导意见》(国发〔2015〕53 号)。

⑤ 参见《中华人民共和国财政部 国家档案局令第 79 号——会计档案管理办法》。

⑥ 《微信发布电子发票方案 在卡包勾选可生成报销单》参见网址 https://www.cnbeta.com/articles/tech/488641.htm。

⑦ 《"营改增"随着京东购物来了 京东电子发票玩出新花样》参见网址 http://finance.sina.com.cn/roll/2016-05-24/doc-ifxskpkx7740878.shtml。

⑧ 《支付宝与百胜中国合作 扫码可开电子发票》参见网址 http://www.360doc.com/content/17/0116/12/30437048_622803180.shtml。

⑨ 参见《国家税务总局关于进一步做好增值税电子普通发票推行工作的指导意见》(税总发〔2017〕31 号)。

(续表)

时间	标志性事件	参考
2017-11-09	腾讯发布微信电子发票方案,涵盖发票开具、发票保管、发票流转和发票报销四环节。	微信电子发票四大能力首次发布!一扫发票烦恼①
2017-12-25	收费公路通行费开始开具增值税电子普通发票	《关于收费公路通行费增值税电子普通发票开具等有关事项的公告》②
2018-08-10	我国第一张基于区块链技术的增值税电子普票诞生	全国首张区块链电子发票在深圳国贸旋转餐厅亮相③
2018-08-17	我国第一张基于区块链技术的增值税电子专票诞生	太平洋保险携手京东上线全国首个区块链专用发票电子化项目④
2018-12-31	明确电子发票在电子商务领域的法律效力	《中华人民共和国电子商务法》⑤
2019-08-01	将建成全国统一的电子发票公共服务平台,增值税电子专票研究提上日程	《国务院办公厅关于印发全国深化"放管服"改革优化营商环境电视电话会议重点任务分工方案的通知》⑥

3.2 我国增值税发票管理系统的变迁

我国增值税发票管理系统历经多次变迁,变迁轨迹如图 3-2 所示。其关键变迁路径为从金税工程初期的增值税专用发票系统到 2015 年的增值税发票系统升级版,再到 2019 年的增值税发票管理系统 2.0。在变迁的过程中,也出现了增值税电子发票系统(适用于电子发票)和区块链电子发票系统(适用于区块链电子发票试点)。

---

① 《微信电子发票四大能力首次发布!一扫发票烦恼》参见网址 https://tech.qq.com/a/20171109/032571.htm。

② 参见《交通运输部 国家税务总局关于收费公路通行费增值税电子普通发票开具等有关事项的公告》(交通运输部公告 2017 年第 66 号)。

③ 《全国首张区块链电子发票在深圳国贸旋转餐厅亮相》参见网址 http://www.sohu.com/a/246398545_100173627。

④ 《中国太保携手京东上线全国首个区块链专用发票电子化项目》参见网址 https://www.jfdaily.com/news/detail?id=100541。

⑤ 《中华人民共和国电子商务法》,2018 年 8 月 31 日第十三届全国人民代表大会常务委员会第五次会议通过,自 2019 年 1 月 1 日起施行。

⑥ 参见《国务院办公厅关于印发全国深化"放管服"改革优化营商环境电视电话会议重点任务分工方案的通知》(国办发〔2019〕39 号)。

第3章 我国增值税发票的应用现状与存在问题 | 037

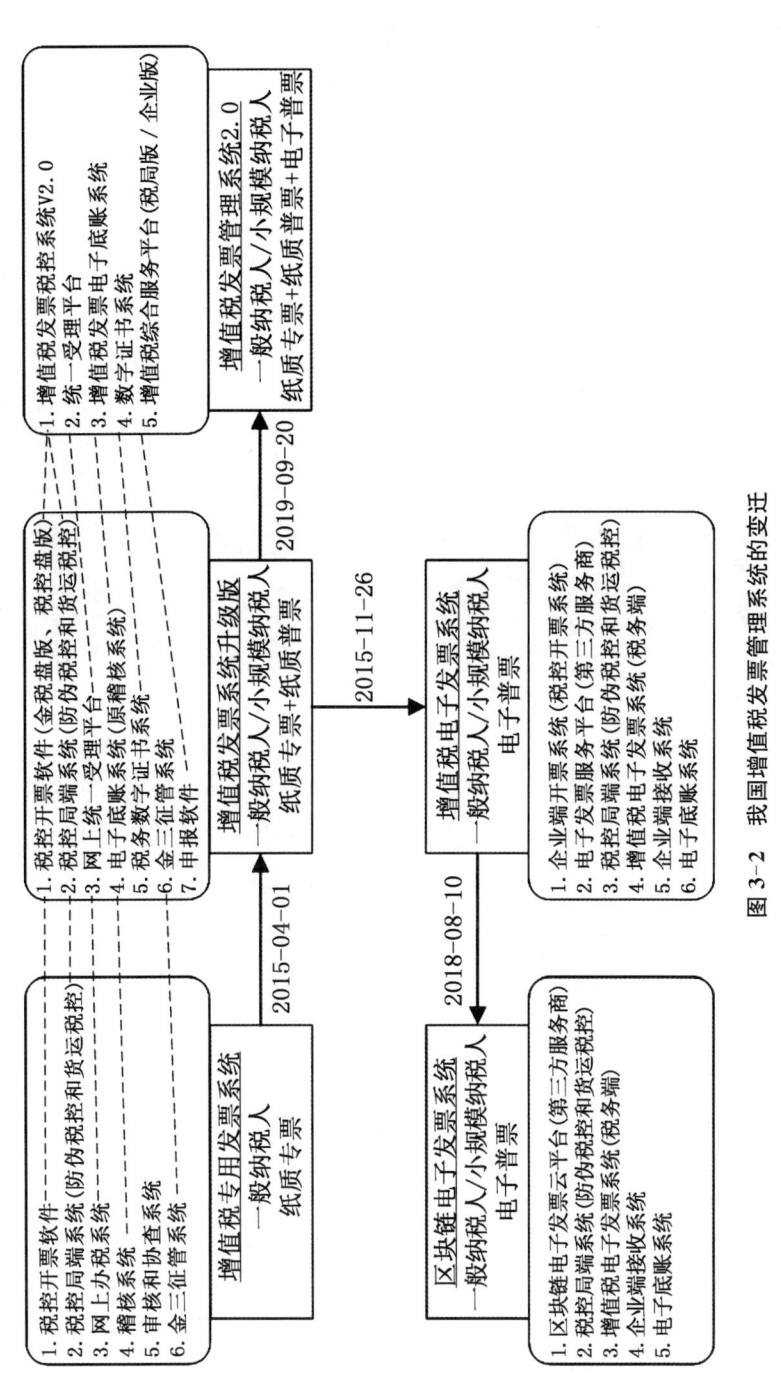

图3-2 我国增值税发票管理系统的变迁

本文将着重介绍我国增值税发票管理系统的母系统——金税三期工程,我国增值税发票管理系统变迁过程中出现的系统——增值税专用发票系统(含增值税防伪税控系统)、增值税发票系统升级版和增值税电子发票系统,以及我国增值税发票管理系统的延伸系统——税收大数据系统。

3.2.1 增值税发票管理系统的母系统

增值税发票管理系统的母系统是金税工程。金税工程是经国务院批准的国家级电子政务工程,是国家电子政务"十二金"工程之首,是税收管理信息系统工程的总称①。金税工程自1994年开始,历经金税一期、金税二期、金税三期工程建设。金税三期工程的建设和使用,不仅优化了纳税服务,减轻了纳税人办税负担,促进了政府部门间的协作和信息共享,更有助于提高税收决策的科学化水平和税收征管水平,有效降低了税收成本。

(1)金税三期工程的总体架构

金税三期工程的总体架构②如图3-3所示,硬件基础设施、公用组件体系、软件套装产品、技术支撑模式、安全体系架构统称为技术支撑体系,共同为金税三期工程的应用架构和数据架构提供技术支撑。

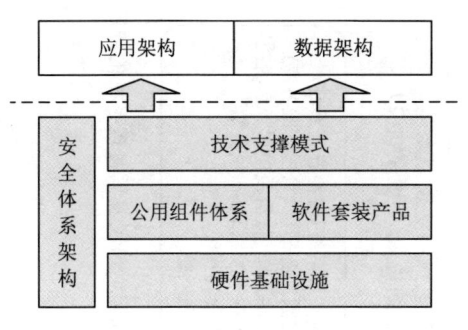

图3-3 金税三期工程的总体架构

(2)金税三期工程的应用架构

金税三期工程的应用架构简图③如图3-4所示。其中,征管处理平台是金税三期工程应用架构中征管业务的核心部分,涵盖核心征管系统、个人税收管理系统和网络发票④管理系统。此外,征管业务系统还涉及纳税服务平台和管理决策平台。

---

① 王俊. 营改增背景下Y县国税税源管理现状与对策研究[D]. 长沙:湖南农业大学,2018.
② 根据金税三期工程资料及调研整理,资料主要包括《金税三期工程技术基础架构设计方案》。
③ 根据金税三期工程资料及调研整理,资料主要包括《金税三期核心征管系统总体介绍》、金税三期系统布局(税友软件集团股份有限公司官网. http://www.jdlssoft.com.cn/products_info.php? 19)。
④ 网络发票是指符合国家税务总局统一标准并通过国家税务总局及省、自治区、直辖市国家税务局、地方税务局公布的网络发票管理系统开具的发票。参见《网络发票管理办法》(国家税务总局令第30号)第三条。

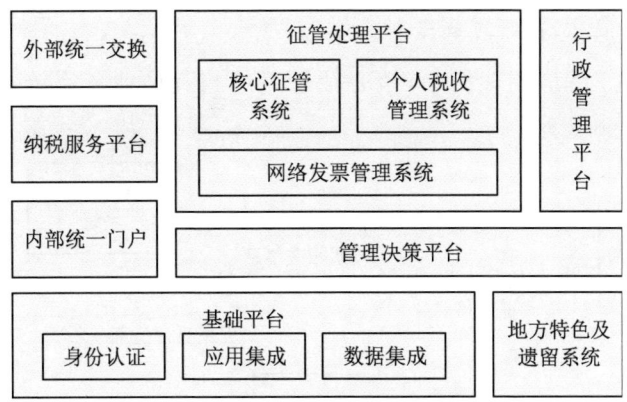

图 3-4　金税三期工程应用架构简图

金税三期工程的应用架构详图[①]如图 3-5 所示,该图是"图 3-4 金税三期工程应用架构简图"的细化,并增加了核算内容。

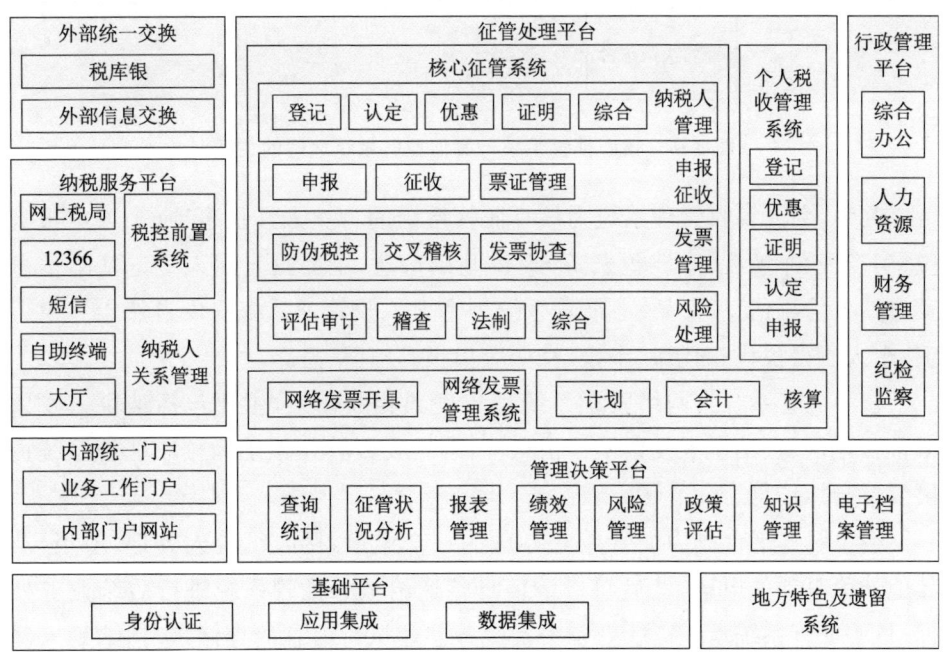

图 3-5　金税三期工程应用架构详图

---

① 根据金税三期工程资料及调研整理,资料主要包括《金税三期工程技术基础架构设计方案》和《金税三期核心征管系统总体介绍》。

(3) 核心征管系统的数据对接

金税三期工程应用架构中,核心征管系统与其他业务系统之间的数据对接关系如图3-6所示。

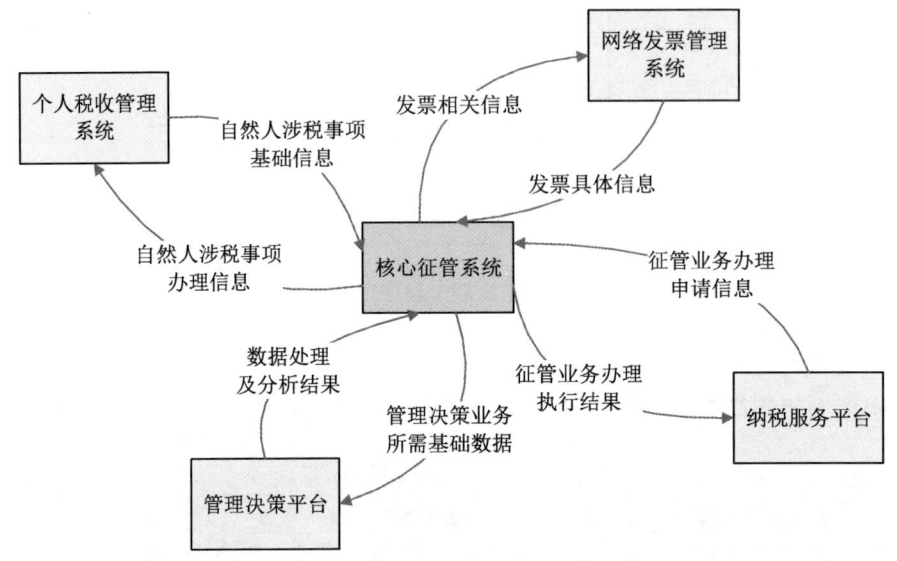

图3-6 核心征管系统与其他业务系统之间的关系

其中,个人税收管理系统为核心征管系统的自然人涉税事项(个人申报契税、房产税、车船税、车购税费等)提供基础信息,主要是自然人登记基本信息及自然人优惠信息等。核心征管系统为个人税收管理系统提供自然人涉税事项(个人所得税代扣代缴、申报,社保等申报)办理信息。

核心征管系统为网络发票系统提供发票相关信息,主要包括纳税人发票票种核定信息、纳税人发票结存信息等;网络发票管理系统为核心征管系统提供发票具体信息。

纳税服务平台作为征管业务办理的一个渠道,接收纳税人登记、申报,及其他涉税事项的申请,然后将申请信息传递给核心征管系统进行后续业务处理;核心征管系统承担征管处理平台业务办理执行信息的存储,包括纳税人登记信息、银行信息、税(费)种认定信息、税(费)征收信息等。

管理决策平台为核心征管系统提供数据处理及分析服务,主要包括风险管理方面的数据服务,比如催报需要的《风险扫描疑点清册》等;核心征管系统为管理决策业务提供基础数据,提供查询统计、会统报表、业务监控、绩效考核、政策评估分析所需的基础数据。

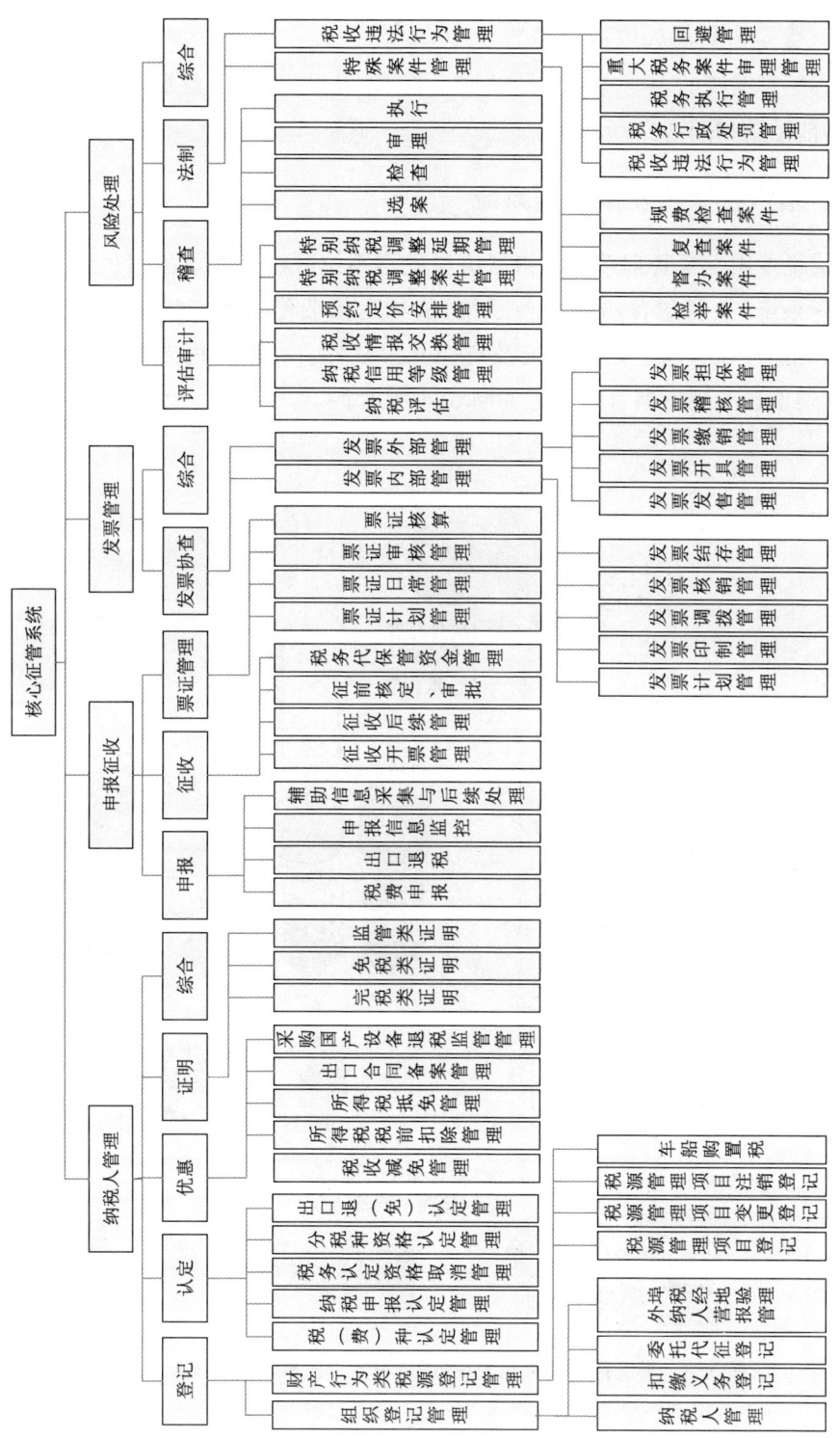

图 3-7 核心征管系统功能结构图

(4) 核心征管系统的功能结构

核心征管系统的主要功能包括纳税人管理、申报征收、发票管理和风险处理,其功能结构如图 3-7 所示。

3.2.2 增值税专用发票管理系统

增值税专用发票管理系统是指增值税发票系统升级版之前的增值税专用发票管理系统,主要包含防伪税控系统,货物运输业增值税专用发票税控系统,稽核/协查系统,网上办税系统及税控开票软件。在增值税专用发票管理系统中,增值税专用发票管理流程如图 3-8 所示。

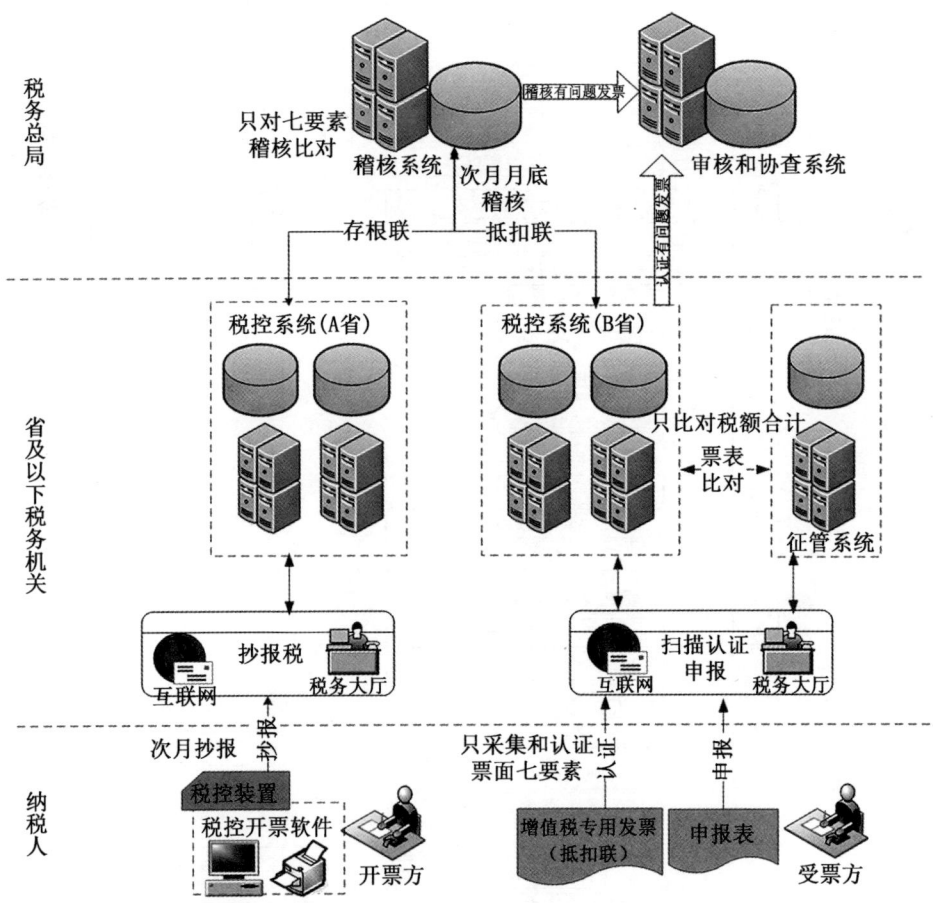

图 3-8 增值税发票管理流程(增值税专用发票管理系统)

增值税专用发票管理系统的增值税管理流程描述如下：销方纳税人当月利用税控专用设备开具专用发票，系统自动将发票票面明文信息（发票七要素①）加密后，形成84位防伪税控电子密文，将明文和密文打印在发票票面上，同时保存在税控专用设备中；次月征期销方纳税人通过抄报税将税控专用设备中的存根联发票电子信息报送主管税务机关。购方纳税人取得发票后，将纸质抵扣联发票通过税务大厅进行扫描认证或网上认证，认证通过后才能在次月征期申报抵扣。

税务机关在申报时进行票表比对，对申报表中销项金额和抵扣金额与采集的发票信息进行比对，只比对大小，即申报表销项要大于发票报税金额，申报表中抵扣金额要小于认证采集的发票金额。比对通过才接受申报。

税务机关将销方发票存根联信息和购方发票抵扣联信息通过交叉稽核系统进行比对；交叉稽核过程是比较销方存根联信息是否与抵扣联信息一致，起到验证购销双方发票信息是否一致的作用。认证和稽核环节发现的涉嫌违规发票，转入审核和协查系统。

在上述过程中，发票认证和稽核比对均只针对发票票面上的数字七要素信息进行②；购方纳税人要将纸质抵扣联发票通过税务大厅进行扫描认证或网上认证，认证通过后才能在次月征期申报抵扣。申报比对时只比对金额、税额合计数。

3.2.3　增值税防伪税控系统

增值税防伪税控系统，又称为增值税发票系统、防伪税控系统，是运用数字密码和电子信息存储技术，强化专用发票的防伪功能，实现对增值税一般纳税人税源监控的计算机管理系统。它是为适应国家以增值税为主体的税制改革需要而诞生的。系统运用先进的安全密码算法加解密技术和电子黑匣子存储技术，提供了完善的增值税防伪和税控的解决方案，具体方案如下：系统在开票时进行加密存储、认证时进行扫描识别解密，完成防伪和税控的功能，实现了发行、发售、销售开票、抵扣认证报税的闭环控制，彻底解决了专用发票假发票等问题，也为稽核系统提供了准确完备的数据采集手段③。

---

① 七要素包括发票代码、发票号码、开票日期、购方纳税人识别号、销方纳税人识别号、金额、税额。
② 航天信息股份有限公司.防伪税控解决方案介绍[J].信息安全与通信保密,2009(5)：26-28.
③ 中国财税博物馆学术与宣传部.历史有痕[J].中国税务,2018(11)：33-35.

(1) 防伪税控系统的多方关系

金税工程从 1994 年开始至今已经实施二十余年,有效遏制了偷税与漏税,提高了纳税人的服务质量,营造了公平的纳税环境[1]。金税工程以增值税防伪税控系统[2]为核心,主要涉及三个参与方:政府(以各级税务系统为代表)、代理商(负责防伪税控系统技术支持的服务代理商)和企业(使用防伪税控系统的一般纳税人企业和小规模纳税人企业[3]),各参与方与增值税防伪税控系统之间的关系如图 3-9 所示。

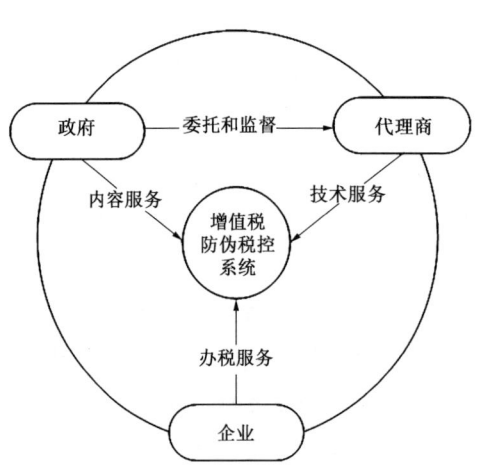

图 3-9 增值税防伪税控系统中的多方关系

其中,政府主要负责增值税防伪税控系统的技术支持委托和监督工作,以及为税控系统提供内容服务;代理商接受政府的委托,主要负责增值税防伪税控系统的技术支持,也接受政府的监督;企业主要从事开票和办税相关的业务。

(2) 防伪税控系统的总体方案

防伪税控系统由专用硬件设备与配套的软件系统组成,采用密钥逐级发行扩散,采用一机一密、一票一密机制,总体方案如图 3-10 所示。

(3) 防伪税控系统的功能划分

增值税防伪税控系统分为税务端(防伪税控税务端网络版系统,简称为防伪税控网络版)和企业端(防伪开票系统,简称为开票系统)两部分,共 6 个子系统[4]。其中,税务端使用 5 个子系统,企业端使用 1 个子系统,其功能结构设计与实体信息系统之间的对应关系如图 3-11 所示。

---

[1] 王长林.金税工程二十年:实践、影响和启示[J].电子政务,2015(6):104-110.

[2] 详见《增值税防伪税控系统管理办法》(1999 年 12 月 1 日国税发〔1999〕221 号文件印发,根据 2018 年 6 月 15 日《国家税务总局关于修改部分税务部门规章的决定》修正)。

[3] 2019 年 2 月,税务总局发布《关于扩大小规模纳税人自行开具增值税专用发票试点范围等事项的公告》(国家税务总局公告 2019 年第 8 号),将小规模纳税人自行开具增值税专用发票试点范围由住宿业,鉴证咨询业,建筑业,工业,信息传输、软件和信息技术服务业,扩大至租赁和商务服务业,科学研究和技术服务业,居民服务、修理和其他服务业;将取消增值税发票认证的纳税人范围扩大至全部一般纳税人。自 2019 年 3 月 1 日起施行。

[4] 航天信息股份有限公司.防伪税控解决方案介绍[J].信息安全与通信保密,2009(5):26-28.

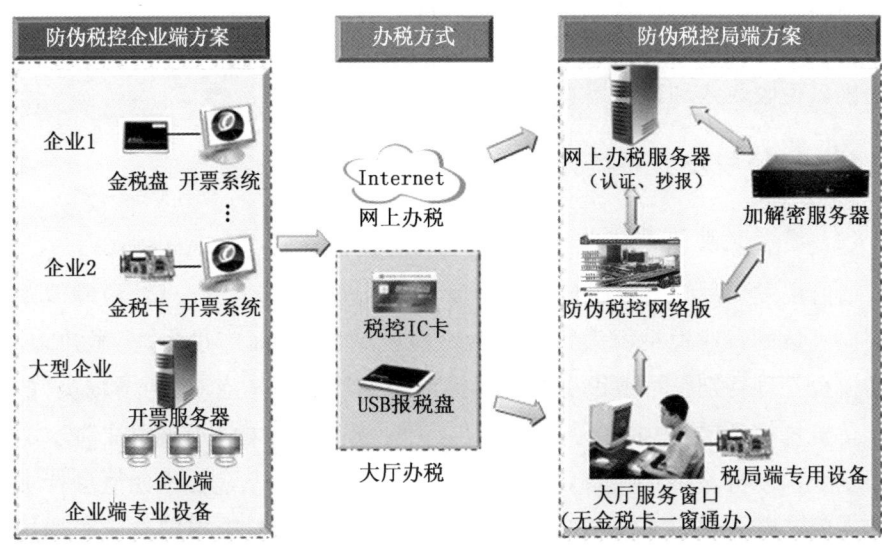

图 3-10　增值税防伪税控系统总体方案

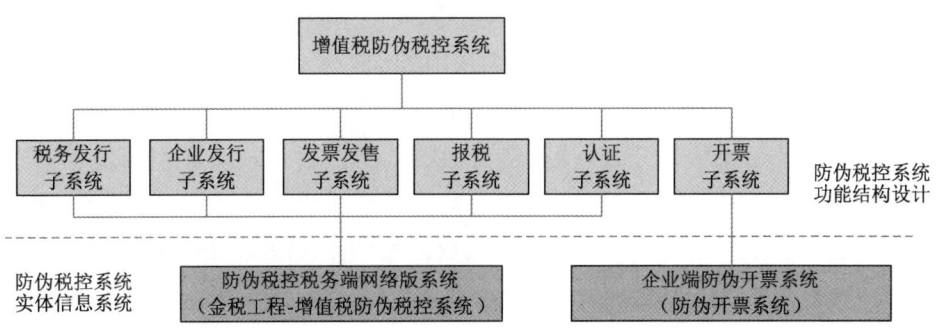

图 3-11　增值税防伪税控系统功能结构设计与实体信息系统的映射

防伪税控税务端网络版系统的主要特点是：采用 B/S/S[①] 三层体系架构，采用 BEA[②] 中间件服务器平台架构和省级数据大集中的集中管理模式，客户端为纯 IE 浏览器而无需安装应用软件。企业端防伪开票系统的主要特点是：能开具和管理增值税专用发票、普通发票、废旧物资发票三种发票，支持随时抄税，支持主分机结构。

---

① B/S/S 是指浏览器客户端(B)、Web 应用服务器(S)、数据库服务器(S)组成的三层体系架构。
② BEA 系统有限公司，著名的 Java 中间件软件公司，美国 NASDAQ 上市公司，其中间件市场份额一度比 IBM 还要高。

增值税防伪税控系统作为国家税务总局指定的增值税管理领域内唯一的信息化系统,对每年国家增值税税收的稳定增长起到了重要作用[①],增值税已成为国家税收收入和税收增长的重要税种之一。

3.2.4 增值税发票系统升级版

(1) 增值税发票系统升级版的建设背景

增值税发票系统升级版建设的背景如下:一是应对"营改增"税制改革的需要。大量的营业税纳税人将转变为增值税纳税人,面广量大,小微户多,这对增值税管理特别是增值税发票管理提出了挑战。二是应对"两个减负"的需要。单机税控开票、去办税厅抄报、扫描认证纸质发票的"人来人往"模式,不仅使基层税务机关难堪重负,广大纳税人也反应强烈。三是迎合信息技术发展的需要。普通发票实现网络化开票。四是技术推动,应用创新。实现税控开票、实时抄报;提出"电子底账",基于此改造流程;税控专用设备与数字证书结合,实现创新应用。

2014年6月,国家税务总局决定,着眼税制改革的长远规划和增值税统一规范管理的要求,第一,将一般纳税人使用的增值税专用发票系统和在部分小规模纳税人[②]中推行的增值税发票系统进行整合升级,充分利用互联网技术,彻底解决税控系统单机开票问题,转变通过纸质发票扫描认证报送发票信息的管理模式,全面升级现有增值税专用发票管理系统。第二,建立电子底账,打造覆盖所有增值税纳税人以及所有发票的增值税发票系统升级版,形成"一个系统两个覆盖"的增值税一体化管理模式,"一个系统",即增值税发票系统升级版;"两个覆盖",即覆盖所有增值税纳税人(包括一般纳税人、小规模纳税人和临时散户),覆盖所有发票(包括增值税专用发票和普通发票)。

(2) 增值税发票系统升级版的管理流程

2015年1月1日起,国家税务总局对新认定的增值税一般纳税人(以下简称一般纳税人)和新办小规模纳税人推行增值税发票系统升级版,系统运行稳定,纳税人反映良好。2015年4月1日起,国家税务总局在全国范围分步全面

---

① 陈立.让青春之火在创新大道上熊熊燃烧[N].中国航天报,2010-04-01(004).
② 以下行业为小规模纳税人自行开具专票的试点行业:a.住宿业2016年11月4日起;b.鉴证咨询业自2017年3月1日起;c.建筑业自2017年6月1日起;d.工业2018年2月1日起;e.信息传输、软件和信息技术服务业自2018年2月1日起。

推行增值税发票系统升级版①。增值税发票系统升级版的管理流程②如图 3-12 所示。

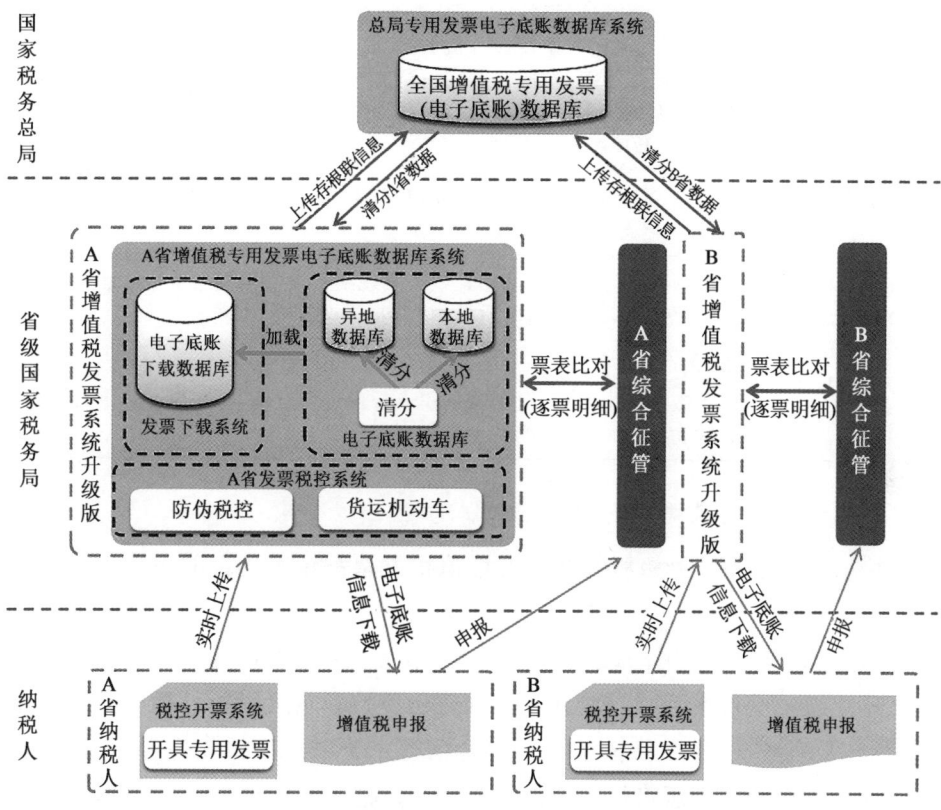

图 3-12　增值税发票管理流程(增值税发票系统升级版)

增值税发票系统升级版中发票管理流程各环节及环节描述如表 3-3 所示。

表 3-3　发票管理流程环节及描述(增值税发票系统升级版)

流程环节	环节描述
发票开具与信息抄报	纳税人通过增值税发票系统及税控设备,通过税务数字证书系统加密开具增值税发票,实时抄报发票信息至税控局端系统

---

①　参见《国家税务总局关于全面推行增值税发票系统升级版有关问题的公告》(国家税务总局公告 2015 年第 19 号)。
②　根据 2014 年 12 月 12 日的《增值税发票系统升级版——系统整体概况》整理。

(续表)

流程环节	环节描述
开票数据汇总与清分	税控局端系统通过税务内网将开票数据即时推送至电子底账系统；电子底账系统（销方主管税务机关）实时将销方纳税人开票数据推送至总局电子底账系统，形成全国增值税电子底账数据库；总局电子底账系统根据购方纳税人档案信息，将跨省开具的发票数据推送至电子底账系统（购方主管税务机关）
发票数据下载与申报	购方纳税人通过发票下载服务，获得当期待抵扣申报数据，生成纳税申报表
发票数据比对与抵扣	征期内购方纳税人通过征管系统实现纳税申报数据与电子底账数据的明细比对，实现"先比对后抵扣"的管理要求
发票数据采集与安全	将原有只采集发票数字七要素信息转变为采集发票全票面信息；应用税务数字证书系统，对销方纳税人身份进行认证，对全票面数据进行签名验签，保障了数据的安全性和有效性

(3) 增值税发票系统升级版的总体框架

增值税发票系统升级版是在现有增值税发票系统基础上的一次大规模升级，整体设计框架包括七个系统的升级完善以及两种税控专用设备（税控盘版、金税盘版）底层应用的改造，涉及税控发票开票软件（金税盘版、税控盘版）、网上统一受理平台、税控局端系统（防伪税控和货运税控）、税务数字证书系统、电子底账系统（原稽核系统）、综合征管系统以及申报软件等七大系统。增值税发票系统升级版将货运发票税控系统、税务数字证书系统、增值税发票管理平台纳入增值税发票管理系统中，对税控发票开票软件、防伪税控系统进行升级完善；对交叉稽核系统进行融合改造，形成新的电子底账系统。增值税发票系统升级版的总体框架①如图3-13所示。

(4) 增值税发票系统升级版的功能特点

增值税发票系统升级版具备以下六个功能特点：一是销方纳税人通过税控专用设备开具发票，发票明细数据能够实时上传至销方税务机关，即实现实时抄报；二是将税务数字证书内置于税控专用设备中，对每一张开具的发票进行数字签名，对销方纳税人进行身份认证，确保发票数据的安全和可靠；三是实现发票全票面信息的采集，并在采集过程中进行发票的逐一验签，确保发票数据安全入库；四是引入电子底账系统，通过销方主管税务机关对开票数据的

---

① 根据2014年12月的《增值税发票系统升级版——系统整体概况》整理。

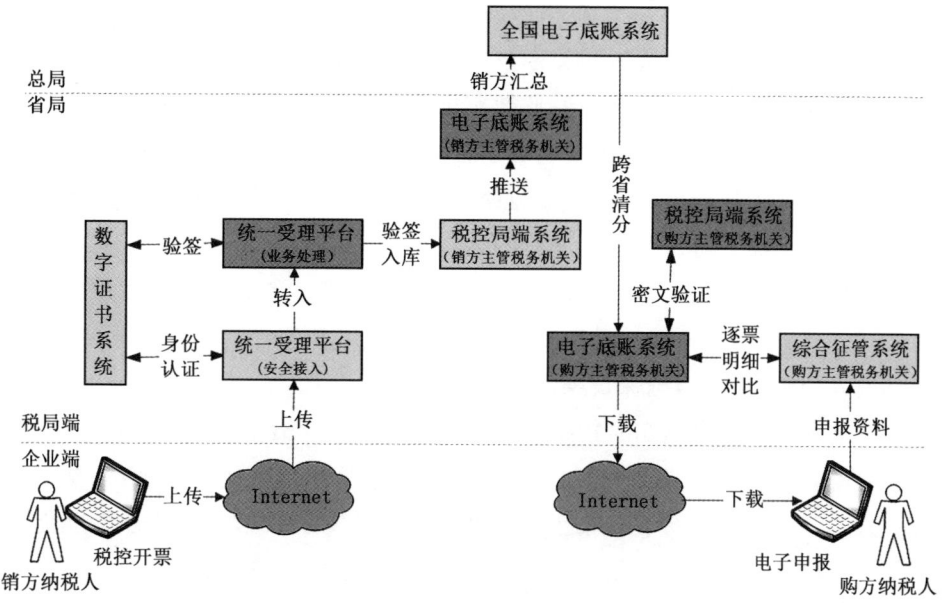

图 3-13　增值税发票系统升级版的总体框架

上传汇总和面向购方主管税务机关的跨省清分,改造发票数据的传递流程;五是允许纳税人直接下载待抵扣的发票数据,自动填列纳税申报表中相应的申报数据,减轻纳税人的办税负担和基层税务机关的工作负担;六是实现将购方纳税人申请抵扣的发票明细与电子底账库中的发票明细进行逐票对比,将之前的事后稽核方式改为先比对后抵扣的方式。

(5)增值税发票系统升级版的系统建设

增值税发票系统升级版的建设内容包括以下七个方面:一是将税控开票系统网络化,实现"税控开票、实时抄报";二是采集包括企业汉字名称在内的发票全票面信息;三是全面应用税务数字证书;四是省局建立电子底账库,在总局建立全国电子底账库;五是利用增值税专用发票电子底账实现抵扣发票的明细比对;六是取消必须认证才能抵扣的管理规定,发票认证逐步淡出;七是随着"营改增"推进,在小规模纳税人推行税控开票系统。

增值税发票系统升级版涉及七个系统,包括税控发票开票软件(金税盘版、税控盘版)、网上统一受理平台、税控局端系统(防伪税控税务局端系统和货运发票税控系统)、税务数字证书系统、电子底账系统(原稽核系统)、综合征管系统和申报软件。

(6) 增值税发票系统升级版的关键技术

增值税发票系统升级版的关键技术有如下三项：

一是金税盘和税控盘作为税务数字证书的载体。金税盘和税控盘除作为税控开票装置外，同时还作为税务数字证书的载体，该项技术对金税盘和税控盘的功能进行了拓展，对其底层进行改造，并将税务数字证书内置在盘中。

二是数字证书对每张发票进行签名。该项技术实现了纳税人开具专用发票时，对全票面信息进行数字签名，加密上传。数字签名全程跟随发票信息传递，实现防篡改和防抵赖。进入税务内网电子底账数据库后，每张发票仍然保留纳税人的数字签名，确保发票信息的安全。

三是满足发票数据实时抄报的高效率和高并发。增值税发票网上统一受理平台（简称"统一受理平台"）其承载在线实时抄报、电子底账发票数据下载等一系列网上发票业务，并在内外网间安全传输发票数据。该子系统既能够满足增值税纳税人实时抄报发票数据的快捷、高效要求，提高纳税人端用户对升级版系统的体验满意度，又能承载所有增值税纳税人较为集中抄报时的高并发数量。

3.2.5 我国增值税电子发票系统

（1）电子发票的解决方案

电子发票是发票的电子化表示，采用统一的版式、规则、防伪技术，并附有税务机关、纳税人的电子签章。企业可对其进行在线领购、在线开具、在线查验[①]、在线接收、在线入账等。电子发票系统实现发票的网络化、电子化、无纸化管理，简化了税收工作的环节，大大降低和节约了印制、管理成本，可以为国家节约大量的人力、物力、财力，降低征纳双方成本。

电子发票[②]的解决方案以电子发票开具为基础，通过电子发票服务平台，实现开票方、受票方、税务机关和其他相关机构和部门发票信息的传递。基于航天信息提供的电子发票解决方案，本文自行整理的电子发票解决方案如图3-14所示。

---

① 使用增值税发票系统升级版开具的发票，包括增值税专用发票、增值税普通发票（含电子普通发票、卷式发票、通行费发票）、机动车销售统一发票、货物运输业增值税专用发票、二手车销售统一发票，均可在国家税务总局全国增值税发票查验平台（https://inv-veri.chinatax.gov.cn/index.html）进行查验。

② 此处是指增值税电子普通发票。

第 3 章 我国增值税发票的应用现状与存在问题 | 051

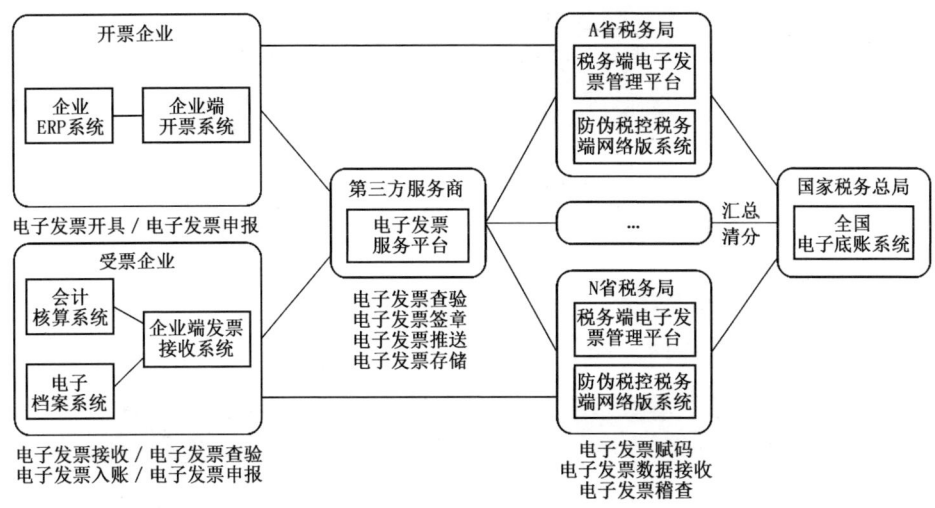

图 3-14 增值税电子发票的解决方案

(2) 增值税电子发票系统的实现逻辑

为进一步适应经济社会发展和税收现代化建设需要,国家税务总局在增值税发票系统升级版的基础上,组织开发了增值税电子发票系统,其实现逻辑①如图 3-15 所示。

图 3-15 展示了部分电子发票干系人及其信息系统,包括税务端的增值税发票系统升级版和税收征管系统,纳税人端的税控开票系统和企业 ERP/交易系统/财务系统,开票方自建或委托第三方的电子发票服务平台以及受票方。

(3) 电子发票的生命周期

图 3-15 的增值税电子发票系统的实现逻辑未能展示电子发票与受票方所在单位的关系、电子发票如何传递给受票方、受票方如何将电子发票回传给受票企业以及如何实现电子签章等内容。企业视角的电子发票业务流程如图 3-16 所示。

具体如下:消费者在交易系统完成交易付款之后,通过销方企业交易系统向销方企业申请开具电子发票,销方企业通过税控专用设备完成电子发票开具;电子发票服务平台一方面完成发票记账(在交易系统中标识发票已开具,并提供电子发票下载通道),另一方面完成电子发票向消费者/员工的递

---

① 参见《国家税务总局关于推行通过增值税电子发票系统开具的增值税电子普通发票有关问题的公告》(国家税务总局公告 2015 年第 84 号)。

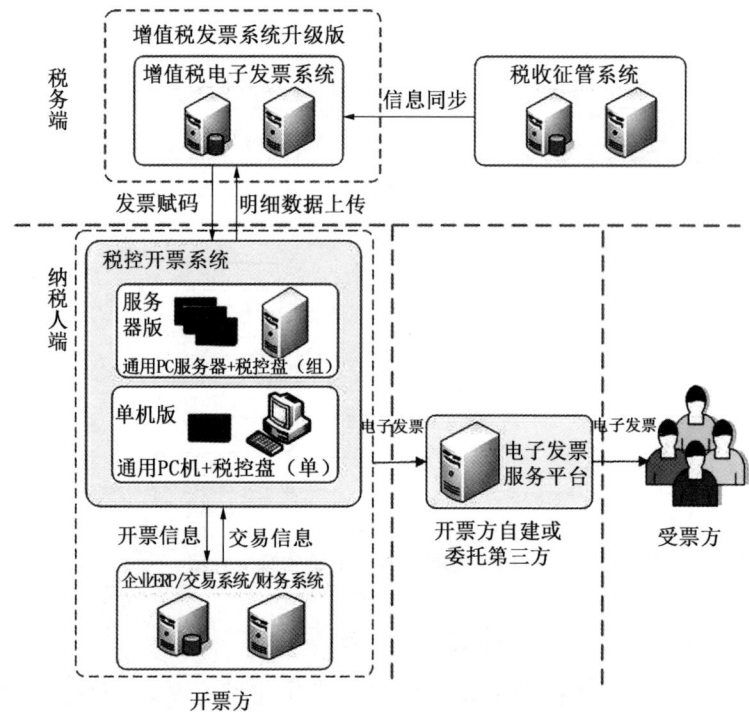

图 3-15 增值税电子发票系统的实现逻辑

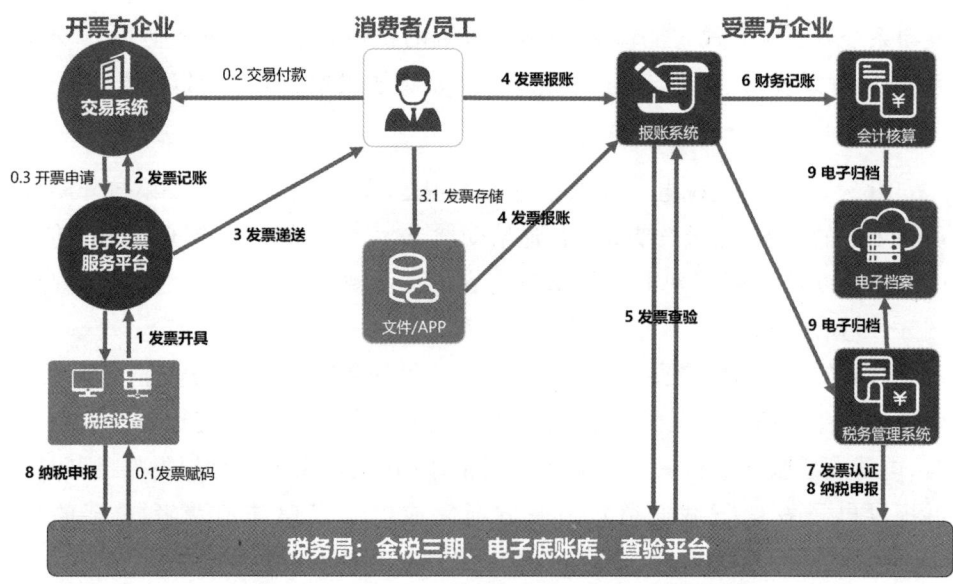

图 3-16 企业视角的电子发票业务流程

送;消费者/员工接收到电子发票之后,通过文件系统、电子发票票夹或专用App存储电子发票PDF版式文件,在报账系统填制报销单开启电子发票报账,报账时可通过税务局查验平台进行发票查验;受票方企业在会计核算系统进行财务记账,通过税务管理系统在税务机关金税三期中进行发票认证和纳税申报,并将会计核算资料、已认证发票和纳税申报资料进行电子归档,形成电子会计档案。

（4）增值税电子发票系统的落地方案

根据图3-16"企业视角的电子发票业务流程",实务中增值税电子发票系统的落地方案如图3-17所示。

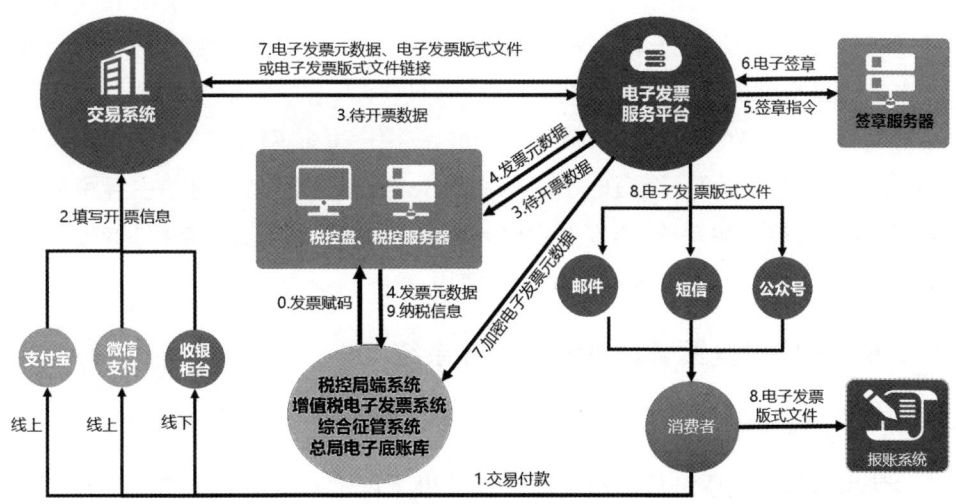

图3-17　增值税电子发票系统的落地方案

在销方纳税人税控专用设备(税控盘或税控服务器)开通电子发票票种之后,销方纳税人可办理电子发票赋码手续。赋码时,税务机关增值税电子发票系统将电子发票码段(含发票代码和发票号码)赋给销方纳税人税控专用设备,以备销方纳税人后续开具电子发票使用。

消费者通过支付宝、微信支付等线上支付渠道进行线上支付,通过收银柜台进行线下支付,支付完成后在销方企业交易系统填写开票相关信息,开票信息包括发票抬头,税号,开户行和账号,地址和电话,备注说明,手机、电子邮件、微信卡包、支付宝发票管家等接收方式,以及发票内容,开票方,发票总额和消费流水。较好的开票系统只需消费者以关键字查询的方式选择发票抬头,填写备注说明和电子邮件信息,其余交易相关信息均可由交易系统自动生成,发票相关信息可由电子发票服务平台根据发票抬头自动带出。

销方企业将"待开票数据"传递给电子发票服务平台,电子发票服务平台调用税控专用设备完成电子发票开具(即将"待开票数据"传递给销方纳税人税控专用设备,税控专用设备生成电子发票元数据,并将电子发票元数据回传至电子发票服务平台),调用签章服务器进行电子签章(即将"签章指令"发送给签章服务器,签章服务器将"电子签章"回传至电子发票服务平台)后,形成电子发票版式文件(目前为 PDF 文件)和加密电子发票元数据。电子发票服务平台同时存储电子发票元数据、加密电子发票元数据和电子发票版式文件。

电子发票服务平台一方面把电子发票元数据、电子发票版式文件或电子发票版式文件链接传递给销方企业交易系统;另一方面把电子发票版式文件通过邮件、短信或微信公众号等方式传递给消费者,消费者向购方纳税人企业报账系统提交电子发票版式文件,完成报销过程。电子发票服务平台还需将加密电子发票元数据传递给增值税电子底账系统,传递路径为"电子底账系统(销方主管税务机关)→全国电子底账系统→电子底账系统(购方主管税务机关)",以便税控局端系统(购方主管税务机关)后续对电子底账系统(购方主管税务机关)中的票据信息进行密文验证使用。

3.2.6 增值税发票管理系统的延伸系统

(1)税务大数据系统的总体框架

使用增值税发票进行分析以往遇到了以下困境:一是不能进行跨省的进销项数据比对,二是不能进行基于商品明细的数据分析,三是不能进行实时的数据分析。随着增值税发票系统升级版的上线,进项发票以电子底账的形式清分到购货方所在的省份,这使得跨省进销项分析成为可能;增值税发票实现了实时开票;票面信息采集也更加齐全,其中包括商品明细、购货清单等信息。在增值税纳税人数量急剧增加和税收管控风险不断加大的背景下,税务大数据解决方案应运而生,其总体框架如图 3-18 所示。

该方案的目标是充分利用各税务信息化系统中的历史数据和新增数据,通过获取全量数据并对其进行处理从而获得更加准确的数据分析结果,以加强行政审批后续的税务管理,最终成功建设智慧电子税务局。

(2)税务大数据系统的主要功能

一是税务数据宏观展示。通过汇总各种不同的税务发票数据,统计各月

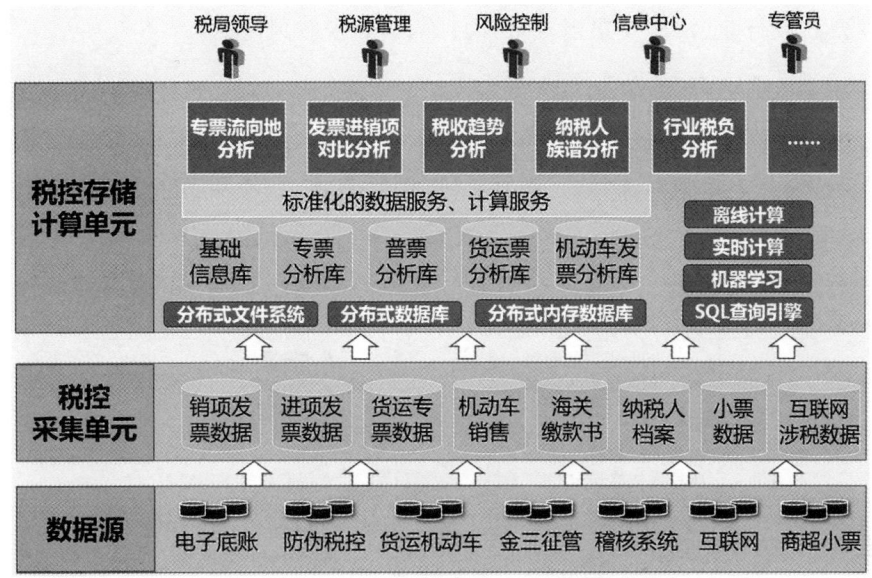

图 3-18 税务行业大数据解决方案的总体框架

的税收情况,获得税收指标完成情况,可以知晓已完成的税收、税收贡献率高的行业、税收贡献率高的地区、税收贡献率高的票种,便于税务机关有针对性地制定税收政策。通过获取进项发票省市分布图,可查看跟该税局有经济往来的省市。对于某纳税人企业,可以查询出其上下游企业的情况,找出供应链上的关键企业,也可以根据其上下游企业进行向后跟踪和向前追溯。

二是多维度数据展现。进项分析可以按照区域、行业、票种等多个维度进行统计分析。

三是风险监控与预警。偷逃税款、虚开发票与走逃是各地方税务机关面临的最主要的风险。通过对企业一段时间的进项销项进行差异分析,可以发现企业偷逃税款的风险,进而追补税款。通过对纳税人虚开发票行为进行分析,可发现存在大量顶版开具的行为是虚开发票企业的普遍特征。顶版开具发票[①]和走逃行为具有强关联性,提前发现存在大量顶版开具行为的纳税人,可对其进行及时监控,避免税款流失。

四是高风险纳税人识别。税务人员可对纳税人及其可疑行为进行精准识

---

① 顶版开具发票又称为顶额开具发票。发票有一定限制额度,如增值税专用发票的限额是 100 万元,发票开具时开到 99.999 99 元,就是顶版(顶额)开具发票。

别和及时监控,如一址多照、法人/财务主管在其他企业存在违规历史记录、虚开发票高危行业、领购发票当月未开具等,避免税收风险。

(3) 税务大数据系统的数据交互

税务大数据系统的数据主要来源于五个系统,分别是防伪税控系统、货运税控系统、电子底账系统、金三征管系统、稽核系统,具体如图 3-19 所示。

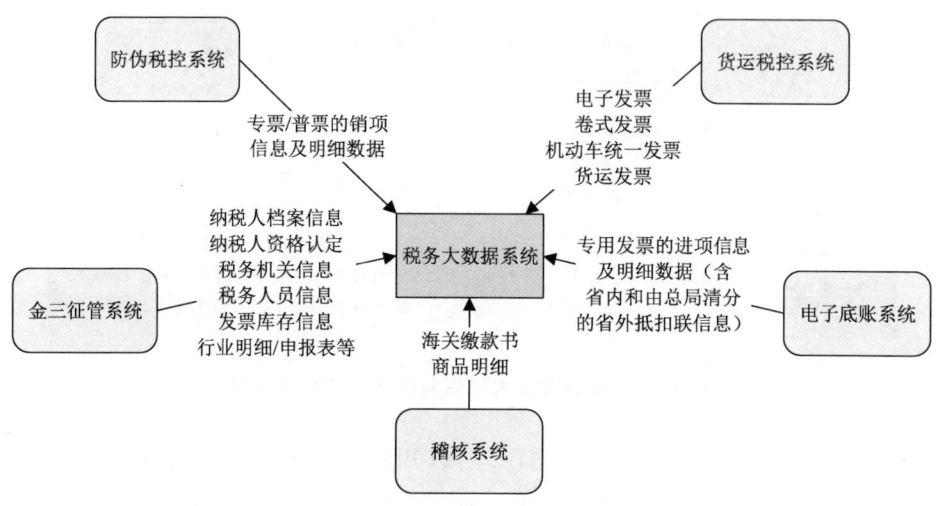

图 3-19　税务大数据系统的数据交互

3.3　我国增值税征管全流程分析

3.3.1　我国电子发票的流转环节与系统支撑

根据图 3-12 增值税发票管理流程(增值税发票系统升级版)、图 3-13 增值税发票系统升级版的总体框架、图 3-14 增值税电子发票的解决方案、图 3-15 增值税电子发票系统的实现逻辑、图 3-16 企业视角的电子发票业务流程和图 3-17 增值税电子发票系统的落地方案,可解析出电子发票流转的主要环节,以及相应的信息系统和税控专用设备支撑,如表 3-4 电子发票的流转环节与系统设备支撑所示。纳税人在申领电子发票之前,需要依法完成税务登记工作。《中华人民共和国税收征收管理法实施细则》(2016 年修订)第十二条规定了税务登记有关事项,《税务登记管理办法》(2019 年修订)第八条规范了税务登记的地域划分。北京市国家税务局2016年发布的《关于推行通过增值税电子发票系统开具增值税电子普通发票有关问题的公告》规定,纳税人申请通过增值税电子发票系统开具电子发票,首先要纳入增值税发票系统升级版,并按照纳税人提出申请、税务机关受理确认和税务机关发票赋码三个步骤办理,之后进行电子发票数据和电子发票版式文件生成,以及电子发票版式文件查询。

3.3.2 我国基于纸质发票的增值税征管全流程

我国基于纸质发票的增值税征管全流程如图3-20所示。该流程主要涉及税务登记、税务日常管理和税款征管三个业务阶段,涉及的干系人包括税务机关、销货方和购货方,以及发票印制单位、税控服务商和物流企业。其中,销货方和购货方同为纳税人,分别被称为销方纳税人和购方纳税人。

我国基于纸质发票的增值税征管全流程中,销方主管税务机关的主要工作是管理销方纳税人报送的凭证和账簿,根据往年发票用量和经济形势进行纸质发票规划,组织发票印制单位进行纸质发票印制,对印制的纸质发票进行保管,认定销方纳税人的开票资格,核定销方纳税人的发票票种,存储销方纳税人抄报的纸质发票开票数据并支持其上传汇总(汇总至国家税务总局的全国电子底账库),对销方纳税人进行增值税税款征收和增值税相关税务检查。

销方纳税人的主要工作是进行税务登记,领购纸质发票,根据购货方采购订单进行货物拣选和纸质发票开具,借助物流企业进行货物装车配送和纸质发票寄送,对开出的纸质发票(记账联)进行保管和入账,按期进行抄税、发票数据下载和纳税申报,并对相关会计资料进行归档。

购方纳税人的主要工作是进行税务登记,根据采购需求填写采购订单并支付货款,在收到货物、运输凭证和纸质发票之后进行三单匹配(采购订单、采购发票和收货单),保管纸质发票,对纸质发票(发票联)进行查验和入账,在购方主管税务机关的系统支持下,对增值税纸质专票(抵扣联)进行进项税额抵扣认证,以及相应的发票数据下载、纳税申报和会计资料(含纸质发票和纳税申报表)归档工作。

国家税务总局的主要工作是在电子底账系统中,支持各省发票数据的全国汇总和全国发票数据的跨省清分,并提供增值税发票统一查验平台。

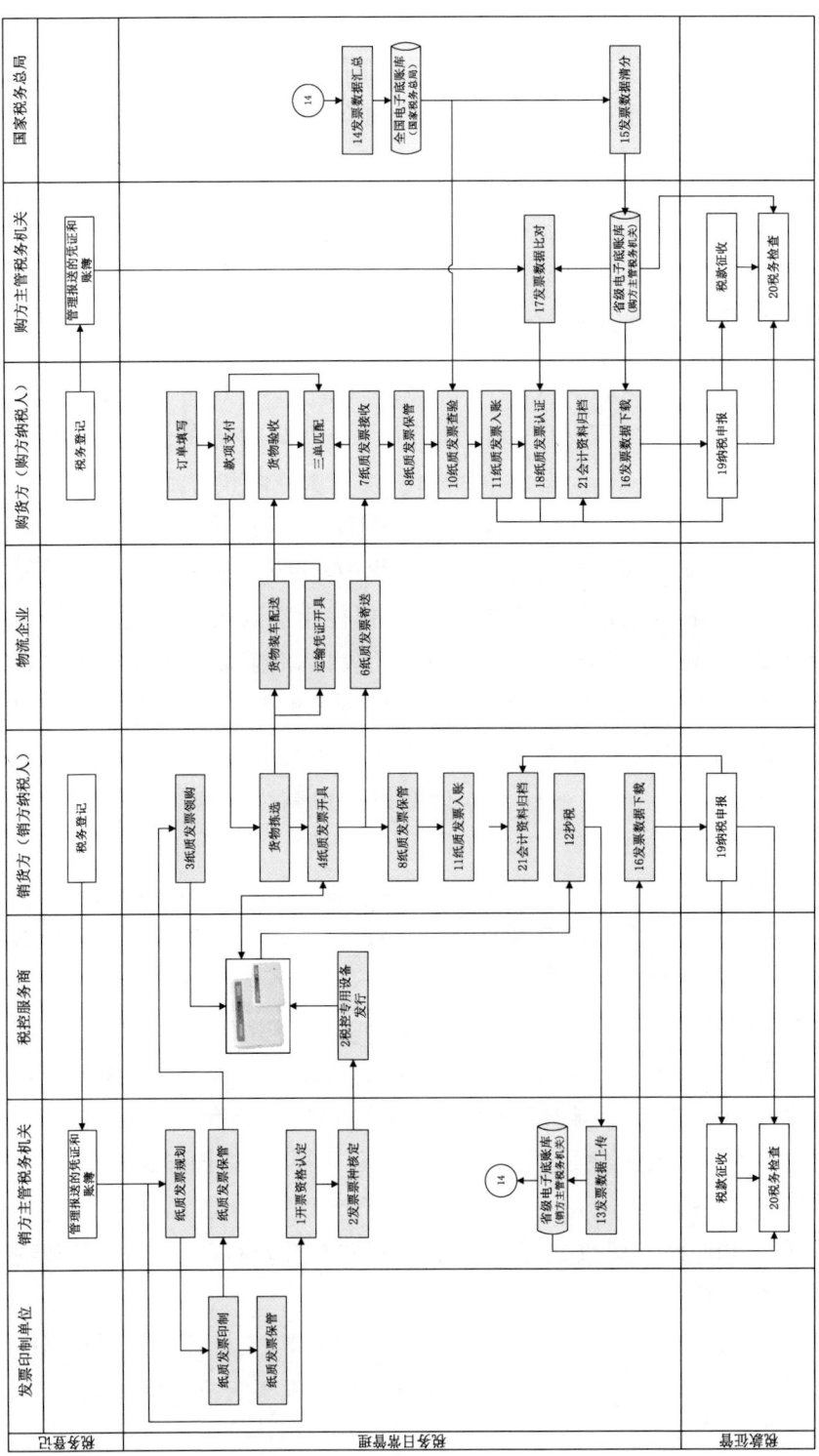

图 3-20 我国基于纸质发票的增值税征管全流程

购方主管税务机关的主要工作是管理购方纳税人报送的凭证和账簿,维护省级电子底账库(购方主管税务机关),从全国电子底账库(国家税务总局)接收跨省清分的发票数据并存储,支持购方纳税人对增值税纸质专票(抵扣联)进行进项税额抵扣认证(先比对后认证),支持购方纳税人进行发票数据下载,对购方纳税人进行增值税税款征收和增值税相关税务检查。

发票印制单位的主要工作是负责纸质发票的印制和保管。对于物流企业而言,其主要工作是负责货物装车配送、运输凭证开具和纸质发票寄送。

税控服务商的主要工作是负责税控专用设备的发行和维护,以及增值税防伪税控系统的维护。

3.3.3 我国基于电子发票的增值税征管全流程

我国基于电子发票的增值税征管全流程如图 3-21 所示。该流程主要涉及税务登记、税务日常管理和税款征管三个业务阶段,涉及的干系人包括税务机关、销货方和购货方,以及税控服务商、电子发票服务商和物流企业。

我国基于电子发票的增值税征管全流程中,对于销方主管税务机关而言,其主要工作是管理销方纳税人报送的凭证和账簿,组织电子发票开具资格认定和票种核定,借助系统自动进行电子发票赋码(即配号发放),存储销方纳税人抄报的电子发票开票数据并支持其上传汇总(汇总至国家税务总局的全国电子底账库),对销方纳税人进行增值税税款征收和增值税相关税务检查。

对于销方纳税人而言,其主要工作是进行税务登记,申请电子发票开具资格,根据购货方的采购订单进行货物拣选并跟踪物流信息,对开出的电子发票进行保管和入账,按期进行抄税、电子发票数据下载和纳税申报,并对相关会计资料进行归档等。

对于购方纳税人而言,其主要工作是进行税务登记,根据采购需求填写采购订单并提供电子发票开具信息,接收并保管电子发票,对电子发票进行查重查验和入账,在购方主管税务机关系统的支持下,对增值税电子专票进行进项税额抵扣认证[①],以及相应的纳税申报和会计资料无纸化(含电子发票和纳税申报表)归档工作。

---

① 截至 2019 年 11 月,我国税务机关尚不允许开具增值税电子发票。此处为整体方案描述,图中相关环节以虚线标识。

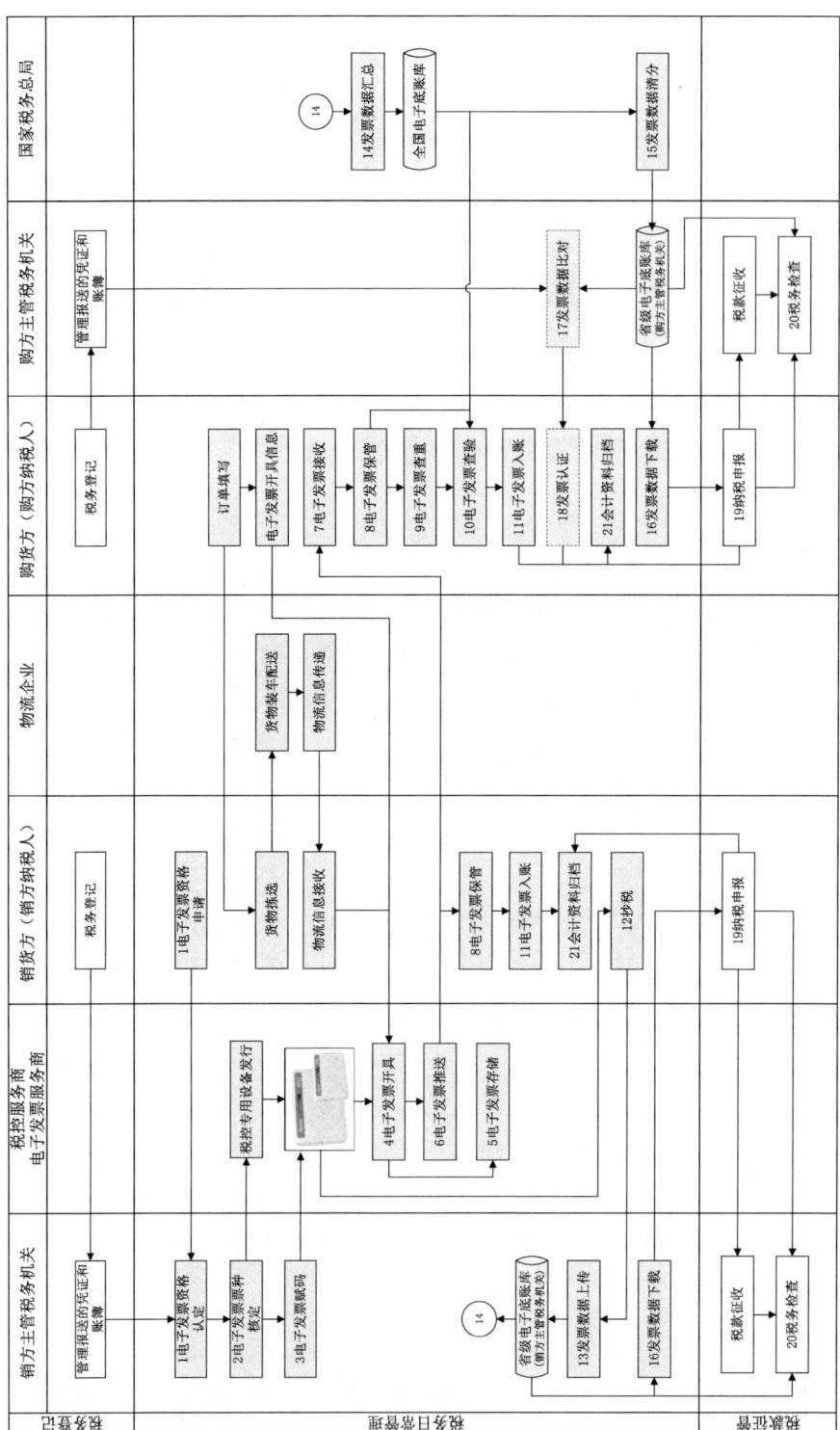

图 3-21 我国基于电子发票的增值税征管全流程

对于国家税务总局而言，其主要工作是在全国电子底账系统中，支持各省发票数据的全国汇总和全国发票数据的跨省清分，提供增值税发票统一查验平台。

对于购方主管税务机关而言，其主要工作是管理购方纳税人报送的凭证和账簿，维护省级电子底账库（购方主管税务机关），从全国电子底账库（国家税务总局）接收跨省清分的发票数据并对其进行存储，支持购方纳税人对增值税电子专票（抵扣联）进行进项税额抵扣认证（先比对后认证），支持购方纳税人进行发票数据下载，对购方纳税人进行增值税税款征收和增值税相关税务检查。

对于税控服务商而言，其主要工作是负责税控专用设备的发行和维护，以及税控系统的维护；对于电子发票服务商而言，其主要工作是负责销方纳税人电子发票的开具和推送，对已开具的电子发票进行存储；对于物流企业而言，其主要工作是负责装车配送货物和传递物流信息。

表 3-4　电子发票的流转环节与系统设备支撑

步骤	流转环节	环节描述	参与方	信息系统和税控专业设备[①]支撑
1	电子发票资格认定	销方纳税人持经办人身份证明原件及复印件、发票专用章印模，填制《纳税人领用发票票种核定表》（一式两份），到主管税务机关办税服务厅提出电子发票开具申请[②]	销方纳税人销方主管税务机关	增值税电子发票系统（税控局端系统）[③] 综合征管系统（销方主管税务机关）
2	电子发票票种核定	销方主管税务机关办税服务厅受理纳税人填报的《纳税人领用发票票种核定表》并进行审核确认，完成电子发票票种核定、税控专用设备（税控盘或金税盘）初始化发行[④]等工作	销方主管税务机关	增值税电子发票系统（税控局端系统）

---

① 专业设备包括中小企业普遍使用的金税盘、金税卡，以及大型企业使用的开票服务器等。
② 详见北京市国家税务局 2016 年发布的《关于推行通过增值税电子发票系统开具增值税电子普通发票有关问题的公告》。
③ 2019 年年底，该系统逐步升级为增值税发票管理系统 2.0。
④ 即将电子发票的发票版本、发票号和开票限额等写入税控专用设备，以便纳税人后续进行电子发票的领购、开具、红冲、抄报税等。

（续表）

步骤	流转环节	环节描述	参与方	信息系统和税控专业设备支撑
3	电子发票赋码	销方主管税务机关发票发售部门在综合征管系统为纳税人的税控盘（或金税盘）办理发票赋码①，电子发票的号段②由税务后台核心征管系统通过接口方式同步至增值税电子发票系统（税控局端系统），通过税控局端系统最终赋予销方纳税人③，销方纳税人即可通过电子发票系统开具电子发票	销方主管税务机关	综合征管系统（销方主管税务机关） 增值税电子发票系统（税控局端系统） 税控专用设备
4	电子发票开具	用票量大的企业可选用服务器版税控开票系统开具电子发票；用票量小的企业可使用税控盘/金税盘和单机版税控开票系统开具电子发票，生成电子发票元数据。电子发票元数据传递给电子发票服务平台④，平台按照电子发票试点现有机制要求，通过签章服务器完成电子签章，生成电子发票数据及带有销方纳税人电子签章的电子发票版式文件。电子发票服务平台将电子发票数据及电子发票版式文件回推给销方纳税人交易系统，同时将电子发票版式文件通过邮件、手机短信或微信公众号等方式推送给购方纳税人	销方纳税人	增值税发票税控开票系统（简称税控开票系统） 税控专用设备 电子发票服务平台 签章服务器
5	电子发票存储	电子发票服务平台存储电子发票数据及电子发票版式文件，也可将这些数据和文件回推给销方纳税人企业交易系统以供消费者下载。电子发票数据同时存储在销方纳税人税控专用设备中，以服务于后续发票认证和发票报税环节	销方纳税人	电子发票服务平台 税控专用设备 企业交易平台（销方纳税人）

---

① 详见《国家税务总局关于推行通过增值税电子发票系统开具的增值税电子普通发票有关问题的公告》(国家税务总局公告2015年第84号)。

② 增值税电子普通发票的发票代码为12位，其编码规则为：第1位为0，第2～5位代表省、自治区、直辖市和计划单列市，第6～7位代表年度，第8～10位代表批次，第11～12位代表票种（11代表增值税电子普通发票）。发票号码为8位，按年度、分批次编制。

③ 详见《国家税务总局关于进一步做好增值税电子普通发票推行工作的指导意见》（税总发〔2017〕31号）。

④ 纳税人可自建或委托第三方开发建设电子发票服务平台。电子发票版式文件可在纳税人端直接生成，也可由第三方电子发票服务平台生成。使用第三方电子发票服务平台的纳税人，需将电子发票元数据传递给第三方电子发票服务平台。

(续表)

步骤	流转环节	环节描述	参与方	信息系统和税控专业设备支撑
6	电子发票推送	电子发票开具完成后,电子发票服务平台根据消费者填写的接收方式(如手机短信、邮箱等)推送电子发票开具信息和下载链接,以便消费者进行电子发票接收、查验、报销等后续处理	电子发票服务平台服务商	电子发票服务平台 手机短信/邮件/手机App
7	电子发票接收	消费者可根据在电子发票开具环节提供的接收方式(如手机短信、邮箱等),通过手机短信、邮件或App等途径接收电子发票的开具通知以及电子发票版式文件的下载链接,进而下载电子发票版式文件	消费者	文件系统/卡包 手机/邮箱
8	电子发票保管	消费者成功下载电子发票之后,可将其存储在电脑或智能手机的文件系统中,也可以存储在类似于微信卡包的电子卡包中,或电子票夹App中	消费者	文件系统/微信卡包/电子票夹App等
8	电子发票保管	购方纳税人可直接通过企业电子发票接收系统直接接收和存储电子发票,对其进行自动查重和验真	购方纳税人	企业电子发票接收系统(购方纳税人)
9	电子发票查重	由于电子发票是PDF版式文件,报销人员提交给财务进行报销之后,自己手里依然存有该PDF版式文件,后续可能会发生重复提交财务进行报销的情形。为避免该类情形的发生,购方纳税人需要采取一定措施防止重复报销,如采用专门接收、存储、查重和验真的企业电子发票接收系统,或由财务人员或员工本人采用Excel备查簿方式记录已报销发票的基本信息(如开票日期、发票代码、发票号码、发票金额等)	购方纳税人	企业电子发票接收系统或Excel台账
10	电子发票查验	电子发票开具后,电子发票信息的集中存储使得购方纳税人可通过多种方式完成电子发票的查验工作,及时获取发票的真伪信息。查验方式的方便快捷可以有效加大发票监管力度	购方纳税人	国家税务总局全国增值税发票查验平台 地厅增值税电子发票查验平台

(续表)

步骤	流转环节	环节描述	参与方	信息系统和税控专业设备支撑
11	电子发票入账	购方纳税人通过企业报账系统接收和存储电子发票(有些企业的报账系统能够自动处理电子发票查重和查验工作),并将此电子发票和其他相关附件资料一起(如采购订单、采购发票和采购收货单三单匹配)作为采购记账凭证的附件,存储在企业会计核算系统或单独的电子票夹中。在企业当前的实务报销工作中,多数企业还将电子发票打印出来进行报销入账	购方纳税人	企业报账系统(购方纳税人) 企业会计核算系统(购方纳税人)
		销方纳税人将税控开票系统中的开票信息回传给企业交易系统,企业交易系统确认三单匹配(销售订单、销售发票和销售出库单)之后,确认销售收入和销售成本,并将所开具的电子发票或销售流水作为销售收入记账凭证的原始凭证附件	销方纳税人	增值税发票税控开票系统(简称税控开票系统) 企业交易系统(销方纳税人) 企业会计核算系统(销方纳税人)
12	网上抄税	销方纳税人月初将税控盘连接到税控开票系统,税控开票系统自动进行抄税。抄税完成后,销方纳税人当月开具的发票信息自动上传至电子税务局(申报系统),该数据应用于增值税申报表的"销项税明细表"及附表。换言之,销方主管税务机关借助抄税环节,获取销方纳税人的增值税销项数据	销方纳税人	增值税发票税控开票系统(简称税控开票系统) 网上统一受理平台
13	发票数据上传	销方纳税人开具电子发票和抄税后,销方主管税务机关税控局端系统直接将网络上传和大厅抄报的发票数据通过增值税发票系统升级版网上统一受理平台定时推送到销方主管税务机关的电子底账系统	销方纳税人	税务数字证书系统 网上统一受理平台 增值税电子发票系统(税控局端系统) 电子底账系统(销方主管税务机关)
14	发票数据汇总	电子底账系统(销方主管税务机关)汇总本省增值税发票数据并将数据上传到全国电子底账系统,实现全国增值税发票数据的大集中,为国家税务总局打造可以深度挖掘的数据金矿奠定基础	销方主管税务机关	电子底账系统(销方主管税务机关) 全国电子底账系统

（续表）

步骤	流转环节	环节描述	参与方	信息系统和税控专业设备支撑
15	发票数据清分	全国电子底账系统依据购方纳税人档案信息，定时将跨省的购方发票数据清分到购方主管税务机关的电子底账系统，以便购方进行增值税进项税额抵扣认证	国家税务总局	全国电子底账系统 电子底账系统（购方主管税务机关）
16	发票数据下载	电子底账系统对外提供了待抵扣发票信息的下载服务，纳税人可以通过互联网下载需要申报抵扣的发票明细信息，下载后的发票信息可以自动生成相应的申报数据，而无需纳税人手工填报和干预。在下载的过程中，购方主管税务机关的税控局端系统为购方发票提供密文验证，保障购方纳税人能够下载准确、完整的增值税发票	购方纳税人	增值税电子发票系统（税控局端系统） 电子底账系统（购方主管税务机关）
17	发票明细比对	为保证抵扣凭证的真实有效以及管控和规范纳税人的申报抵扣行为，增值税发票系统升级版在一窗式票表比对时，在只对金额税额汇总数进行比对的基础上，增加了申请抵扣发票明细与电子底账信息的逐票明细比对处理，将原有的事后稽核比对改为先比对后抵扣。同时，发票明细比对过程采用了电子信息数据比对和税控码校验的双重验证机制，以确保比对结果的正确性，从而使增值税征管工作更加严密有效	购方主管税务机关	综合征管系统（购方主管税务机关） 电子底账系统（购方主管税务机关）
18	发票认证①	购方纳税人取得发票（包括增值税专用发票、机动车、通行费电子发票）后，需要通过增值税发票综合服务平台进行认证，如果未在 360 天内完成认证，就会形成滞留票。认证结果经确认后，该数据应用于增值税申报表附表 2 "本次进项税额明细"。换言之，税务机关借助发票认证环节获取购方纳税人增值税进项数据	购方纳税人	增值税发票综合服务平台②

---

① 该环节是针对增值税电子专用发票的，但截至 2019 年 11 月 5 日，我国只有增值税电子普通发票。为此，本环节目前只针对增值税纸质专用发票，不适用于增值税电子普通发票。

② 增值税发票综合服务平台 2019 年下半年升级前为增值税发票选择确认平台。增值税发票综合服务平台主要功能模块有退税勾选、代办退税勾选、进项发票查询、税务事项通知书、成品油消费税管理、发票下载、档案信息维护。

（续表）

步骤	流转环节	环节描述	参与方	信息系统和税控专业设备支撑
19	发票报税	销方纳税人在填增值税纳税申报表之前，需先将税控盘连接税控开票系统完成抄税，并完成相应发票的认证工作，再填列完整的增值税纳税申报表及其附列资料	销方纳税人	综合征管系统（销方主管税务机关）税控专用设备
19	发票报税	根据图3-13增值税发票系统升级版的总体框架，购方纳税人未来可通过互联网络下载销方纳税人开具给本企业的增值税发票，填报本期的进项数据，汇同本期的销项数据，完成一般纳税人的增值税申报事项。在增值税发票系统升级版中，购方纳税人需要对一般纳税人全部的申报数据进行逐条明细比对	购方纳税人	综合征管系统（购方主管税务机关）税控专用设备
20	税务检查	省级税务机关对纳税人履行纳税义务的情况进行税务检查，包括稽核、检查及一般性违法问题的处理。① 税务检查重点包括瞒报计税销售额、迟报计税销售额、适用税率、虚开发票、扩大进项税额抵扣范围、骗抵进项税额、擅自抵期初存货进项税额、进项税额转出、账外经营等。	销方主管税务机关	综合征管系统（销方主管税务机关）
20	税务检查		购方主管税务机关	综合征管系统（购方主管税务机关）
21	电子发票归档	电子发票对于销方纳税人而言，属于单位内部形成的属于归档范围的电子会计资料，在满足《会计档案管理办法》②第八条规定的六个条件时，可仅以电子形式保存，形成电子会计档案	销方纳税人	企业会计核算系统（销方纳税人）企业税务管理系统（销方纳税人）企业电子会计档案系统（销方纳税人）
21	电子发票归档	电子发票对于购方纳税人而言，属于单位从外部接收的属于归档范围的电子会计资料，在满足《会计档案管理办法》第八条和第九条共同规定的七个条件时，可仅以电子形式归档保存，形成电子会计档案	购方纳税人	企业会计核算系统（购方纳税人）企业税务管理系统（购方纳税人）企业电子会计档案系统（购方纳税人）

① 详见《国家税务总局关于印发〈增值税日常稽查办法〉的通知》(国税发〔1998〕44号)第三条。
② 详见《中华人民共和国财政部 国家档案局令第79号——会计档案管理办法》。

3.4 我国增值税发票管理存在的问题与影响

3.4.1 我国增值税发票管理存在的问题

(1) 税控系统设备费抵减不充分

当前仅有航天信息(以下简称航信)和百望公司两家负责发票的开具、税控系统设备的经营等业务。尽管自 2011 年 12 月 1 日起,增值税纳税人购买增值税税控系统专用设备[①]支付的费用以及缴纳的技术维护费可在增值税应纳税额中全额抵减[②],但国家税务总局对月销售额 10 万元以下(含本数)的增值税小规模纳税人免征增值税[③],这些小规模纳税人也就无法享受该增值税抵减政策。

(2) 连锁企业税控盘传递不方便

对于连锁型企业,其交易系统的统一管理和税控专用设备的分散管理呈现出了一定矛盾,管理手续烦琐,管理风险较高。如沃尔玛百货有限公司(以下简称沃尔玛)虽然分支机构多,但全国只有一个交易系统,为此,沃尔玛总部需要购买一个主税控盘,每个分支机构都必须购买一个分税控盘。主、分税控盘之间的票号分发和开票数据汇总等工作可以直接通过网络处理,但当办理税控盘解锁、增加最高领用票量等业务时,需要全国分支机构的分税控盘都集中到沃尔玛总机构所在地(上海总部)。因涉及分税控盘传递,实务中的税控盘邮寄不但烦琐,还给企业带来了税控盘传递成本和传递风险。

(3) 税控专用设备仅支持单终端

销方纳税人的税务实务工作,包括发票领用、开票、认证等工作都需要税控专用设备的支持。而企业某一分支机构仅能购买一套税控专用设备,一套税控专用设备同时仅支持一台电脑工作,这导致同一分支机构中需要税控专用设备支持的相关税务工作不能同时进行。如某分公司税务人员在开票时,其他税务人员不能进行增值税专用发票认证等相关税务工作,这严重影响了企业的税务工作效率。

[①] 防伪税控系统专用设备,简称专用设备,包括金税卡、IC 卡、读卡器、延伸板及相关软件等。
[②] 详见《财政部 国家税务总局关于增值税税控系统专用设备和技术维护费抵减增值税税额有关政策的通知》(财税〔2012〕15 号)。
[③] 详见《财政部 税务总局关于实施小微企业普惠性税收减免政策的通知》(财税〔2019〕13 号)。

(4) 开票方纸质发票存管成本高

有些开票方企业的业务具有高频次低单价的特点，他们使用纸质发票的过程中存在非常庞大的纸质发票存储和管理成本。如停车场是典型的高频次低单价的停车服务业，停车场每天进出车辆很多，需要消耗大量手撕纸质发票以供停车消费者索取。为此，停车场需要存储大量的手撕纸质发票，还需要专门的库房存放发票和专门的人员管理发票，这都增加了企业用票成本。

(5) 纸质发票打印邮寄成本颇高

对于用票量特别大的企业，其在使用纸质发票的过程中，发票打印和邮寄环节的成本压力较大。像供电企业和水务企业，由于其面向全体市民开展供电和供水服务，其发票需要打印和邮寄给用电用水家庭和用电用水单位。如深圳有几百万的水电使用单位，导致发票打印和邮寄成本以及相关人员的工资成本颇高，每年均以千万元计。

(6) 电子发票运营服务费数额高

电子发票服务平台以纳税人自建为主，也可由第三方(如百望、航信等)建设提供。但企业通过第三方电子发票服务平台开具电子发票后，若想将这些电子发票持续保存在电子发票服务平台上，则需要支付额外的电子发票运营服务费①，且数额较高。2017年3月21日之前，电子发票服务商依据电子发票开具量收取运营服务费，自2017年3月21日起，该运营服务费不再与电子发票开票量挂钩②，电子发票服务商改按开票企业税号数收取运营服务费。

(7) 电子发票重复报销难以控制

目前多数企业在报销环节要求员工将电子发票打印出来进行报销；少数企业采用报销时不打印，存档时再打印的方式；只有极个别企业采取从报销到会计处理再到会计资料归档全流程无纸化的处理。当前真正实现会计档案电子化的企业并不多(截至2019年3月8日，通过国家档案局验收的企业仅有13家③)，因此，打印报销成为企业当前报销的常态。电子文件可以无限次重复打印，因此，可能存在报销人重复打印行为，导致出现电子发票重复报销

---

① 根据实地调研得知，电子发票服务商起初通过开具的电子发票开票量收取运营服务费。
② 《国家税务总局关于进一步做好增值税电子普通发票推行工作的指导意见》(税总发〔2017〕31号)规定："电子发票服务平台应免费提供电子发票版式文件的生成、打印、查询和交付等基础服务。"
③ 详见2019年3月8日国家档案局发布的《国家档案局关于印发企业电子文件归档和电子档案管理试点验收企业名单(第一批)的通知》。

问题。

(8) 受票人和消费人匹配难校验

税收征管实务工作中,对于实名制的交易而言,如供水、供电、地铁、公交等公共事业相关交易,受票人和消费人信息是否匹配,较容易校验。但对于非实名制的交易而言,如日常零售等,受票人和消费人信息是否一致,不容易校验。在企业增值税开票系统与企业业务系统和企业客商系统分离的情况下,税务局无法确认增值税发票的受票人和交易中的消费人是否一致,即难以校验受票人和消费人是否匹配,从而无法确认该交易是否归属于该受票企业。

(9) 发票开具过程无需达成共识

在实务开票工作中,销方纳税人的税控开票系统与其交易系统和客商系统,以及销方主管税务机关综合征管系统之间的数据对接未能达到完全无缝,导致经常出现销方纳税人所开具的发票票面信息与购方纳税人实际发票开具信息不吻合的情形,如单位名称不匹配、税号不匹配、银行账号不匹配等,即发票开具过程中,不易在开票方(销方纳税人)、受票方(购方纳税人)和销方主管税务机关之间达成共识,从而无法确保发票数据的准确性。

(10) 票面信息难以保证完整准确

《增值税专用发票使用规定》(2006年修订)第十一条规定了增值税专用发票开具的要求,涵盖发票项目、票面字迹、发票用章、开具时间和购买方权力等方面。但在经济交易实务开票工作中,因税收属地管理差异,各税务机关及纳税人对"项目齐全"的理解不一,且税控开票系统未严格对票面信息的完整性进行输入控制校验,导致购方纳税人财务经常收到票面信息不完整的发票,如没有填写数量和单价等,票面信息的完整性和准确性难以保证。此类发票若退回销方纳税人让其重开,则会产生大量沟通和邮寄成本;若不退回重开,购方纳税人又会面临票据不合规、不能进行进项税额抵扣等风险。

(11) 客商开票信息共享程度不高

在经济交易实务开票工作中,客商信息数据包存储在开票机器上,客商开票信息共享程度不高。该数据包由销方纳税人首次开票后自动保存,信息正确与否完全取决于开票经办人工作细致程度,且无法通过信息化手段在开票完成之前进行自动判断。若信息有误,重新维护更新的客商开票信息也不会自动覆盖并替换原错误信息,即正确与错误的开票信息会同时存储于客商信息数据包中。此外,该数据包未与税务机关连接,无法实时更新和正确比对导致开票工作调用客商信息数据包时,可能调用了之前存储的错误的开票信息,受票单位名称、纳税人识别号都可能出现错误。

(12) 真票假开和发票虚开难监管

传统纸质发票无法解决纳税人发票虚开问题。尽管当前有加密手段防止制造假发票,但真票假开现象无法避免。真票假开,即发票是真的,交易行为是假的,或者说发票本身真实,但发票关联的业务不真实。如开票方货物尚未发出,但货物销售发票已开具,受票方则可据此发票进行进项税额抵扣。税务机关针对此类行为的事后监管较为烦琐,需要对这些企业进行大量的核查与识别。目前通过决策支持系统的大数据分析,可在一定程度上掌握经常开具假发票企业的特征,但事后监管存在时间差,不法分子会利用这个时间差来注册或购买一些公司(空壳公司),这些公司尽管不开展业务,但其公司资质、开票业务等仍处于正常状态。如某一空壳公司前两个月可能按企业规模在限额限量范围内正常开具发票(如一千万元的票),但第三个月会突然大量开票(如突然开出一亿元的票),即出现开票额异常情况。但纳税申报是按季或按月进行的,发票开具后的发票核销存在时间差,因此,税务局在企业进行纳税申报后(最早下个月)方能发现该公司第三个月的销售额出现异常,但此时不法分子可能已经逃之夭夭。企业的该类行为,也给其下游受票企业带来一系列麻烦,下游企业如果拿到该类虚开的发票,会被税务局质疑是否也存在虚开发票的行为,从而引入"锁申报"等纳税风险。这些下游受票企业需要向税务机关说明取得这张发票的原因,以及是否涉及虚假交易等。

(13) 发票数据难以进行交易溯源

税收征管实务工作中,借助于税控专用设备的使用,企业增值税开票系统中的发票数据和税务局掌握的发票数据是一致的,但税务机关往往难以直接从发票数据溯源到交易信息。原因主要有三个方面:一是消费者没有及时索票,销方纳税人在没有购方开票信息的情况下,无法及时开具发票;二是多数企业开票系统与企业业务系统和企业客商系统分离,税务机关难以从发票数据中追溯到企业的交易数据;三是企业出于自身商业私密性考量,不太愿意把交易数据一起开放给主管税务机关。

(14) 发票数据存在被篡改可能性

金税三期工程中,发票数据存储于国家税务总局电子底账库,国家税务总局电子底账库定时根据购方纳税人档案信息,将跨省开具的发票数据推送至购方纳税人主管税务机关电子底账库,属于单一中心数据库部署。理论上,国家税务总局电子底账库和省局电子底账库中的发票数据存在被篡改的可能,如内部人员或外部人员有意或无意地篡改。

(15) 发票数据共享时间存在延滞

在国家税务总局全国增值税发票查验平台[①]中,当日开具的发票最快可以次日(T+1)进行查验[②]。可见,国家税务总局和省级税务局之间的发票数据共享存在明显时滞,这在一定程度上对冲了由移动支付和电子发票开具带来的经济运转效率的提升。

3.4.2 我国增值税发票管理存在问题的影响

我国增值税发票管理存在的问题包括实务便利性问题、成本效益问题、业务真实性问题、发票真实性问题、发票数据质量问题和纳税遵从风险问题六类,详见表 3-5。其中,涉及实务便利性和纳税遵从风险的问题最多,各有 7 项;涉及成本效益和发票数据质量的问题次之,分别有 5 项、4 项;涉及业务真实性和发票真实性的问题最少,各有 2 项。

表 3-5 我国增值税征管中存在的问题分类

序号	增值税发票管理问题	实务便利性问题	成本效益问题	业务真实性问题	发票真实性问题	发票数据质量问题	纳税遵从风险问题
1	税控系统设备费抵减不充分		Y				
2	连锁企业税控盘传递不方便	Y	Y				Y
3	税控专用设备仅支持单终端	Y					
4	开票方纸质发票存管成本高		Y				
5	纸质发票打印邮寄成本颇高		Y				

---

① 国家税务总局全国增值税发票查验平台网址参见 https://inv-veri.chinatax.gov.cn/。
② 2019 年 10 月下旬,税务部门对增值税发票管理系统进行升级后,对于已上线增值税发票管理系统 2.0 版的省份,当日开具发票当日可查验。

（续表）

序号	增值税发票管理问题	实务便利性问题	成本效益问题	业务真实性问题	发票真实性问题	发票数据质量问题	纳税遵从风险问题
6	电子发票运营服务费额度高		Y				
7	电子发票重复报销难以控制	Y			Y		Y
8	受票人和消费人匹配难校验			Y			Y
9	发票开具过程无需达成共识					Y	
10	票面信息难以保证完整准确	Y				Y	
11	客商开票信息共享程度不高	Y				Y	Y
12	真票假开和发票虚开难监管				Y		Y
13	发票数据难以进行交易溯源	Y		Y			Y
14	发票数据存在被篡改可能性					Y	
15	发票数据共享时间存在延滞	Y					

3.5 本章小结

本章通过对我国增值税发票应用现状和存在问题的研究发现：

第一，我国当前同时并存多个种类和多种形式的增值税发票。我国增值税发票目前主要包括增值税专用发票、增值税普通发票、机动车销售统一发票、货物运输业增值税专用发票和二手车销售统一发票五类，本书聚焦前两类发票。从发票形式或信息载体角度，我国增值税发票可划分为纸质发票和电子发票两类。其中，纸质发票包括增值税专用发票和增值税普通发票，电子发票仅涉及增值税普通发票。电子发票依据技术实现路径，又可划分为普通电子发票和区块链电子发票,分别简称为电子发票和区块链发票。

第二,电子发票的推广应用是必然趋势。相对于纸质发票,电子发票具备无纸化、低能耗、网络化、自动化、及时性、易保存和易查询等特性,对于干系人均有益处。与此同时,电子发票的全球应用进程正在加快,这也符合我国绿色发展的新发展理念和数据治理国家的总体治理思路。电子发票在我国的广泛运用甚至取代纸质发票是大势所趋。

第三,增值税发票管理系统隶属金税三期核心征管系统范畴。征管处理平台是金税三期工程应用架构中征管业务的核心部分,核心征管系统是征管处理平台的核心部分,纳税人管理、申报征收、发票管理(含增值税防伪税控系统)皆隶属核心征管系统。个人税收管理系统、网络发票管理系统、纳税服务平台、管理决策支持平台与核心征管系统之间皆存在数据交互。

第四,我国增值税发票管理系统历经数次变迁且多系统并存。从增值税专用发票系统到增值税发票系统升级版再到增值税发票管理系统2.0,我国增值税发票管理系统历经了三次大的改造升级,网上统一受理平台、电子底账系统、税务数字证书系统是改造升级重点。其间,也出现了专门面向增值税电子普票的增值税电子发票系统和区块链电子发票系统。可见,我国增值税发票管理系统历经数次变迁,目前的情形是多套系统并存,各自处理不同的发票事务。

第五,电子底账系统实现了我国增值税发票数据的汇总与清分。电子底账系统是增值税发票管理系统升级版的核心系统之一,在现有增值税抵扣凭证稽核系统多年建设经验的基础上,实现了全国增值税发票数据的汇总采集、跨省交易发票的数据清分传输、纳税人申报抵扣发票明细数据的实时比对,以及发票信息的验签处理等功能,是我国发票管理历史上的重要里程碑。

第六,电子签名技术被引入增值税发票管理过程以保障安全。税务数字证书系统是增值税发票管理系统升级版的核心系统之一,为用户提供税务数字证书注册和管理服务,同时提供税务数字证书安全应用服务,包括数字证书身份认证、数据加密、签名验签等。税务数字证书系统从开票系统将纳税人票据信息上传至电子底账数据库,最后进行票表比对,该系统保证了纳税人票据信息的可用性,防止了票据信息被篡改。

第七,防伪税控专用设备在增值税防伪税控过程中作用关键。金税盘和税控盘除作为税控开票装置外,还作为税务数字证书的载体。开票软件将税控专用设备、税务数字证书和互联网技术三者结合,实现纳税人税控开票、逐票签名和实时上传等功能。当税控专用设备联网时，可实时在线上传发票开票明细；当税控专用设备不联网时，可离线开具发票并存储发票数据。在联网情况下，税控专用设备能自动把离线开票时未上传的发票及其数据通过增值税网上统一受理平台上传到税务局，进入税控局端系统和电子底账数据库。

第八，增值税电子普票落地方案成熟且其推广应用速度迅猛。基于国家税务总局增值税电子发票系统的实现逻辑（参见图3-15），结合企业视角的电子发票业务流程（图3-16），电子发票服务商为企业开票实务工作提供增值税电子发票系统的落地方案（图3-17），该方案涉及将电子发票的干系人和干系平台（消费者、交易平台、电子发票服务平台、销方税控专用设备、销方签章服务器，以及税务机关的税控局端系统、增值税电子发票系统、综合征管系统和电子底账系统）关联在一起，支持电子发票的全生命周期流转。该落地方案比较成熟，有众多企业客户且推广应用速度迅猛。

第九，电子发票流转历经21个关键环节（表3-4）且支撑系统众多。通过梳理我国增值税发票管理系统的历史变迁和增值税电子发票系统的落地方案（参见图3-17），本书研究解析出电子发票全生命周期流转从电子发票认定到电子发票归档的21个关键环节，干系人涉及销方纳税人、销方主管税务机关、电子发票服务平台服务商、消费者、购方纳税人、国家税务总局、购方主管税务机关等，同时需要若干相应信息系统和税控专用设备的支撑。

第十，我国增值税征管存在15个发票相关问题亟待解决。本书研究通过分析我国金税三期中的税收征管系统、我国增值税发票的管理现状、我国电子发票的推进和应用、我国增值税发票管理系统的变迁，提炼出我国当前增值税征管中存在的15个发票相关问题，这些问题主要可能影响增值税征管过程的实务便利性、成本效益、业务真实性、发票真实性、发票数据质量和纳税遵从风险等六个方面。

第 4 章

区块链在全国电子发票系统的应用分析

本章是本书的研究主体内容之一,旨在分析问题。本章结合区块链概述、我国区块链的推进与应用,特别是区块链在我国电子发票领域的试点应用,论证区块链用于全国电子发票系统的必要性,进而分析区块链用于全国电子发票系统的可行性。

4.1 区块链概述

4.1.1 区块链的定义与特征

(1) 区块链的定义

区块链技术由中本聪(Satoshi nakamoto)于 2008 年提出,他认为区块链是分布式数据存储、点对点传输、共识机制、加密算法等计算机技术的新型应用模式[1]。狭义来讲,区块链是一种按照时间顺序将数据区块以顺序相连的方式组合成的一种链式数据结构,并以密码学方式保证的不可篡改、不可伪造的分布式账本;广义来讲,区块链技术是利用块链式数据结构来验证与存储数据、利用分布式节点共识算法来生成和更新数据、利用密码学的方式保证数据传输和访问的安全、利用由自动化脚本代码组成的智能合约来编程和操作数据的一种全新的分布式基础架构与计算方式[2]。

(2) 区块链的特征

区块链具有去中心化、开放性、自治性、防篡改和可追溯等核心特征,如

---

[1] 参见 Satoshi nakamoto 2008 年 1 月发表的《Bitcoin: A Peer-to-Peer Electronic Cash System》(比特币:一种点对点电子现金系统)一文。

[2] 参见中国区块链技术和产业发展论坛 2016 年 10 月 18 日发布的《中国区块链技术和应用发展白皮书》。

表 4-1 所示。其中最关键的特征是去中心化、防篡改和可追溯。

表 4-1　区块链的特征

特征	特征描述
去中心化	由于使用分布式记账和存储,区块链不存在中心化的硬件或管理机构,所有节点的权利和义务都是均等的,系统中的数据块由整个系统中具有维护功能的节点来共同维护
开放性	系统是开放的,除了交易各方的私有信息被加密,区块链的数据对所有人公开,任何人都可以通过公开的接口查询区块链数据和开发相关应用,因此整个系统信息高度透明
自治性	区块链采用基于协商一致的规范和协议(比如一套公开透明的算法)使得整个系统中的所有节点能够在去信任的环境自由安全地交换数据,使得对人的信任改成了对机器的信任,任何人为的干预都不起作用
防篡改	信息一旦经过验证并添加至区块链,就会被永久地存储起来,除非能够同时控制住系统中超过51%的节点,否则单个节点上对数据库的修改是无效的,因此区块链的数据稳定性和可靠性极高
可追溯	区块链是一连串的区块所共同组成的链条,每个区块都通过哈希值指向前一个区块,共同形成一个链条。而区块是一系列交易的共同组合,由于记录了从创世区块开始所有的世界级交易,每条交易都能找到它相关的父交易,以此类推,直到最原始的交易

4.1.2　区块链的技术架构与交易流程

（1）区块链的技术架构

区块链的技术架构如图 4-1 所示,可分为物理层、数据层、网络层、共识层、应用层五个层次。其中,上面四层与传统技术架构有明显差异。

（2）区块链的交易流程

区块链的交易流程包括交易生成、交易广播、交易验证、区块生成和交易达成五个环节,如图 4-2 所示。

4.1.3　区块链的发展与应用

（1）区块链技术的发展

区块链的技术基础是计算机密码学与数字签名、分布式系统与对等网络、博弈论与激励机制。区块链的发展可按照其技术基础的发展来梳理。其中最重要的是密码学技术。下面具体介绍几类发展。

第 4 章 区块链在全国电子发票系统的应用分析

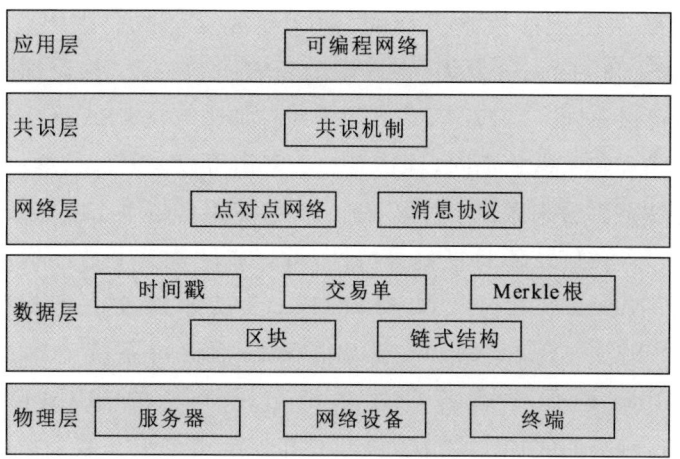

图 4-1 区块链的技术架构

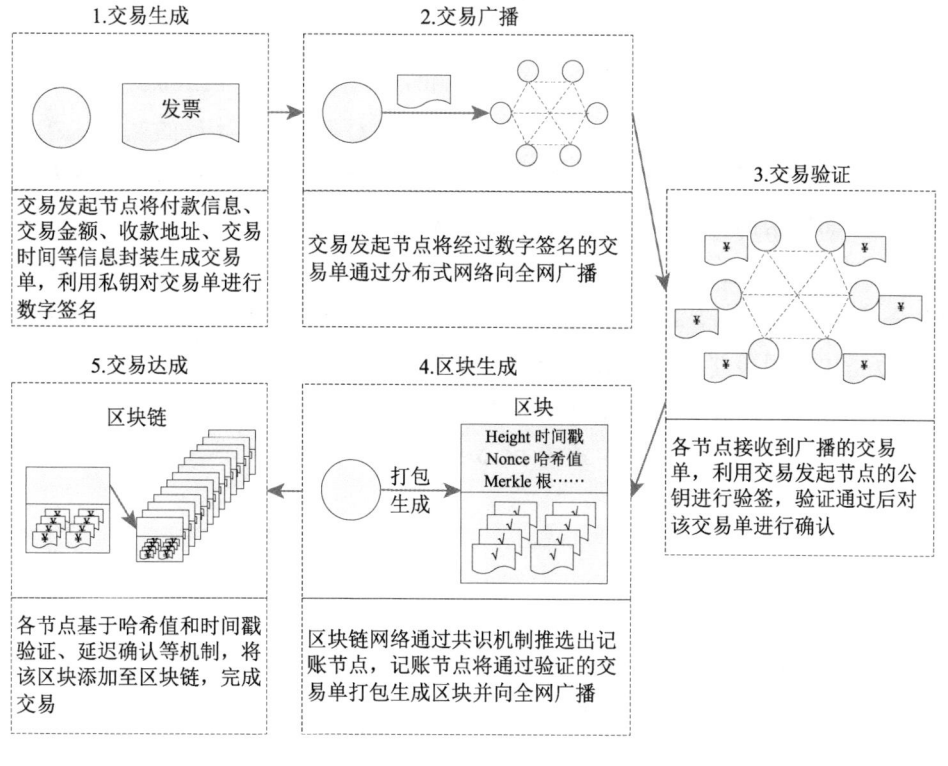

图 4-2 区块链的交易流程

一是关于密码学技术的发展。在密码学技术中,传统的密码学一般认为,加密密钥与解密密钥应该是一样的,但这种观点会造成密钥管理的困难。1976年,Diffie和Hellman发表《密码学的新方向》[①]一文,探讨加密密钥和解密密钥是否可以不同。1977年,著名的非对称加密算法RSA算法[②]诞生,该算法的加密密钥和解密密钥不同,且其中一个密钥可以公开。这样一来,就可以利用非对称加密算法来做数字签名工作,该数字签名与手工签名效果一样,具有不可伪造、不可篡改、不可抵赖等特性,可完成区块链上数字货币的验证工作。1980年,Merkle Ralf提出了Merkle-Tree(默克尔树)这一数据结构和相应的算法[③]。1982年,David Chaum提出了密码学支付系统eCash。1985年,Koblitz和Miller两位学者各自独立提出了著名的ECC(Elliptic Curve Cryptography,椭圆曲线加密)算法,该非对称加解密算法在数字货币和区块链中被广泛使用[④]。

二是分布式系统的发展。1982年,Lamport提出并解决了"拜占庭将军问题",着重解决非相互信任的人之间在互联网上如何排除坏人的意见,从而达成共识。

三是对等网络的发展。1999—2001年,Napster、EDonkey 2000和BitTorrent先后出现[⑤],奠定了P2P(Peer-to-Peer,对等)网络计算的基础。在对等计算网络中,所有的机器地位相等。在这种情形下,如何实现数据传输和信息共享、如何帮助整个互联网运行得更快成为关键。

四是哈希算法的发展。2001年,NSA(National Security Agency,美国国家安全局)发布了SHA-2系列算法,包括SHA256算法。该算法目前应用最为广泛,也是比特币最终采用的哈希函数。该算法既构造出了链的形状,也是挖矿算法的构成部分,在区块链中非常重要,1997年,HashCash方法作为一种挖矿的方法被提出,即第一代共识算法POW(Proof of Work,工作量证明)[⑥]。

[①] DIFFIE W, HELLMAN M E. New Directions in Cryptography[J]. IEEE Transactions On Information Theory, 1976.

[②] RSA加密算法是一种非对称加密算法,在公开密钥加密和电子商业中被广泛使用,于1977年由罗纳德·李维斯特(Ron Rivest)、阿迪·萨莫尔(Adi Shamir)和伦纳德·阿德曼(Leonard Adleman)一起提出,当时他们三人都在麻省理工学院工作,RSA是由他们三人姓氏开头字母拼在一起组成的。

[③] 参见区块链发展 https://zhuanlan.zhihu.com/p/415657586。

[④] 参见【区块链与密码学】第6—4讲:椭圆曲线的数字签名算法 https://blog.csdn.net/Digquant/article/details/124427952。

[⑤] 董积存.区块链在ABS中的创新应用分析——以百度金融ABS为例[D].河北金融学院,2018.

[⑥] 参见区块链技术进化之路 https://zhuanlan.zhihu.com/p/44195007。

五是密码学货币的发展。纸币的维护成本较高,包括设计、印制、运输、存储、销毁等若干环节,采用数字化形式的货币可降低一部分成本,如国内普遍使用的数字化支付。1998年,戴伟(Wei Dai)提出了密码学货币B-Money,被称为比特币的精神先驱,同年,尼克萨博(Nick Szabo)提出密码学货币Bitgold[①],其提纲和中本聪在比特币论文[②]里列出的特性非常接近。

可见,区块链中使用到的技术在区块链之前就已被提出,区块链相当于综合运用了这些技术。区块链的两个重要里程碑是比特币和以太坊,比特币是数字货币,以太坊被认为是可编程货币。

（2）区块链的典型应用

一是比特币的诞生与应用。2008年11月,中本聪发表区块链奠基论文 Bitcoin：A Peer-to-Peer Electronic Cash System,中文译为《比特币：点对点的电子现金系统》。2009年1月,中本聪用比特币第一版软件挖掘出创始区块。2010年9月,第一个矿场Slush发明了多个节点合作挖矿,成为比特币挖矿行业的开端。2011年4月,比特币官方有正式记载的第一个版本V0.3.21出现,支持UPnP(Universal Plug and Play,通用即插即用),实现了P2P软件的能力。2013年,比特币发布了V0.8版本,完善了比特币节点的内部管理,优化了网络通信,比特币开始真正支持全网的大规模交易,2010年5月22日,10 000Bitcoin＝2个披萨；2011年2月9日,1Bitcoin＝＄1；2018年11月2日,1Bitcoin＝＄9 224.8。区块链作为比特币的底层技术,开始进入大众视野。

二是以太坊的诞生与应用。2013年底,Vitalik Buterine创立发明了以太坊。2014年,以太坊核心团队成立,并开始着手开发工作。2014年7月24日,以太坊正式开始预售,总计发售了60 102 216个以太币,募集了31 531个比特币。2015年7月,Frontier发布,2016年3月,Homestead版本发布,当前是2017年10月发布的Metropolis版本[③]。以太坊最重要的贡献是将智能合约[④]引入到区块链。

---

① 参见区块链技术进化之路 https://zhuanlan.zhihu.com/p/44195007。

② 参见Satoshi Nakamoto,2008年1月发表的《Bitcoin：A Peer-to-Peer Electronic Cash System》(比特币：一种点对点电子现金系统)一文。

③ 以太坊的发布分成了四个阶段,即Frontier(前沿)、Homestead(家园)、Metropolis(大都会)和Serenity(宁静),在前三个阶段,以太坊共识算法采用工作量证明机制(POW),在第四阶段会切换到权益证明机制(POS)。

④ 智能合约程序不只是一个可自动执行的计算机程序,其本身就是一个系统参与者,可对接收到的信息进行回应,可接收和储存价值,也可向外发送信息和价值。该程序就像是一个可以被信任的人,可以临时保管资产,并按事先约定的规则执行操作。

(3) 区块链的应用阶段

脱离实际应用的技术是不成熟的技术,应用服务层是区块链获得持续发展的动力所在,目前划分为1.0、2.0、3.0三个阶段的应用。三个阶段的应用对比如表4-2所示。

表4-2 区块链的应用阶段

应用阶段	开始时间	应用领域	标志应用
1.0应用	2008	货币体系:货币①的发行、转移、兑付和支付②	比特币
2.0应用	2012	金融领域:股权、债权和产权的登记、转让,证券,金融合约的交易、执行、博彩和防伪等	智能合约
3.0应用	2015	大规模协作领域:去中心化域名系统、在线图片版权保护等	去中心化组织

在区块链1.0应用阶段,区块链应用体现出三大特点:一是应用类型同质,二是核心技术相近,三是参与对象边缘化。在区块链2.0应用阶段,区块链应用体现出三大特点:一是应用平台化,二是业务代码化,三是多行业参与。在区块链3.0应用阶段,区块链应用体现出两大特点:一是应用模式不明确,二是技术能力不成熟。

(4) 区块链的应用趋势

区块链的一个应用趋势是与传统应用软件相融合,同时体现集权与分治,如图4-3所示。即一般情况下,区块链进行分布式自治管理,出现问题时,(异常处理和数据转储等)再按照一定规则由责任主体(超级维护者)按照一定规则来干预。这实际上是一种只有在特殊环境下才介入的集中管理模式,这种集中管控可作为监管手段。

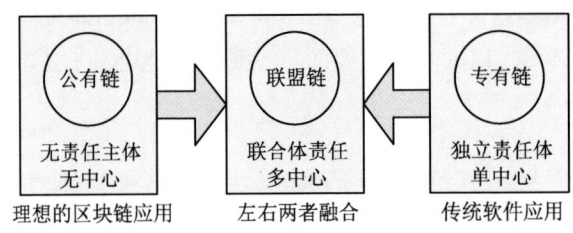

图4-3 区块链技术与传统软件技术的融合

---

① 可编程货币,即以比特币为代表的数字加密货币,但它并不是任何国家和地区的法定货币,也没有政府当局为它提供担保。

② 李伟,朱烨东.中国区块链发展报告(2017)[M].北京:社会科学文献出版社,2017.

区块链的另一个应用趋势是与新兴技术相融合,特别是5G、物联网和人工智能等。其中,5G可助力区块链大幅提升交易吞吐量,物联网有助确保数据上链之前的真实性与准确性,区块链的共识机制和芯片或可用于优化人工智能算法。

总之,从2011年开始的几年内,Litecoin(莱特币)、Ripple(瑞波币)、R3[①]、Hyperledger Fabric(超级账本)等数字货币和区块链技术竞相出现。各个国家相继在政策层面对数字货币展开探讨,近几年对于区块链的讨论越发热烈。区块链技术仍然在发展的过程中,包括区块链性能的发展、区块链隐私性和安全性的提高,区块链和具体应用的结合等。

4.2 我国区块链的推进与应用

4.2.1 我国区块链相关政策

自2016年12月国务院首次将区块链技术作为战略性前沿技术、颠覆性技术列入《"十三五"国家信息化规划》中起,我国发布了一系列推进区块链发展和应用的政策文件,具体如表4-3所示。

表4-3 我国区块链相关政策文件

时间	部门	政策文件
2016.12	国务院	首次将区块链技术作为战略性前沿技术、颠覆性技术列入《"十三五"国家信息化规划》[②]
2017.01	工业和信息化部	提出软件和信息技术服务业发展目标之一为技术创新,其中区块链等领域创新要达到国际先进水平[③]
2017.01	商务部	提出促进大数据、物联网、云计算、人工智能、区块链等技术创新应用[④]

---

① R3是一家企业级区块链软件公司,与来自多个行业的私营和公共部门的300多个参与者组成了一个广泛的生态系统——区块链联盟,并在其开源区块链平台Corda和Corda Enterprise上进行开发工作。

② 详见《国务院关于印发"十三五"国家信息化规划的通知》(国发〔2016〕73号)。

③ 详见《工业和信息化部关于印发软件和信息技术服务业发展规划(2016—2020年)的通知》(工信部规〔2016〕425号)。

④ 详见《商务部关于进一步推进国家电子商务示范基地建设工作的指导意见》(商电发〔2017〕26号)。

(续表)

时间	部门	政策文件
2017.03	工业和信息化部	提出开展区块链等新技术、新业务的研发和产业化,进一步拓宽云计算应用范畴,以应用促进行动①
2017.07	国务院	提出促进区块链技术与人工智能的融合,建立新型社会信用体系,最大限度降低人际交往成本和风险②
2017.07	工业和信息化部	提出应用区块链等技术,提高网络安全技术保障水平③
2017.08	商务部 财政部	提出重点推进区块链等应用,推动追溯系统创新升级④
2017.09	金融监管体系	中国人民银行、中央网信办、工业和信息化部、工商总局、银监会、证监会、保监会正式叫停ICO(Initial Coin Offering,首次代币发行)项目⑤
2017.11	商务部 国标委	针对网络零售快速创新和跨界经营的特点,加强对区块链等新技术的前瞻性研究,推动形成研究成果⑥
2017.12	国家邮政局	提出与"一带一路"沿线国家交流邮政业和区块链等融合发展的经验,联合开展科技应用示范⑦
2018.01	国家知识产权局	将区块链相关内容列入《知识产权重点支持产业目录(2018年本)》⑧
2018.03	工业和信息化部	将推动组建全国区块链和分布式记账技术标准化委员会;持续推进云计算和区块链等领域标准研制工作;提交区块链等领域国际标准提案,实质性参与国际标准研制;支持在区块链参考架构、数据格式规范、互操作、智能合约等方向发布系列团体标准作为2018年信息化和软件服务业标准化工作要点⑨

---

① 详见《工业和信息化部关于印发〈云计算发展三年行动计划(2017—2019年)〉的通知》(工信部信软〔2017〕49号)。

② 详见《国务院关于印发新一代人工智能发展规划的通知》(国发〔2017〕35号)。

③ 详见《工业和信息化部关于开展2017年电信和互联网行业网络安全试点示范工作的通知》(工信部网安函〔2017〕310号)。

④ 详见《商务部办公厅 财政部办公厅关于开展供应链体系建设工作的通知》(商办流通发〔2017〕337号)。

⑤ 详见2017年9月发布的《中国人民银行 中央网信办 工业和信息化部 工商总局 银监会 证监会 保监会关于防范代币发行融资风险的公告》。

⑥ 详见《商务部办公厅 国家标准委办公室关于印发〈网络零售标准化建设工作指引〉的通知》(商电字〔2017〕12号)。

⑦ 详见《国家邮政局关于推进邮政业服务"一带一路"建设的指导意见》(国邮发〔2017〕103号)。

⑧ 详见《国家知识产权局关于印发〈知识产权重点支持产业目录(2018年本)〉的通知》(国知发协函字〔2018〕9号)。

⑨ 详见工信部发布的《2018年信息化和软件服务业标准化工作要点》。

(续表)

时间	部门	政策文件
2018.04	教育部	提出积极探索基于区块链等新技术的智能学习效果记录、转移、交换、认证等有效方式,形成泛在化、智能化学习体系①
2018.05	习近平总书记讲话	习近平在两院院士大会上的讲话中指出,以区块链等为代表的新一代信息技术加速突破应用②
2018.06	工业和信息化部	提出推进区块链等新兴前沿技术在工业互联网的应用研究③
2018.10	海南区块链试验区	海南省工业和信息化厅于9月30日正式批复设立海南自贸区(港)区块链试验区,360区块链、迅雷区块链、火币中国总部、火星财经总部等一批优质的头部企业入园
2019.01	中央网信办	国家互联网信息办公室发布《区块链信息服务管理规定》④,旨在规范区块链信息服务⑤活动,促进区块链技术及相关服务的健康发展
2019.10	中共中央政治局	习近平在主持中共中央政治局第十八次集体学习时强调,区块链技术的集成应用在新的技术革新和产业变革中起着重要作用,我国要加快推动区块链技术和产业创新发展⑥

4.2.2 我国区块链产业链条

目前我国区块链产业链条已经形成⑦,从上游的硬件制造、平台服务、安全服务,到下游的产业技术应用服务,以及保障产业发展的行业投融资、媒体、人才服务,各领域的公司已经基本完备、协同有序,共同推动产业不断前行。2018年我国区块链产业生态如下:金融领域的应用涵盖供应链金融、贸易金融、征信、交易清算、积分共享、保险行业、证券行业等;实体领域的应用涵盖商品溯源、版权保护与交易、数字身份、财务管理、电子证据存证、物联网、公益、

---

① 详见《教育部关于印发〈教育信息化2.0行动计划〉的通知》(教技〔2018〕6号)。
② 详见习近平在两院院士大会上的讲话全文。
③ 详见《关于印发〈工业互联网发展行动计划(2018—2020年)〉和〈工业互联网专项工作组2018年工作计划〉的通知》(工信部信管函〔2018〕188号)。
④ 详见国家互联网信息办公室发布的《区块链信息服务管理规定》(国家互联网信息办公室令第3号)。
⑤ 区块链信息服务,是指基于区块链技术或者系统,通过互联网站、应用程序等形式向社会公众提供信息服务。
⑥ 详见网址 http://www.xinhuanet.com/politics/leaders/2019—10/25/c_1125153665.htm。
⑦ 详见工信部信息中心发布的《2018年中国区块链产业白皮书》。

工业、能源、大数据交易、数字营销、电子政务、医疗等；基础设施与平台方面涵盖区块链硬件、底层平台、解决方案、数字资产存储和安全服务等；行业服务方面涵盖行业网站和媒体、投资机构和教育培训等。对于产业技术应用服务，区块链技术落地的场景已从金融领域向实体经济领域延伸，覆盖了供应链金融、互助保险、清算和结算、资产交易等金融领域场景，以及商品溯源、版权保护、电子证据存证、电子政务等非金融领域场景。未来，区块链技术将继续加快在产业场景中的广泛应用，与实体经济产业深度融合，形成一批"产业区块链"项目，这将成为区块链技术的应用趋势。

4.2.3 我国联盟链典型应用项目

鉴于区块链当前主要适用于非实时性、轻量级、交易吞吐量较小和信息敏感度较低的业务场景，国内对于区块链技术的应用更加客观理性。如在金融领域，区块链技术的不可篡改、可追溯等特征具有重塑信用形成机制、降低交易成本、重构技术架构、优化现有业务流程等潜力，但现阶段该特征主要用于解决现有业务痛点，力图通过区块链分布式协作的特点优化现有业务流程。传统金融机构多采用共建联盟链的方式开展应用研究，当前国内基于联盟链平台的区块链典型应用项目如表4-4所示。

表4-4 我国基于联盟链平台的区块链典型应用项目

序号	牵头机构	项目名称	应用分类	上线时间	其他参与机构	应用目标
1	蚂蚁金融	区块链公益项目	公益慈善	2016.07	中国红十字基金会、深圳壹基金公益基金会等	解决慈善资金用途不公开、不透明、难追踪等问题
2	中国银行	区块链住房按揭贷款项目	贷款业务	2016.11	汇丰银行、香港房屋评估机构	解决传统模式下纸质报告存储成本高、存在造假风险、一房多评等问题
3	兴业银行	区块链防伪平台	凭证业务	2017.01	云象区块链	解决电子信息化关键业务信息的存证、防伪等问题

（续表）

序号	牵头机构	项目名称	应用分类	上线时间	其他参与机构	应用目标
4	浙商银行	移动数字汇票项目	票据业务	2017.01	趣链科技	为用户提供移动数字汇票产品
5	招商银行	跨境直联清算项目	跨境支付	2017.02	—	提升国内银行跨境交易效率
6	中国银联、光大银行	电子凭证存证	凭证业务	2017.03	—	解决传统电子凭证可能被篡改、被删除及合谋作假问题
7	工商银行	贵州扶贫项目	公益慈善	2017.05	贵民集团	解决慈善扶贫资金用途不公开、不透明、难追踪问题
8	中信银行、民生银行	国内银行信用证应用	信用证	2017.07	苏宁银行、北京农商银行	提高信用证开证、通知及单据审核效率
9	京东金融	区块链ABS产品	资产管理/托管	2017.07	建元车贷、中诚信评级等	促进资产透明化运作
10	农业银行	涉农互联网电商融资项目	供应链金融	2017.08	—	实现订单采购、批量授信、灵活定价、自动审批、受托支付、自助还款等功能
11	光大银行	泛资管阳光链	资产管理/托管	2017.08	赢时胜	实现管理人和托管人全面信息共享,实时可审计、可监管
12	工商银行	雄安智慧森林项目	资产管理/托管	2017.11	雄安新区人民政府	实现植树造林项目的实施过程全流程监管和数字化管理

（续表）

序号	牵头机构	项目名称	应用分类	上线时间	其他参与机构	应用目标
13	上海票据交易所	数字票据交易平台	票据业务	2018.01	数字货币研究所、中钞、工商银行、中国银行、浦发银行和杭州银行	解决纸质票据一票多卖、电子票据打款背书不同步问题
14	工商银行	供应链金融	供应链金融	2018.01	特产石化	促进供应链上下游企业金融信息共享
15	中国银联、中国银行	基于区块链的跨境汇款查询项目	跨境支付	2018.01	—	解决跨境汇款信息不同步问题
16	腾讯	基于区块链的供应链金融项目	供应链金融	2018.01	前海联易融	促进供应链上下游企业金融信息共享

中国人民银行数字货币DCEP(Digital Currency Electronic Payment)属于法定货币，其设计始于2014年[①]，功能和属性与纸币相同，具有无限法偿性[②]，即每次支付DCEP的数额不受限制，任何人都不得拒绝接受DCEP。DCEP在央行层面并未采用区块链技术[③]，但其反映了区块链的内核，即DCEP是具有价值特征的数字支付工具，在脱离银行账户或在没有网络支持的情形下，DCEP照样可以进行价值转移，能够满足可控匿名的支付需求。中国人民银行也能够通过交易行为为资金特征分析、大数据和数据挖掘技术支持的身份比对，更好地开展反洗钱工作。

[①] 2014年中国人民银行成立法定数字货币专门研究小组；2016年在原小组基础上设立数字货币研究所；2018年6月成立深圳金融科技有限公司；2019年8月，中央发文在深圳开展数字货币研究和移动支付试点。在庆祝中华人民共和国成立70周年活动新闻中心首场新闻发布会上，中国人民银行行长易纲表示：央行的数字货币将替代部分现金。

[②] 无限法偿是指在货币流通条件下，国家对主币在法律上所赋予的无限支付能力，即每次支付的数额不受限制，任何人都不得拒绝接受。

[③] 法定数字货币是M0替代，如果要达到零售级别，高并发是绕不过去的一个问题。2018双十一，网联的交易峰值达到了92771笔/秒。但基于区块链技术的比特币是每秒7笔，以太币是每秒10笔到20笔，Libra是每秒1000笔，无法满足零售的高并发需求。法定数字货币的技术路线要符合交易并发的门槛，如针对零售场景，至少要满足高并发需求，至少达到30万笔/秒。

4.2.4 我国区块链电子政务应用

《2018 联合国电子政务调查报告》显示,我国 EGDI(Electronic Government Development Index,电子政务发展指数)为 0.681 1[①],全球排名第 65 位,处于中等偏上的位置,仍有较大的上升空间。从市场规模来看,2017 年我国电子政务市场规模达 2 722 亿元[②],2018 年市场规模达到 3 060 亿元[③]。但处于转型期的电子政务面临着数据孤岛、成本高昂、网络安全、效率低下、监管缺失等痛点。

区块链可为电子政务提供新的解决方案。我国各级政府纷纷出台政策鼓励将区块链技术应用于电子政务,我国区块链电子政务应用也取得了一定的进展,目前共有 17 项区块链电子政务应用,分别涉及七大细分场景,如表 4-5 所示。

表 4-5 各地政府"区块链+电子政务"项目列表

序号	地区项目名称	上线时间	类型	落地情况
1	株洲区块链敏感数据审计平台	2018.05	政府审计平台	已落地
2	兰考"链政通"	2018.07	数字身份平台	已落地
3	佛山禅城 IMI 数字身份认证平台	2017.06	数字身份平台	已落地
4	重庆智慧党建平台	2018.07	数据共享平台	已落地
5	杭州公信宝	2018.05	数据共享平台	暂未知
6	陕西"陕数通"	2018.04	数据共享平台	已落地
7	广州政务链	2018.01	数据共享平台	已落地
8	江苏某市中兴通讯 GoldenChain	2017.09	数据共享平台	已落地
9	杭州北斗区块链	2017.08	数据共享平台	已落地
10	雄安区块链管理平台	2018.08	涉公监管平台	已落地
11	深圳税链平台	2018.05	电子票据	已落地
12	多个地区航天信息电子发票	2016 年开始研究	电子票据	已落地
13	安徽东港瑞宏区块链电子发票	2018.07	电子票据	已落地

---

① UNITED NATIONS. 中央党校(国家行政学院)电子政务研究中心译. 2018 联合国电子政务调查报告,2018:237.

② 塔链智库. 2018 中国区块链电子政务研究报告[R]. 2018:3.

③ 参见《电子政务行业发展现状及趋势分析,市场集中度进一步提升》,网址 https://www.huaon.com/channel/trend/660440.html。

(续表)

序号	地区项目名称	上线时间	类型	落地情况
14	杭州司法区块链	2018.06	电子存证	已落地
15	武汉区块链公益诉讼案	2018.06	电子存证	已落地
16	广州仲裁链	2017.12	电子存证	已落地
17	厦门能源贸易区块链应用项目	2018.04	出口监管	已落地

我国未来将出现更多细分场景的区块链电子政务应用,联盟链比公有链更适宜电子政务场景[①],但是由于区块链技术的不确定性,区块链电子政务应用仍存在效率、安全风险。

4.2.5 我国区块链电子发票应用试点

(1) 区块链电子普票的应用试点

① 深圳市区块链电子普票的推进

2018年5月份,深圳税局与腾讯公司共同成立"智税"创新实验室,探索新型发票生态。截至2019年10月27日,深圳市注册使用区块链电子发票的企业超过7 500家,共开票975万张,涉及金额69.3亿元,覆盖了餐饮、零售、交通、住宿等多个民生领域[②]。从实验室创建到政策发布,再到区块链电子普票落地,深圳市区块链电子普票的主要推进情况如表4-6所示。

表4-6 深圳市区块链电子普票的推进进程

时间	主体	区块链电子普票事项
2018.05.24	深圳市国税局与腾讯公司	深圳市国税局与腾讯公司共同成立"智税"创新实验室,推出国内首个基于区块链的数字发票解决方案[③],探索新型发票生态,旨在实现每一张发票都可以做到可查、可验、可信、可追溯,并利用区块链技术对发票在企业间流转全过程进行管理,让发票数据全场景流通成为现实

---

① 塔链智库. 2018中国区块链电子政务研究报告[R]. 2018: 3.
② 详见深圳晚报《区块链技术应用于发票领域! 前海或率先进入电子发票时代》, 网址 http://www.myzaker.com/article/5db57a591bc8e0455200012b/? f=none。
③ 详见深圳晚报《腾讯牵手深圳市国税局 发布全国首个基于区块链的数字发票解决方案》, 网址 http://www.myzaker.com/article/5b06a5ec1bc8e0ca3600034e。

(续表)

时间	主体	区块链电子普票事项
2018.08.09	深圳税局	深圳税局决定在深圳市开展通过区块链系统开具的电子普通发票应用试点①,同时发布了区块链电子普通发票票样和对公告的解读文件
2018.08.10	深圳市国贸餐饮有限公司	全国首张区块链电子发票在深圳国贸旋转餐厅开出
2018.11.01	招商银行深圳分行	招商银行深圳分行开出了首张银行业区块链电子发票,成为全国首个区块链电子发票的试点银行
2019.10.07—10.17	深圳税局 中国信通院腾讯	深圳税局、中国信通院和腾讯联合代表中国在 ITU-T SG16 Q22② 会议上首次提出 General Framework of DLT based invoices（基于区块链分布式账本的电子发票通用框架）标准立项并顺利通过,标志着区块链发票的标准起草工作正式启动
2019.10.27	深圳税局	前海税务局于 2019 年 11 月 1 日起,停止受理首次申请纸质增值税普通发票票种核定涉税事项;2019 年 12 月 1 日起,停止受理纸质增值税普通发票票种核定和超限量购票涉税事项;2020 年 1 月 1 日起,全面停止供应纸质增值税普通发票③

② "腾讯 + 深圳税局"区块链电子普票概况

2018 年 8 月 10 日,在国家税务总局指导下,深圳税局携手腾讯公司落地区块链电子发票项目,开出全国首张区块链电子普票。

在首期试点④应用中,深圳税局、腾讯、金蝶软件三方合作,打造了"微信支付—发票开具—报销入账"发票管理应用场景。其中,深圳税局提供指导,腾讯提供区块链技术支持,金蝶财务软件提供报销入账支持。

深圳区块链电子发票自 2018 年 8 月起在深圳市开展应用试点,目前已逐

---

① 详见《国家税务总局深圳市税务局关于推行通过区块链系统开具的电子普通发票有关问题的公告》(国家税务总局深圳市税务局公告 2018 年第 11 号)。

② ITU-T SG16 Q22 (International Telecommunication Union-Telecommunication Standardization Sector, Sdudy Group 16, Question 22,国际电信联盟电信标准化部门,第 16 研究小组,22 个问题)。

③ 详见深圳晚报《区块链技术应用于发票领域! 前海或率先进入电子发票时代》,网址 http://www.myzaker.com/article/5db57a591bc8e0455200012b/? f=none。

④ 首批接入系统的商户包括国贸旋转餐厅、宝安区体育中心停车场、凯鑫汽车贸易有限公司(坪山汽修场)、Image 腾讯印象咖啡店等。

步建立起区块链电子发票生态体系。截至 2019 年 7 月 16 日,区块链电子发票覆盖公共交通、餐饮、停车服务、零售、互联网服务、金融等 161 个行业,接入企业共计 5 000 多家,共开具区块链电子发票 505.46 万张,总开票金额超 35 亿元[①]。

③"腾讯+深圳税局"区块链电子普票案例

以深圳税局开出的我国第一张区块链电子普票为例,描述"腾讯+深圳税局"区块链电子普票从开具到报销的操作流程,如图 4-4 所示。深圳地铁区块链电子发票开具过程详见"附录 D 深圳地铁区块链电子发票开具过程"。

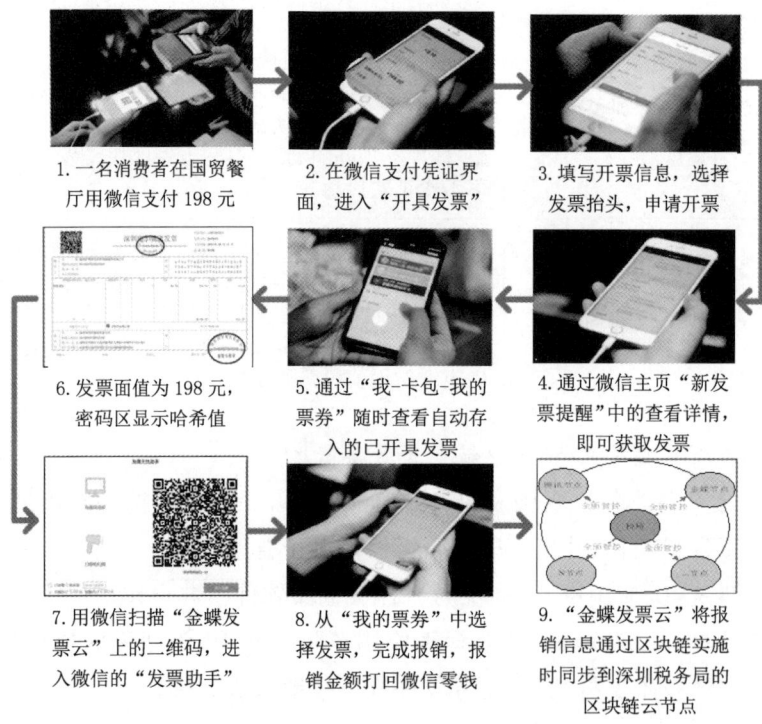

图 4-4 "腾讯+深圳税局"区块链电子普票从开具到报销的操作流程[②]

在此流程中,终端消费者在微信端通过微信扫描进行款项支付,在支付凭证界面申请开票,通过"新发票提醒"下载电子发票,通过"我的票券"存储电子发票,通过扫描"金蝶发票云"平台中的二维码将电子发票导入"金蝶报销工作

---

① 详见《深圳区块链电子发票已开出超 35 亿元》,网址 https://mp.weixin.qq.com/s/9XlEVxsjBmhrPBeF3FJ_gw。

② 本图根据网络资料整理得出。

第 4 章　区块链在全国电子发票系统的应用分析

台"从而完成报销入账,报销款项打回微信"零钱",供消费者循环使用。报销入账的同时,"金蝶发票云"将报销信息通过区块链实时同步到深圳市国税局的区块链云计算节点,从而完成电子发票在区块链上的一个循环周期。

(2) 区块链电子专票的应用试点

① "京东+中国太保"区块链电子专票概况

2018年8月15日,北京京东世纪贸易有限公司(以下简称京东)联合中国太平洋保险(集团)股份有限公司(以下简称中国太保)、大象慧云信息技术有限公司(以下简称大象慧云),运用智臻链落地了区块链增值税专用发票电子化项目,开出中国第一张企业间区块链增值税专用电子发票,如图4-5所示①。智臻链联通了中国太保"互联网采购(e采)平台"和京东大客户"融聚"系统(以下简称"京东大客系统")。这是我国增值税专用发票首次尝试电子化,也是区块链技术在增值税专用发票领域的首次运用,具有里程碑意义。

图 4-5　我国第一张企业间区块链增值税专用电子发票

---

① 智臻链,是京东数字科技旗下的区块链技术与服务专业品牌,专注于面向企业需求打造值得信赖的企业级区块链服务。

② "京东+中国太保"区块链电子专票业务流程

京东与中国太保区块链电子专票的电子化方案如图 4-6 所示。

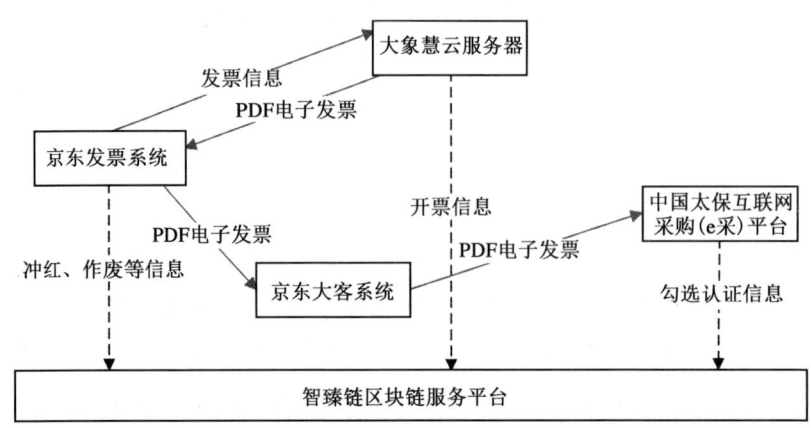

图 4-6　京东与太保集团区块链电子专票方案①

京东与中国太保区块链电子专票的电子化方案涉及智臻链区块链服务平台和四个核心系统。其中,京东发票系统主要存储京东开具的电子发票信息(含冲红、作废等信息)和 PDF 格式电子专票版式文件(以下简称"PDF 电子发票");大象慧云服务器主要负责生成 PDF 电子发票;京东大客系统是发票管理端口,提供 PDF 电子发票查询的对外接口;中国太保互联网采购(e采)平台打通了中国太保的采购系统、报销系统和财务系统,使得企业在采购全流程的采购预算、采购审批、收货验货、对账支付四个关键环节实现采购需求与计划自动匹配、预算科目与财务科目自动对应,下单完成后,结算、核验和报销通过电子专票在系统内进行。智臻链区块链服务平台利用区块链技术记录专用发票的票面信息,及其开具、勾选认证、作废冲红等状态。

4.3　区块链用于全国电子发票系统的必要性分析

4.3.1　我国当前增值税征管存在的问题

金税工程是我国加强增值税税收征管的一项主要措施。金税工程系统虽

---

① 本图根据京东集团副总裁蔡磊于 2018 年 8 月 17 日演讲的"区块链电子发票助力税源管理"整理。

然对假发票有一定扼制作用,但无法有效解决卖方不开发票隐匿销售收入的问题,也无法解决增值税发票虚开的问题,且存在数据采集不充分、数据核验不充分、数据核验不及时和税款清算不及时等不足[1]。

如"3.1.1 发票管理在我国增值税征管中的重要性"所述,增值税发票是税务机关控制增值税税源、征收增值税税款的重要依据[2],也是增值税税收管理的重要手段和抓手[3]。如"3.4.1 我国增值税发票管理存在的问题"所述,我国增值税征管当前存在15个发票相关问题亟待解决。

4.3.2 区块链发票有助于解决增值税发票管理问题

4.3.2.1 三种形式发票对增值税发票管理问题的解决情况

当前的增值税征管实务工作存在多种形式的增值税发票,具体包括纸质版增值税专用发票、纸质版增值税普通发票、电子版增值税普通发票、基于区块链的增值税普通发票、基于区块链的增值税专用发票。本书中,纸质版增值税专用发票和纸质版增值税普通发票统称为纸质发票;电子版增值税普通发票称为电子发票;基于区块链的增值税普通发票和基于区块链的增值税专用发票统称为区块链发票。三者对于"3.4 我国增值税发票管理存在的问题与影响"所述问题的解决情况如下。

(1) 对"税控系统设备费抵减不充分"问题的解决

我国当前要求企业开具发票时要通过税控专用设备领购或赋码、认证和报税,因此,无论开具纸质发票还是开具电子发票,免征增值税的小微企业都存在税控系统设备费用抵减不充分的问题。而深圳区块链电子发票平台是由深圳税局免费提供的,采用区块链电子发票平台开具电子发票的销方纳税人,无需另外购买税控系统和税控专用设备,也无需进行区块链发票赋码,即可进行区块链发票开具和报税,为此,不存在"税控系统设备费用抵减不充分"的问题。

(2) 对"连锁企业税控盘传递不方便"问题的解决

连锁企业大多只有一套交易系统,而每个分支机构都需要购买一套税控专用设备,以满足日常开票需要。但当办理税控盘解锁、增加最高领用票量等

---

[1] 杜莉,郑毓文.应用区块链技术推动我国增值税征管创新:机制分析和方案设计[J].税务研究,2018(6):72-79.
[2] 李荣辉.区块链电子发票的实践之路[J].中国税务,2019(6):60-61.
[3] 董志学,张义军,宋涛.基于区块链技术的税务管控路径研究[J].税务研究,2018(4):108-112.

业务时，需要全国分支机构的分税控盘都集中到总部所在地，由总部所在地主管税务机关统一进行相应操作，这无形中给企业带来了税控盘传递上的工作量、成本和风险。使用纸质发票的企业存在该问题。而使用电子发票的企业，无需每个分支机构都购买一套税控专用设备，只需要在总部购买一套税控专用设备，从而不存在连锁企业税控盘传递不方便的问题，也不存在由此带来的税控盘传递工作量、成本和风险。采用区块链电子发票平台开具电子发票的销方纳税人，无需另外购买税控系统和税控专用设备，无需进行区块链发票赋码即可进行区块链发票开具和报税，因此，也不存在连锁企业税控盘传递不方便的问题。

（3）对"税控专用设备仅支持单终端"问题的解决

税控专用设备分为服务器版和单机版，服务器版包括通用 PC 服务器和税控盘（组），单机版包括通用 PC 机和税控盘（单）[①]。在销方纳税人税务实务工作中，无论是纸质发票还是电子发票，发票领用、开具、认证等工作都需要税控专用设备的支持。单机版税控专用设备同时仅支持单一操作终端开展工作，导致受票的税务工作效率低下，而服务器版税控专业设备可支持多操作终端同时开展工作，例如，国信电子票据平台信息服务有限公司可以通过数据接口和免插税控盘的方式支持企业进行增值税发票认证和申报，这大大提升了企业的税务工作效率。使用电子发票和区块链发票的企业，只需要在总部购买一套税控专用设备就可以解决税控专用设备仅支持单终端的问题，也就不存在由此带来的税务工作效率低下的问题了。

（4）对"开票方纸质发票存管成本高"问题的解决

类似停车场这样开票高频次、开票额单价低且提供纸质定额发票的服务业，开票企业需要提前存储足够用量的定额发票，以满足企业日常运营需要，从而增加了企业经营管理成本。企业开具电子发票尽管也需要每月通过税控系统和税控盘提前申请电子发票和为电子发票赋码，但无需专门的物理存储空间存储这些电子发票，也无需专门的电子发票仓储管理人员，因此不存在开票方纸质发票存管放成本高的问题。深圳区块链发票，企业开具区块链电子发票时只需要提交一次申请，而无需每月再进行区块链发票开具申请和赋码申请，即可直接根据实际业务交易，不限量不限额地按需进行区块链发票供应

---

① 详见《国家税务总局关于推行通过增值税电子发票系统开具的增值税电子普通发票有关问题的公告》（国家税务总局公告 2015 年第 84 号）。

和开具，为此也不存在开票方纸质发票存管成本高的问题，同时省掉了发票领购或发票赋码环节，简化了税收征管业务流程。

(5) 对"纸质发票打印邮寄成本颇高"问题的解决

对于服务范围广、服务受众多的企业（如供水供电），其服务提供可在前期铺设的基础设施的支持下进行，其服务支付可通过网络支付或移动支付等方式实现，但其纸质发票则需要打印和邮寄，方能传递给千家万户及供水供电范围内的每一家单位，为此会耗费大量的打印耗材，产生大量的打印和邮寄人工及费用支出，从而增加了经营成本。而电子发票和区块链发票，因为都是电子形式，可直接通过网络进行传播，所以不会产生额外的传递费用。但购方纳税人目前基本未能实现电子存档，在报销、入账或最终归档环节，仍然需要将电子发票和区块链发票打印出来，为此仍然存在打印、装订等费用。但对于整个社会而言，报销的发票总量要远低于开具的发票总量，为此电子发票和区块链发票的社会总体打印费用会大幅减少，且伴随电子会计档案的大面积推进和采用，购方纳税人的发票打印成本将逐渐降低，直至减为零。

(6) 对"电子发票运营服务费额度高"问题的解决

若销方纳税人通过第三方电子发票服务平台开具电子发票，并考虑将这些电子发票保存在第三方电子发票服务平台上，则会产生较高的电子发票运营服务费。对于销方纳税人自身开具的纸质发票，一般自行保管，自行承担相关仓储费用和管理费用，因而无需向第三方电子发票服务商支付相关运营服务费。对于深圳区块链发票，深圳税局为销方纳税人免费开具区块链发票，且为开票企业永久免费保存区块链发票，因此销方纳税人不存在电子发票运营服务费额度高的问题。

(7) 对"电子发票重复报销难以控制"问题的解决

如前文所述，将电子发票打印后进行报销，成为多数企业当前报销入账的常态。因为电子发票的版式文件可以无限次重复打印，所以报销人可能重复打印，导致电子发票出现重复报销问题。纸质发票明确区分联次，一旦报销完成，相应发票联次就提交给了财务部门，所以不会出现重复报销问题。对于采用了费用报销系统的企业而言，企业能够直接接收、存储电子发票，能够自动完成电子发票的入账查重和验真工作，可以杜绝电子发票的重复报销问题。但对于未采用费用报销系统、无法直接接收和存储电子发票的企业而言，则存在员工有意或无意带来的重复报销问题。对于区块链电子发票而言，区块链发票设有"状态"属性,可以记录该发票是否已报销及报销时间等基本信息,且链上及与链对接的各方均可共享该状态信息。为此,企业无需改造自身 ERP 系统,只要将已报销信息上链,就可以解决电子发票的重复报销问题。

(8) 对"受票人和消费人匹配难校验"问题的解决

税收征管实务工作中,因为企业开票系统与企业交易系统和企业客商系统分离,受票人和消费人是否一致无法确认,从而该交易是否归属于该企业也无法确认。无论是纸质发票还是电子发票,只要在企业内部将客商系统、交易系统和开票系统进行对接,便可保证受票人和消费人的一致性。而在实务工作中,能够将客商系统、交易系统和开票系统完全无缝对接的企业并不多,为此,多数企业难以校验受票人和消费人的一致性。区块链电子发票在运用过程中,一般会同时绑定消费者个人信息、交易信息、移动支付信息和发票信息,从而可确保受票人和消费人的一致性。如深圳税局区块链发票服务平台集成了企业的交易信息和移动支付信息,因此,微信提供的刷卡乘车功能就可记录整个交易过程(消费者乘车进站和出站过程,其中含消费人信息),微信支付功能可记录资金流(其中含付款人信息),发票区块链平台根据消费者的支付信息开具电子发票,开具电子发票时可以选择发票抬头(个人名称或公司名称)。区块链发票可记录发票信息(其中含受票人信息),就可验证消费人、付款人和受票人是否一致,从而确保受票人和消费人一致。

(9) 对"发票开具过程无需达成共识"问题的解决

销方纳税人在实务开票工作中,经常出现销方纳税人所开具的发票票面信息与购方纳税人实际发票开具信息不吻合的情形,从而导致发票数据的准确性无法保证。无论是纸质发票还是电子发票,其开具过程均不需要销方纳税人开票经办人和购方纳税人开票经办人达成共识即可完成。而区块链电子发票必须经由销方纳税人开票经办人和购方纳税人开票经办人达成共识方能开具。

(10) 对"票面信息难以保证完整准确"问题的解决

在经济交易实务开票工作中,因税收属地管理差异,各税务机关及纳税人对"项目齐全"的理解不一,且税控开票系统未严格对票面完整性和准确性进行输入校验控制,导致购方纳税人财务经常收到票面信息不完整的发票。无论是纸质发票还是电子发票,其票面信息是否完整,其一取决于销方纳税人税控开票系统与企业交易系统和企业客商系统的对接程度,其二取决于购方纳税人经办人员的开票诉求,其三取决于税控开票系统与税务局综合征管系统中购方纳税人信息的同步程度。对于区块链电子发票而言,其票面信息仅需要购方纳税人经办人员选取开票单位名称,其他交易信息和开票信息均可从区块链关联的交易平台和支付平台取得,这能够更好地保证票面信息的完整性和准确性。

(11) 对"客商开票信息共享程度不高"问题的解决

在经济交易实务开票工作中,客商开票信息数据包存储在开票机器上,开票机器由各销方企业自行部署,且此客商开票信息共享程度不高。对于纸质发票开具而言,因各销方企业均自行部署开票机器,客商开票信息共享范围为销方企业某一分支机构。为此,出现错误客商开票信息的概率比较高,且客商开票信息的准确性完全依赖于购方受票经办人所提供信息的准确性,以及销方开票经办人工作的细致程度。对于电子发票开具而言,多数企业借助第三方电子发票服务平台,并将客商开票信息存储于该平台,客商开票信息共享范围为整个企业(集团)。电子发票服务平台可与税务局综合征管系统中的纳税人开票信息进行对接,客商开票信息的共享程度、准确程度远高于纸质发票开具。对于区块链电子发票开具而言,以深圳区块链电子发票项目为例,接入该项目的所有销方纳税人的客商开票信息全部在同一区块链数据库中共享,且直接与深圳税局综合征管系统中的数据对接,最大限度保障了客商开票信息的共享程度,以及这些客商开票信息的准确程度。

(12) 对"真票假开和发票虚开难监管"问题的解决

国家税务总局第39号公告[①]描述了合规开具增值税专用发票必备的三个条件,分别代表交易行为的真实性、付款行为的真实性和开票行为的真实性。在实务工作中交易行为的真实性,又可拆分为订货行为的真实性和物流行为的真实性,如图4-7所示。

对于纸质发票而言,税控开票系统和企业交易系统割裂,无法确保交易信息、付款信息和开票信息之间的一致性,存在"真票假开和发票虚开难监管"的问题。伴随企业的业财一体化建设、银企直连的运用,以及与第三方交易平台、第三方支付、第三方电子发票服务平台的无缝集成,电子发票和区块链发票可由系统根据企业的交易信息直接开具,基本可保证交易信息、物流信息、

---

① 详见《国家税务总局关于纳税人对外开具增值税专用发票有关问题的公告》(国家税务总局公告2014年第39号)。

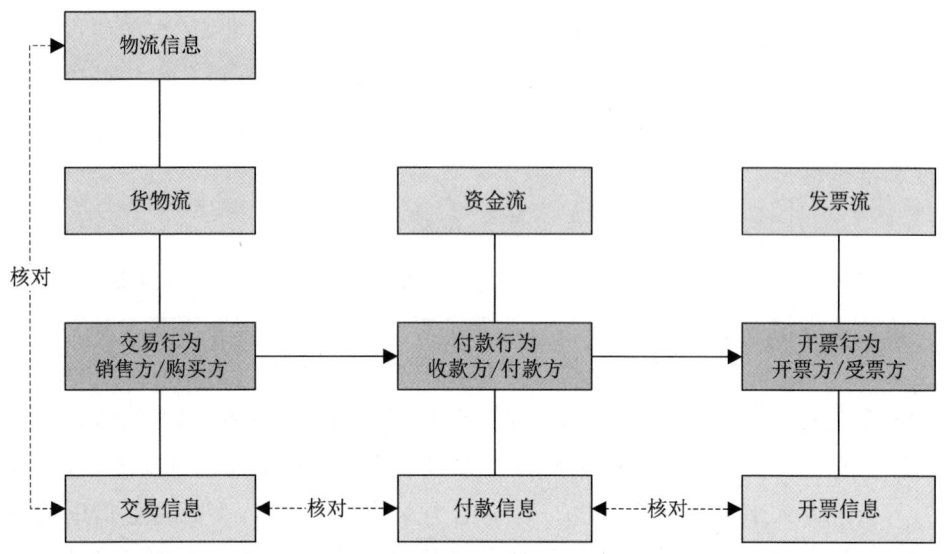

图 4-7 增值税发票的三流合一示意

付款信息和开票信息之间的一致性。

如京东商城中自营商品的订单（图 4-8）可以链接到订单详情（图 4-9），订单详情中同时展示了该业务的交易信息（订单号）、付款信息（付款方式、付款时间、付款金额等）、物流信息（出库信息、运输信息、派送信息等）和发票信息（发票类型、发票抬头、发票内容、纳税人识别号及电子发票下载方式），不存在"真票假开和发票虚开难监管"的问题。

图 4-8 京东商城自营商品的订单信息

下载的电子发票如图 4-10 所示。该发票完全与交易订单、物流行为和付款行为绑定。只有下了订单才能支付货款，只有支付了货款才能发货，只有收到货才能确认交易完成，只有交易完成才能开具和下载电子发票。在这种情形下，只要税局直接采集京东商城的相关信息，则可有效避免"真票假开和发票虚开难监管"的问题。

第 4 章　区块链在全国电子发票系统的应用分析 | 099

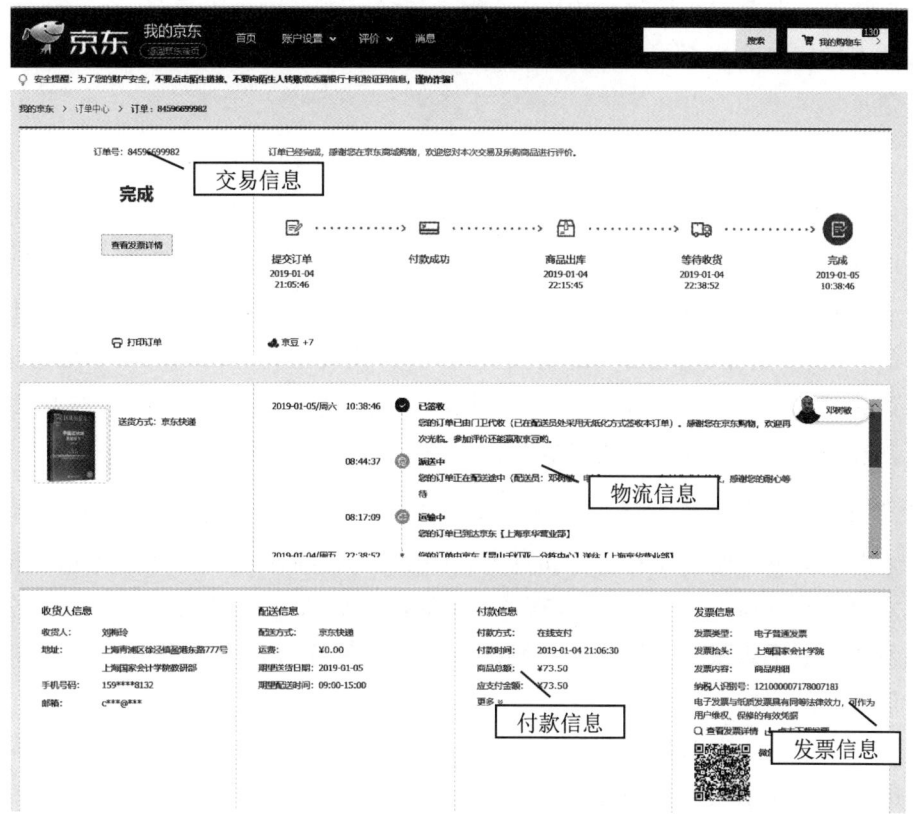

图 4-9　京东商城自营商品的订单详情

图 4-10　京东商城自营商品的电子发票

区块链电子发票的运用过程中,一般会同时绑定消费者个人信息、交易信息、移动支付信息和发票信息,能够有效避免"真票假开和发票虚开难监管"的问题。

(13)对"发票数据难以进行交易溯源"问题的解决

因税控专用设备当前并不采集企业的交易明细信息,因此,无论是使用增值税纸质发票还是增值税电子发票,税局都无法根据发票信息追溯到相应的企业交易信息。但对于区块链电子发票而言,因其同时绑定了交易平台、支付平台、发票区块链,借助区块链的块链状结构,税局很容易做到从发票信息追溯到交易信息和支付信息,从交易信息和支付信息追溯到各交易参与方,因而,能够很好地解决"发票数据难以进行交易溯源"的问题。

(14)对"发票数据存在被篡改可能性"问题的解决

根据金税三期工程的设计和部署,无论是增值税纸质发票还是增值税电子发票,都存放在单一中心的国家税务总局电子底账库中,并定时按规则清分到各省局电子底账库。尽管电子发票在开具和传递过程中带有电子签名,可保证发票数据在开具和传递过程中的不可否认、不可伪造和不可篡改,但电子底账库中的电子发票数据和纸质发票数据均不含电子签名,理论上存在被篡改的可能。而区块链上的电子发票数据,在产生、传递和存储过程中,均采用非对称加密算法加密,且以分布式账本的方式存储在链式数据结构中。为此,区块链数据流转全过程,都具有不可抵赖、不可伪造、不可篡改的特性,该特性能够彻底解决"发票数据存在被篡改可能性"问题。

(15)对"发票数据共享时间存在延滞"问题的解决

按金税三期工程现有的设计和部署,无论是增值税纸质发票还是增值税电子发票,对于发票数据在干系人之间的共享,都存在明显的时间差,在一定程度上对冲了移动支付和电子发票开具带来的经济运转效率的提升。而区块链上的电子发票,以分布式账本的方式实现发票数据的实时对等分享,可有效解决"发票数据共享时间存在延滞"问题。

4.3.2.2 区块链发票在解决增值税发票管理问题上的优势

纸质发票、电子发票、区块链发票对当前增值税发票现存各类问题的解决程度各不相同,三种形式增值税发票现存征管问题对比如表4-7所示。

表 4-7 三种形式增值税发票现存征管问题对比

序号	增值税发票问题	纸质发票	电子发票	区块链发票
1	税控系统设备费抵减不充分	Y	Y	N
2	连锁企业税控盘传递不方便	Y	N	N
3	税控专用设备仅支持单终端	Y/N	Y/N	N
4	开票方纸质发票存管成本高	Y	N	N
5	纸质发票打印邮寄成本颇高	Y	N	N
6	电子发票运营服务费数额高	N	Y	N
7	电子发票重复报销难以控制	N	Y/N	N
8	受票人和消费人匹配难校验	Y/N	Y/N	Y/N
9	发票开具过程无需达成共识	Y	Y	N
10	难以保证票面信息完整准确	Y/N	Y/N	N
11	客商开票信息共享程度不高	Y	Y/N	N
12	发票虚开和真票假开难监管	Y/N	Y/N	N
13	发票数据难以进行交易溯源	Y/N	Y/N	N
14	发票数据存在被篡改可能性	Y	Y	N
15	发票数据共享时间存在延滞	Y	Y	N

注：表中"Y"表示一定存在该问题，"Y/N"表示可能存在该问题，"N"表示一定不存在该问题。

可见，纸质发票一定存在的问题有 8 项，包括：税控系统设备费抵减不充分、连锁企业税控盘传递不方便、开票方纸质发票存管成本高、纸质发票打印邮寄成本颇高、发票开具过程无需达成共识、客商开票信息共享程度不高、发票数据存在被篡改可能性、发票数据共享时间存在延滞；可能存在的问题有 5 项，包括：税控专用设备仅支持单终端、受票人和消费人匹配难校验、难以保证票面信息完整准确、发票虚开和真票假开难监管、发票数据难以进行交易溯源；一定不存在的问题有 2 项，包括：电子发票运营服务费额度高、电子发票重复报销难以控制。

电子发票一定存在的问题有 5 项，包括：税控系统设备费抵减不充分、电子发票运营服务费额度高、发票开具过程无需达成共识、发票数据存在被篡改可能性、发票数据共享时间存在延滞；可能存在的问题有 7 项，包括：税控专用设备仅支持单终端、电子发票重复报销难以控制、受票人和消费人匹配难校验、难以保证票面信息完整准确、客商开票信息共享程度不高、发票虚开和真票假开难监管、发票数据难以进行交易溯源；一定不存在的问题有 3 项，包括：

连锁企业税控盘传递不方便、开票方纸质发票存管成本高、纸质发票打印邮寄成本颇高。

区块链发票没有一定存在的问题;可能存在的问题有 1 项,为受票人和消费人匹配难校验;一定不存在的问题有 14 项。

纸质发票、电子发票和区块链发票存在问题对比情况如图 4-11 所示。其中,纸质发票的三类问题呈现线性走向,电子发票的三类问题呈现 2 阶多项式走向,区块链发票的三类问题呈现 2 阶多项式走向。

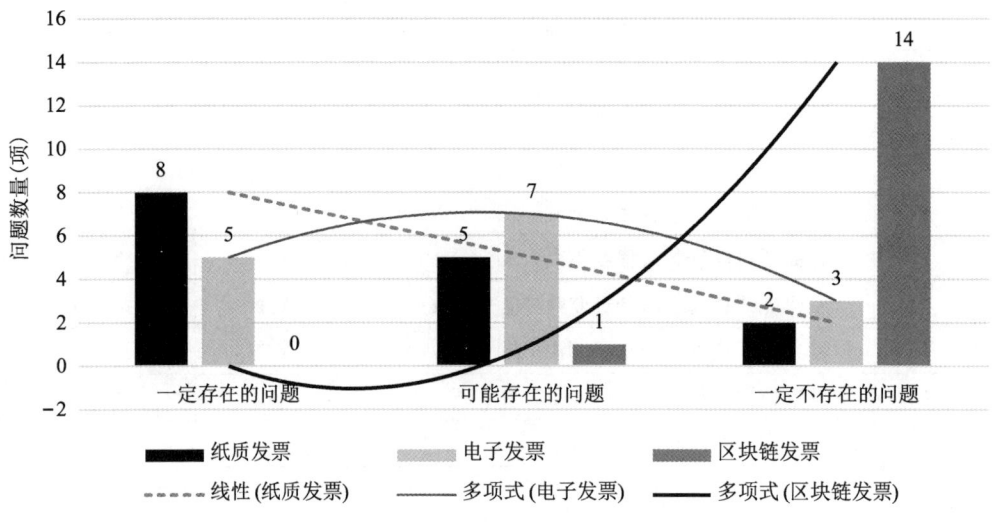

图 4-11 三种形式发票存在问题对比

对于一定存在的问题,纸质发票是 8 项(占比 53.34%),电子发票是 5 项(占比 33.33%),区块链发票是 0。对于可能存在的问题,纸质发票是 5 项(占比 33.33%),电子发票是 7 项(占比是 46.67%),区块链发票是 1 项(占比 6.67%)。对于一定不存在的问题,纸质发票是 2 项(占比 13.33%),电子发票是 3 项(占比 20%),区块链发票是 14 项(占比 93.33%)。可见,就存在问题的数量而言,区块链发票存在的问题最少(可能存在的问题 1 项),方案最优;电子发票存在的问题次之(一定存在的问题 5 项,可能存在的问题 7 项,共计 12 项),方案次优;纸质发票存在的问题最多(一定存在的问题 8 项,可能存在的问题 5 项,共计 13 项)。

4.3.2.3 增值税发票管理问题的成因分析

根据表 4-7"三种形式增值税发票现存征管问题对比",本书对增值税现存 15 个方面的问题进行了深入分析,洞察出这些问题背后的原因,包括税收政策原因、税收征管模式原因、技术方案原因、商业实质原因和税控装置使用原因等,如表 4-8 所示。

表 4-8 增值税发票管理问题的成因分析

序号	增值税发票问题	税收政策原因	税收征管模式原因	技术方案原因	商业实质原因	税控装置使用原因
1	税控系统设备费抵减不充分	Y				Y
2	连锁企业税控盘传递不方便		Y			Y
3	税控专用设备仅支持单终端			Y		Y
4	开票方纸质发票存管成本高			Y		
5	纸质发票打印邮寄成本颇高			Y		
6	电子发票运营服务费额度高		Y			
7	电子发票重复报销难以控制		Y			
8	受票人和消费人匹配难校验				Y	
9	发票开具过程无需达成共识			Y		
10	难以保证票面信息完整准确			Y		
11	客商开票信息共享程度不高			Y		
12	发票虚开和真票假开难监管		Y			
13	发票数据难以进行交易溯源		Y			
14	发票数据存在被篡改可能性			Y		
15	发票数据共享时间存在延滞			Y		

注:表中"Y"表示该行问题由该列原因引起。

税收政策是指一国政府根据国家在某一特定时期的经济和政治形势的要求制定的指导建立税收制度和从事税收工作的原则,是保障国家财政收入、调节国民经济有效运行的重要方式,是国家经济政策的重要组成部分[1]。税收政策是税收行为的指导准则,具有实践性、时间性和可操作性,必须执行。税收政策导致的问题有 1 项,即:税控系统设备费抵减不充分。

税收征管模式是指在一定的税收征管制度下进行税收活动的总的方式方法,体现税收管理体制和具体的业务活动方式的有机结合,包括征收、管理、检查等多种表现形式[2]。税收征管模式导致的问题有 5 项,包括:连锁企业税控

---

[1] 陈德第,李轴,库桂生,等.国防经济大辞典[M].北京:军事科学出版社,2001.
[2] 中国社会科学院经济研究所.现代经济辞典[M].南京:江苏人民出版社,2005.

盘传递不方便、电子发票运营服务费额度高、电子发票重复报销难以控制、发票虚开和真票假开难监管、发票数据难以进行交易溯源。

技术方案是指对要解决的特定技术问题所采取的利用了自然规律的技术特征的集合①。技术方案导致的问题有8项，包括：税控专用设备仅支持单终端、开票方纸质发票存管成本高、纸质发票打印邮寄成本颇高、发票开具过程无需达成共识、难以保证票面信息完整准确、客商开票信息共享程度不高、发票数据存在被篡改可能性、发票数据共享时间存在延滞。

商业实质是指交易的发生使企业经济状况发生了明显改变，则该交易具有商业实质，必须是换入资产的未来现金流量在风险、时间和金额方面与换出资产显著不同，或者是换入资产与换出资产的预计未来现金流量现值不同，且其差额与换入资产和换出资产的公允价值相比是重大的②。商业实质导致的问题有1项，即：受票人和消费人匹配难校验。

最后，与税控装置使用相关的问题有3项，包括：税控系统设备费抵减不充分、连锁企业税控盘传递不方便、税控专用设备仅支持单终端。

可见，技术方案（8项问题）、税收征管模式（5项问题）和税控装置使用（3项问题）是增值税发票现存问题最为主要的原因。为此，增值税电子发票系统的改进重点依次为技术改进、税收征管模式优化和税控装置退出。除此之外，要适当考虑税收政策调整和商业实质探讨。

4.3.3 我国区块链发票试点应用的局限

（1）区块链电子普票试点应用的局限

"腾讯＋深圳税局"区块链电子普票是基于深圳市对于电子普票的流转和管理需求进行设计和建设的，尽管存在"4.4.3 区块链发票的试点优势总结"中描述的若干优势，但尚不具备直接在全国推广应用的条件，其局限性如表4-9所示。

表4-9 "腾讯＋深圳税局"区块链电子普票的局限性

序号	局限领域	局限描述
1	票种的局限	根据国家税务总局批复，目前只允许深圳税局试点增值税专票以外的票种

---

① 于玉林.无形资产辞典[M].上海：上海辞书出版社，2009.
② 中国注册会计师协会.2019年度注册会计师全国统一考试辅导教材：会计[M].北京：中国财政经济出版社，2019.

(续表)

序号	局限领域	局限描述
2	地域的局限	目前只是深圳税局为深圳企业提供区块链电子发票的免费实时开票、免费终身存储的服务，未涉及其他地域。广州税务局与阿里合作，也在试点区块链电子普票
3	ERP厂商的局限	目前仅金蝶ERP支持企业实现无感化报销，用友、浪潮等主流软件商的ERP有待接入，真正形成区块链电子发票应用生态圈
4	联盟链的局限	为保证数据的安全性，提高公众的信赖度，深圳税局目前仅在腾讯的技术支持下，部署了基于深圳税局私有云的四个节点作为联盟链节点，并非不同联盟成员各自维护一个联盟链节点
5	跨链的局限	深圳税局区块链联盟链与阿里、京东等联盟链的跨链合作技术和方案还不够成熟，且缺乏实际应用场景，容易在税收领域造成新的技术寡头
6	存储的局限	区块链电子发票的存储，目前放置在深圳税局单独的数据库中，没有归入国家税务总局电子底账库，导致发票数据的分立
7	流程的局限	区块链电子发票仅覆盖发票赋码、发票开具、发票传递、发票报销入账等企业间流程环节，未能覆盖增值税征管全流程（包括税务登记、税务日常管理、税款征管三个阶段）

（2）区块链电子专票试点应用的局限

"京东+中国太保"区块链电子专票，是区块链技术在我国增值税专用发票领域的首次运用，具有里程碑意义。但由于没有税局的正式参与，该试用行为仅是区块链用于增值税专用发票的技术验证，实现了增值税电子专票数据及版式文件在供应链上下游企业之间的流转，未能脱离对纸质增值税专票和相应税控专用设备的依赖。

4.4 区块链用于全国电子发票系统的可行性分析

4.4.1 区块链与增值税征管需求契合

（1）适用区块链解决的业务问题

区块链的透明、安全和效率，使其成为重塑因效率低下而陷入困境的企业以及启用基于分布式市场和技术的新商业模式的一个特别好的选择。区块链

不是万能的,也不是修复断裂的业务流程的替代品,但它特别适合解决以下各类问题:

一是促进多方之间的安全、分布式交易。由于区块链固有的分布式账本技术,区块链在处理多方之间的分布式交易方面尤其有效。此外,由于各方之间的加密检验和确认,区块链为每笔交易提供了高水平的安全性。随着覆盖数千万甚至数亿资产(如共享经济下的汽车或公寓)或机器(物联网)的新型分布式经济模式的演进,我们需要安全的、分布式的交易模型来促进交易。

二是减少欺诈和增加信任,提高安全性。例如,政府内部人员,或某项特定资产记录的所有者有机会更改描述支付金额的一条记录。类似地,恶意参与者可能试图有选择地更改或销毁记录(例如,网络黑客更改付款记录或各方之间的交易)。然而每笔交易都是通过密码学唯一编码的,并且该编码由区块链上的其他方验证,因此任何更改或删除交易信息的尝试都将被其他方检测到,并由其他节点进行更正。

三是提高多方交易的透明度和效率。在任何涉及两方或多方的交易中,通常每个当事方都会将同一交易单独输入自己的独立系统。在资本市场上,同一个交易订单可能会进入两个交易对手的系统。在每个组织中,交易都通过中台和后台系统以自己的方式工作,如果出现错误,则可能导致成本高昂的对账过程,需要大量的人工干预。利用区块链等分布式账本技术,组织可以简化清算结算流程,缩短结算窗口,避免大量资本和运营费用。高盛开发了一些资本市场应用程序,其中区块链应用可显著降低成本。

(2) 区块链与增值税征管需求的契合度

由文献综述部分"2.2.1 关于区块链用于税收领域的必要性"中"(1)区块链与税收征管的契合性"可知,区块链技术与税收征管之间、区块链技术的应用特点与税收征管现代化需求之间,皆具备天然的契合性[①]。其中,区块链的透明性,可提供全面翔实的涉税信息;区块链的不可篡改性,有助减少税收欺诈;区块链的智能合约,有助提高税款征收效率;区块链的账本共享,可降低征税成本,包括编制税务报表,以及税收管理和稽查的成本[②]。区块链为税务机关解决税收征管难题带来了最好的技术支撑。

---

① 张巍,郭墨.区块链技术服务税收征管现代化的契合性研究[J].税务研究,2019(5):80-86.
② 许文,施文泼.税收征管中的区块链技术应用:基于"不可能三角"的思考[J].财政科学,2019(2):28-36.

4.4.2 区块链发票的可能优势分析

基于区块链的电子发票，包括基于区块链的增值税电子普票和基于区块链的增值税电子专票，简称区块链发票。区块链发票的优势如表 4-10 所示。

表 4-10　区块链的特征与区块链发票的优势

区块链的特征	区块链采用的技术	区块链发票的优势
去中心化	分布式记账和存储	即时共享、实时访问
开放性	分布式全复制账本	一致性、容灾性
自治性	共识机制+智能合约	自动化、准确性和完整性
防篡改	数字签名+块链状结构	稳定性、高可信任度
可追溯	块链状结构+哈希值	全流程管控、前后追溯

因采用分布式记账和存储的技术，区块链具有去中心化的特征，该特征有助于区块链电子发票数据在区块链节点之间的实时共享和访问。

因采用分布式全复制账本存储数据，区块链具有开放性的特征，该特征有助于存储在不同区块链发票数据库中的区块链电子发票数据彼此之间保持一致性，也有助于区块链发票数据库的容灾性。

因采用共识机制与智能合约，区块链具有自治性的特征，该特征有助于区块链电子发票的自动生成和流转，也有助于区块链电子发票票面信息的准确性和完整性。

因采用非对称加密算法进行数字签名，并采用块链状结构，区块链具有防篡改的特征，即不可否认、不可伪造、不可篡改，该特征决定了区块链电子发票数据具备稳定性和高可信任度。

因采用块链状结构，并以哈希值串联前后相邻区块，区块链具有可追溯的特征，该特征有助于税务机关对区块链电子发票进行全流程管控，也有助于开票方和受票方在权限内对发票数据进行向前追溯和向后追溯。

4.4.3 区块链发票的试点优势总结

(1)"腾讯+深圳税局"区块链电子普票的优势

深圳税局试点的区块链电子发票，解决了发票流转过程中一票多报、虚报虚抵、真假难验等难题。此外，还具有降低成本、简化流程、保障数据安全和隐私的优势。

对商户而言,传统发票在消费者结账后需安排专人开票,高峰期排长队拉低翻桌率,开票慢、开错票又容易引发冲突影响消费体验和口碑。采用区块链电子发票后,商户可以在区块链上实现发票申领、开具、查验、入账[①],大大节省开票成本,提高店面效率和消费体验。

对消费者而言,传统发票在完成交易后,需等待商家开票并填写报销单,经过报销流程才能拿到报销款。采用区块链电子发票后,消费者可以实现链上储存、流转、报销。即消费者结账后可通过微信一键申请开票、存储、报销,且报销状态实时可查,免去了烦琐的流程,实现"交易即开票,开票即报销"。

对于税务局而言,作为税务监管方、管理方,可以达到全流程监管的科技创新,实现无纸化智能税务管理。监管的速度和力度得到了提升,如增值税发票上面有商品编码,税务局在区块链上可以直接回溯,掌握全面流程;税务局可在区块链上进行开票信息与验旧、纳税信息比对,从根本上杜绝发票虚开问题,因为资金流和发票流完全一致。

(2)"京东+太保"区块链电子专票的优势

纸质增值税专用发票(简称"纸质专票")存在效率低、成本高、电子对账难、结账滞后等问题,而区块链电子专票能够很好地解决这些问题,呈现出一系列优势,如表 4-11 所示。

表 4-11 试点区块链电子专票的优势

纸质专票 存在的问题	区块链电子 专票的优势	区块链电子专票的优势描述
效率低	效率提升	基于区块链的电子专票可以 24 小时自动开具,利用区块链技术记录专用发票的票面信息,及其开具、勾选认证、作废冲红等状态,可以大幅提升开票效率[②]
成本高	成本降低	京东每年就可节省 2 亿元综合成本(开票成本,含专票纸张及邮寄成本),全国预计可节省 150 亿综合成本,绿色环保作用显著
风险高	风险降低	基于区块链的电子专票可以全流程追溯,从而解决一票多报、虚报虚抵、真假难验等难题,也可降低纳税人因虚假发票、不合规发票带来的税务违规风险

---

① 徐贝贝.区块链场景应用蹒跚起步[N].金融时报,2018-08-17(004).
② 惠赞瑾.从 6 天到 30 秒区块链专票电子化用效率说话[N].中国会计报,2018-08-24(010).

(续表)

纸质专票存在的问题	区块链电子专票的优势	区块链电子专票的优势描述
电子对账难	自动对账	基于区块链去中心化、不可篡改等特质,受票方可随时查询区块链上真实无法篡改的发票信息,用以校验发票真伪及状态,准确无误地进行可视化自动对账,提高财务运行效率[①]
流程繁杂	流程优化	基于区块链的电子发票,可以整合内部报销、财务入账等流程,进行全流程跟踪,实时、透明、可视化,改善用户报销体验,提升企业财税管理智能化水平
增值应用不易	有助于增值应用	伴随区块链电子专票的开具和积累,开票方可提供基于可信大数据的金融服务,受票方可通过供应链上的税票协同进行增值税的纳税筹划,更高效地进行税源管理
税源管理不易	有助于税源管理	区块链用于电子发票,订单信息、物流信息、资金流信息、发票报销入账等信息被写入区块链,将为税务机关提供丰富的涉税大数据,利用大数据技术对其进行比对分析,可更加深入地了解税源状况[②]

在区块链电子发票的以上优势中,效率提升、成本降低和增值应用同时针对开票方和受票方,风险降低、自动对账和流程优化主要针对受票方,而有助于税源管理主要针对税务机关。

4.4.4 区块链用于全国电子发票系统的可行性

此处结合深圳税局区块链电子发票案例,剖析区块链用于电子发票的技术可行性、管理可行性和政策可行性。

(1) 区块链技术实现方面的可行性

一是发票数据加密的实现。区块链数据存储的方式,最为优势的地方在于其加密技术。传统航信、百望对电子发票行业的垄断,其根本在于其加密技术——电子签名CA。之所以有必要采取如此严密的加密手段,是因为需要防止发票信息泄露,防止发票信息被篡改。而区块链本身具备防篡改的特征,所有的信息只要上链,就不能再改动了。其安全可通过非对称加密(公私钥)等

[①] 惠赞瑾. 区块链专票电子化用效率说话[N]. 中国会计报,2018-08-24.
[②] 袁璐. 区块链这只"螃蟹"能几吃? [N]. 北京日报,2019-10-30(011).

技术来实现,虽然与当前航信、百望的电子发票加密方式不同,但加密效果相似。在防篡改方面,区块链更优。其中,电子签名是利用签名持有人的身份信息对数据进行加密。在区块链进行非对称加密的过程中,无论是消费者还是开票商家,都会有一对公私钥。该公私钥是在用户注册时,由区块链电子发票系统自动生成的,生成之后存在发票区块链上。当用户使用时,区块链使用私钥对发票数据进行加密,达到与电子签名相同的加密效果。

二是与周边第三方平台的对接。货物流转和支付信息这方面,电子支付近年普及很快,税务局与物流平台和支付平台已基本没有对接难度,为此区块链用于电子发票领域,已经不存在技术问题,具有技术可行性。如在支付平台对接方面,深圳税局秉持开放的心态,公开了应用程序编程接口(Application Programming Interface,API)标准接口,目前已完成与微信支付和银联支付的对接,后续可随时对接支付宝、京东支付等支付平台。但这些支付平台是否接入,还受支付平台与税务局合作关系的影响。如广东省税务局牵手蚂蚁金服旗下的支付宝、蚂蚁区块链与其合作伙伴广州方欣科技,基于蚂蚁区块链,于2018年6月推出全国首个区块链电子发票平台"税链",并于2018年12月10日升级了"税链",实现了从开票到报销、入账的全环节。

三是区块链发票数据的存储部署。为保持区块链电子发票系统的中立定位,最大限度保证其开放性(以备将来最大限度接纳同一领域中具有竞争关系的不同合作伙伴),深圳税局区块链电子发票数据存储,全部部署在深圳税局的私有云上,而非腾讯云或阿里云。如此一来,区块链电子发票数据,只有深圳税局可以查看,其他相关方只能根据授权进行查看,从而避免了合作厂商之间相互查看数据及相互提走数据的可能。

因此,区块链技术用于电子发票领域,在发票数据加密方面、与第三方平台对接方面、发票数据的存储部署方面,都具备技术可行性。

(2)区块链发票管理方面的可行性

国家税务总局一直很关心区块链的研究和发展,早在2017年6月就成立了区块链研究团队,就区块链在税务领域的运用进行研究和探索。2019年年初,该团队聚焦区块链技术在税收征管领域的潜在影响和合理用途的探索方面。深圳市区块链电子发票研究课题被纳入国家税务总局的省局重点研究课题,表明总局对区块链电子发票项目的重视和支持。

一是批准深圳税局进行区块链发票试点。2018年7月2日,深圳税局得到国家税务总局批复授权,率先试点区块链电子发票,试点范围是除增值税专用发票以外的所有发票,深圳成为全国首个试点区块链电子发票的城市。即深圳基于区块链的电子发票是得到国家税务总局认可的电子发票,其法律效力、基本用途和使用规定等与普通电子发票相同。

二是基于区块链的发票管理工作大幅简化。在传统增值税发票平台和机制中,纳税人开票之前,首先要根据进项税或销售额等去税务局前台进行开票量申请,税务机关根据企业的具体情况核定该企业的开票额。如某一企业的销售额为100万元,则核定其开票额为100万元。若企业某月生意特别好,需要多开票,等到100万元的票用完之后,需要去税务局进行超限量的开票审批。若企业需要升级发票的位数,则需要去税务局前台管理科进行审核。该类需要去税务局办理的业务,一般而言存在时间滞后的问题,如升级发票位数事项,本月办理次月方能生效。因此,采用传统增值税发票在发票管理方面,对于纳税人而言,存在时间滞后问题;对于税务局而言,也会增加工作人员的工作量。而试点区块链电子发票改变了发票管理理念和模式,不存在这些问题。对于开票企业而言,企业可以在网上申请票段,票量按需分配(在线上自动进行限量调整);发票可以实时开具,且与交易关联(即在交易的基础上开票),交易虚假的可能性随之大幅降低。对于税务监管而言,税务机关可对纳税人开票情况进行实时分析,从而及时发现纳税人经营异常情况,并进行风险识别和预警。如在发票区块链上,某公司上个月每天开10 000张票,金额为100万元,而本月某一天突增,该预警就会自动发送给管理员,管理员据此与该企业财务人员进行核实。而无需像往常一样,要等到企业抄报税后税务机关方能发现其异常的交易行为,从而大大提升了税收的管理实时性,比传统发票的管理方式更有优势。为此,在发票管理方面,区块链电子发票比传统发票更具有优势。

(3)区块链发票政策方面的可行性

一是电子发票在会计资料管理方面的合法性。2013年12月6日,财政部印发《企业会计信息化工作规范》(财会〔2013〕20号),这是会计资料无纸化政策的破冰,其第四十条和第四十一条分别规定了内部生成会计资料无纸化的条件和外部获取会计资料无纸化的条件,其含义是会计资料可以无纸化管理,但只有在保证会计事项可追溯、可证明的条件下,才能对会计资料进行无纸化管理。这两条规定在政策层面实现了会计资料无纸化破冰,确立了电子发票在开票方和受票方作为财务凭证的合法地位。

二是电子发票在会计档案管理方面的合法性。2015年12月11日,财政部、国家档案局联合发布《会计档案管理办法》(中华人民共和国财政部 国家档案局令第 79 号),其在会计档案的范围、保管、移交、销毁等方面对电子会计档案均进行了相应规定,确立了电子会计档案的法律地位,肯定了电子会计档案的有效性和对纸质会计档案的可替代性,其第八条和第九条规定了单位内部生成的电子会计资料无纸化存档必须同时满足的 6 个条件,以及单位从外部接收的电子会计资料无纸化存档必须同时满足的 7 个条件。

三是电子发票作为交易凭证和计税凭证的合法性。2015 年 11 月 26 日,国家税务总局公告第 84 号明确了增值税电子发票的法律地位,即其法律效力、基本用途和使用规定等与税务机关监制的增值税普通发票相同。2015 年 9 月 23 日,国务院明确指出,要加快推广使用电子发票,支持四众平台企业和采用众包模式的中小微企业及个体经营者按规定开具电子发票,并允许将电子发票作为报销凭证①。

可见,电子发票的开具、使用、入账、归档等全税务管理环节,均已得到财政部、国家档案局、国家税务总局等的政策许可,电子发票是合法的交易凭证、财务凭证和计税凭证,与纸质增值税普票具有同等的法律效力、基本用途和基本使用规定。

(4) 区块链试点城市的成功运用

"腾讯+深圳税局"和"京东+太保"在区块链电子发票方面的试点应用,在区块链发票技术实现、发票管理和发票政策方面积累了可贵的经验。其中,"腾讯+深圳税局"的试点成效较为显著,经验也较为丰富。2018 年 8 月 9 日,国家税务总局深圳税局决定在深圳市开展通过区块链系统开具的电子普通发票应用试点(选取了餐饮业、停车场、小型商贸、加工修理修配等行业的部分纳税人推广,后期适时将其他行业纳税人纳入),同时发布了区块链电子普通发票票样和对公告的解读文件。截至 2019 年 10 月 27 日,深圳注册使用区块链电子发票的企业超过 7 500 家,共开票 975 万张,涉及金额 69.3 亿元,覆盖了餐饮、零售、交通、住宿等多个民生领域②,解决了发票流转过程中一票多报、虚报虚抵、真假难验等难题,还具有提高效率、降低成本、降低风险、优化流程、应用增值、保障数据安全和隐私等优势③。

---

① 参见《国务院关于加快构建大众创业万众创新支撑平台的指导意见》(国发〔2015〕53 号)。
② 详见深圳晚报《区块链技术应用于发票领域! 前海或率先进入电子发票时代》,网址 http://www.myzaker.com/article/5db57a591bc8e0455200012b/?f=none。
③ 袁璐. 区块链这只"螃蟹"能几吃? [N]. 北京日报,2019-10-30(011)。

4.5 本章小结

本章通过对区块链用于全国电子发票系统的必要性和可行性进行分析，发现：

第一，区块链的探索和运用丰富而迅猛。区块链具有去中心化、开放性、自治性、防篡改和可追溯等关键特征，国际社会对区块链技术、区块链标准和区块链实践项目方面的探索和运用，场景丰富而进展迅猛。

第二，联盟链是区块链应用的主要方向。联盟链是公有链和传统软件（类似于私有链）的融合，同时体现集权和分治，以联合体责任和多中心为特色，即一般情况下让区块链进行分布式自治管理，出现了问题（异常处理和数据转储等）再由责任主体（超级维护者）按照一定规则来干预，成为当前区块链应用的主要发展方向。

第三，区块链将与其他新技术融合发展。作为对传统信息技术的升级与补充，区块链的发展将与5G、物联网、人工智能、大数据等其他新兴信息技术相互融合、相互促进，以改进区块链本身存在的性能局限，丰富区块链的运用场景，改善区块链的运用效果。

第四，我国高度重视并积极推动区块链的发展和应用。自2016年12月国务院首次将区块链技术作为战略性前沿技术、颠覆性技术列入《"十三五"国家信息化规划》起，我国发布了一系列推进区块链发展和应用的政策文件，中共中央政治局于2019年10月24日还专门就区块链技术发展现状和趋势进行集体学习，旨在加快推动区块链技术和产业创新发展。

第五，我国区块链产业链条目前已经形成。从上游的硬件制造、平台服务、安全服务，到下游的产业技术应用服务，再到保障产业发展的行业投融资、媒体、人才服务，各领域的公司已经基本完备，协同有序，共同推动区块链产业不断前行[①]。

第六，我国对于区块链技术的运用趋于客观理性。鉴于区块链当前主要适用于非实时性、轻量级、交易吞吐量较小和信息敏感度较低的业务场景，我国对于区块链技术的应用更加客观理性。如在金融领域，多采用共建联盟链的方式开展应用研究，现阶段的区块链技术主要用于解决现有业务痛点，力图

---

① 参见工业和信息化部信息中心2018年5月20日发布的《2018中国区块链产业白皮书》。

通过区块链分布式协作的特点,优化现有业务流程。

第七,联盟链比公有链更适用电子政务场景。我国各级政府纷纷出台政策鼓励将区块链技术应用于电子政务。我国区块链电子政务应用取得一定进展,目前涉及政府审计、数字身份、数据共享、涉公监管、电子票据、电子存证、出口监管七大细分场景,未来将出现更多细分场景,且联盟链比公有链更加适用于电子政务场景。

第八,区块链发票有助于解决增值税发票管理问题。相较于纸质发票和电子发票,区块链发票对我国增值税征管中 15 个发票相关问题的解决程度最高,存在的问题最少。通过分析对比发现,针对我国增值税征管中现存的 15 项问题,区块链发票存在的问题最少(可能存在的问题 1 项),方案最优;电子发票存在的问题次之(一定存在的问题 5 项,可能存在的问题 7 项,共计 12 项),方案次优;纸质发票存在的问题最多(一定存在问题 8 项,可能存在问题 5 项,共计 13 项)。

第九,现存发票管理问题成因复杂。通过分析与对比发现,现存增值税发票管理问题出于多方面原因,包括税收政策原因、税收征管模式原因、技术方案原因、商业实质原因和税控装置使用原因等。其中,技术方案(8 项问题)、税收征管模式(5 项问题)和税控装置使用(3 项问题)是最为主要的原因。为此,增值税电子发票系统的改造重点依次为技术改进、税收征管模式优化和税控装置退出。除此之外,还要适当考虑税收政策调整和商业实质探讨。

第十,我国区块链发票试点应用存在较多局限。"腾讯+深圳税局"区块链电子普票试点,是基于深圳市对于电子普票的流转和管理需求进行设计和实现的,尽管存在若干优势,但在票种范围、地域范围、厂商对接范围、跨链实现、存储集成等方面存在一定局限,尚不具备直接在全国推广应用的条件。"京东+中国太保"区块链电子专票试点具有里程碑意义,但由于没有税局的正式参与,该试用行为仅是区块链用于增值税专用发票的技术验证,实现了增值税电子专票数据及版式文件在供应链上下游企业之间的流转,未能脱离对纸质增值税专票和相应税控专用设备的依赖。

第十一,区块链与增值税征管需求契合。区块链技术与税收征管之间,区块链技术的应用特点与税收征管现代化需求之间,皆具备天然的契合性[①]。其中,区块链的透明性,可提供全面翔实的涉税信息;区块链的不可篡改性,有助

---

① 张巍,郭墨.区块链技术服务税收征管现代化的契合性研究[J].税务研究,2019(5):80-86.

于减少税收欺诈;区块链的智能合约,有助于提高税款征收效率;区块链的账本共享,可降低征税成本,包括编制税务报表,以及税收管理和稽查的成本[①]。区块链为税务机关解决税收征管难题带来了最好的技术支撑。

第十二,区块链电子发票具有明显优势。得益于区块链的特征,区块链发票具有明显优势。去中心化特征有助于区块链电子发票数据在区块链节点之间的实时共享和访问;开放性特征有助于存储在不同区块链发票数据库中的区块链电子发票数据彼此之间保持一致性,也有助于区块链发票数据库的容灾性;自治性特征有助于区块链电子发票的自动生成和流转,也有助于区块链电子发票票面信息的准确性和完整性;防篡改特征决定了区块链电子发票数据具备稳定性和高可信任度;可追溯特征有助于税务机关对区块链电子发票进行全流程管控,也有助于开票方和受票方在权限内对发票数据进行向前追溯和向后追溯。

第十三,我国试点区块链发票优势显著。2018年8月10日,深圳税局联合腾讯开出我国第一张基于区块链的电子普票,其应用目前已覆盖面向消费者的多个领域(含餐饮、零售、交通、住宿等)。2018年8月17日,京东联合中国太保、大象慧云,开出中国第一张企业间区块链增值税专用电子发票。区块链电子发票解决了发票流转过程中一票多报、虚报虚抵、真假难验等难题,还具有提高效率、降低成本、降低风险、优化流程、应用增值、保障数据安全和隐私等优势[②]。

第十四,我国区块链发票运用可行性充分。区块链技术用于发票领域,在数据加密、与第三方平台对接、数据存储部署方面,均具备技术可行性。电子发票的开具、使用、入账、归档等全生命周期环节,均已得到财政部、国家档案局、国家税务总局和深圳税局的政策许可,具备政策可行性。国家税务总局一直很重视区块链的研究和发展,早在2017年6月就成立了区块链研究团队,还批准深圳税局在增值税专用发票以外的领域试点区块链电子发票,可见,区块链用于发票领域具有管理可行性。

[①] 许文,施文泼.税收征管中的区块链技术应用:基于"不可能三角"的思考[J].财政科学,2019(2):28-36.

[②] 袁璐.区块链这只"螃蟹"能几吃?[N].北京日报,2019-10-30(011).

第 5 章

全国区块链电子发票系统的构建

本章是全书的研究主体内容之一,旨在解决问题。本章通过与区块链系统类型的匹配,确定区块链电子发票系统的区块链类型,通过对基于纸质发票、电子发票和区块链发票的增值税征管全流程环节进行分析和比较,识别出适宜采用区块链技术的电子发票流转环节,进而对区块链电子发票系统进行工作机制设计、网络关系图谱设计和链体架构设计,分析区块链用于全国电子发票系统可能产生的应用效益及实施要点。

5.1 电子发票系统适用的区块链类型

5.1.1 区块链的类型

区块链系统根据应用场景和设计体系的不同,一般分为公有链、联盟链和私有链。三类区块链系统在中心化程度、参与人、记账人、信任机制、是否需要激励、运行机制、使用场景和典型案例等方面均有不同,详见表 5-1。

表 5-1 三类区块链系统的特性对比[1],[2]

对比视角	公有链	联盟链	私有链
定义	链上的所有人都可读取、发送交易且能获得有效确认的共识区块链	有若干个机构共同参与管理的区块链,每个机构都运行着一个或多个节点,其中的数据只允许系统内不同的机构进行读写和发送交易,并且共同来记录交易数据	写入权限仅在一个组织手里的区块链,其读取权限或者对外开放,或者被任意程度地进行了限制,仍然具备区块链多节点运行的通用结构,适用于特定机构的内部数据管理与审计

---

[1] 李伟、朱烨东. 中国区块链发展报告(2017)[M]. 北京:社会科学文献出版社,2017.
[2] 参见鲸准研究院,《2018 中国区块链行业分析报告》。

(续表)

对比视角	公有链	联盟链	私有链
中心化程度	去中心化	多中心化	中心化
参与人	任何人	预先设定或满足条件后进成员	中心控制者决定参与成员
记账人	全网	参与者协商；动态决定	中心控制者自定
信任机制	共识机制	共识机制	中心控制者自定
是否需要激励	需要	可选	不需要
运行机制	保护用户免受开发者的影响；所有数据默认公开；低交易速度	低成本运行和维护；高交易速度及良好的扩展性；可更好地保护隐私	交易速度非常快；给隐私更好地保护；交易成本大幅降低甚至为零
使用场景	各节点无信任	多个公司或组织参与	节点间可信度较高
典型案例	比特币、以太坊、NEO、量子链	Hyperledger、Rubix、Ripple、R3	企业中心化系统上链

5.1.2 电子发票系统与区块链类型的匹配

电子发票系统与区块链类型的特性匹配，如表5-2所示。

表5-2 区块链发票与三类区块链系统的特性匹配[①]

对比视角	公有链	联盟链	私有链	区块链发票	链匹配
中心化程度	去中心化	多中心化	中心化	多中心化	联盟链
参与人	任何人	预先设定或满足条件后进成员	中心控制者决定参与成员	税局全面管控区块链节点；税局负责企业身份认证	联盟链
记账人	全网	参与者协商；动态决定	中心控制者自定	区块链发票服务商	联盟链
信任机制	共识机制	共识机制	中心控制者自定	开票方确认区块链记账	联盟链
是否需要激励	需要	可选	不需要	不需要	联盟链 私有链

---

① 李伟、朱烨东.中国区块链发展报告（2017）[M].北京：社会科学文献出版社，2017.

(续表)

对比视角	公有链	联盟链	私有链	区块链发票	链匹配
运行机制	保护用户免受开发者的影响；所有数据默认公开；低交易速度	低成本运行和维护；高交易速度及良好的扩展性；可更好地保护隐私	交易速度非常快；给隐私更好地保护；交易成本大幅降低甚至为零	低成本运行和维护；高交易速度及良好的扩展性；可更好地保护隐私；交易成本大幅降低甚至为零	联盟链 私有链
使用场景	各节点无信任	多个公司或组织参与	节点间可信度较高	各级税务局、税控服务商、ERP服务商、各纳税人参与	联盟链
典型案例	比特币、以太坊、NEO\量子链	Hyperledger、Rubix、Ripple、R3	企业中心化系统上链	深圳税局	—

(1) 关于中心化程度的匹配

在中心化程度方面，区块链发票仍然需要税务机关主导，由税务机关负责技术标准选型和确认，制定业务规范和服务标准，终审和部署智能合约，管控区块链节点，对销方纳税人进行身份认证等工作。因此，区块链电子发票系统不是完全的去中心化场景，与公有链不匹配。

我国税务机关是一个庞杂的体系，包括各级税务机关，纳税人涉及所有开展生产经营的主体，单一中心难以完成税款征收工作和增值税发票数据收集处理工作。为此，金税三期的电子底账库包含省级电子底账库和全国电子底账库，省级电子底账库（销方主管税务机关）定期上传汇总增值税发票数据到全国电子底账库（国家税务总局），全国电子底账库（国家税务总局）定期清分全国增值税发票数据至省级电子底账库（购方主管税务机关）。可见，区块链电子发票系统不是完全的中心化系统，与私有链不匹配。

我国防伪税控系统发行实行分级管理，由总局、省级税务机关、地级税务机关分级负责发行税务发行子系统、认证报税子系统、企业发行子系统和发票发售子系统。为此，各级税务机关分别安装增值税发票管理相关信息系统，各自面向自身管辖范围内的纳税人提供纳税服务和税务管理工作。为此，增值税发票系统是一个典型的多中心系统，与联盟链相匹配。

(2) 关于参与人的匹配

在参与人方面，区块链发票的参与方包括税务机关、开票方、受票方、区块链发票服务商、物流服务商、支付服务商、购方ERP服务商等，是多参与方，既非任何人，也非中心控制者决定参与成员，因此与公有链和私有链皆不匹配。

在区块链发票的参与方当中,税务机关负责业务规范和服务标准,开票方需经由税务机关认证并颁以数字身份,区块链发票服务商、物流服务商、支付服务商、购方 ERP 服务商等第三方服务商需接受税务机关的全面管控,包括进驻发票链与对接发票链,这属于满足条件后进成员,与联盟链的参与人管理方式匹配。

(3)关于记账人的匹配

在记账人方面,区块链发票记账需要由区块链节点在区块链上记录发票的交易记录、入账状态和相应的操作日志,需要满足技术和认证管理双重条件,本书认为由销方纳税人的区块链发票服务商进行区块链广播记账较为适宜。而区块链发票服务商有多家,销方纳税人只需要选择购买其中一家的服务即可。可见,区块链发票的记账人,既非全网,也非中心控制者自定义,因此与公有链和私有链皆不匹配。若销方纳税人需要开具区块链发票,则由其合作的区块链发票服务商执行区块链发票开具过程,为此,区块链发票的记账人属于动态决定方式,即记账人的确定取决于其服务的销方纳税人,这与联盟链的记账人确定方式一致。

(4)关于信任机制的匹配

在信任机制方面,发票开具的法律实体为销方纳税人,只要销方纳税人确认购方纳税人或消费者的开票信息,并确认区块链记账,为其服务的区块链发票服务商即可进行区块链广播记账。换言之,区块链发票中的记账,不需要通过挖矿竞争机制实现,只需要税务机关牵头制定记账规则,各区块链发票服务商节点同意并执行记账规则即可。因此,区块链发票的信任机制,与公有链的共识机制不同,也不像私有链中由中心控制者自定义,而与联盟链中的共识机制更为相似,即各参与方共同确定、认可和执行记账规则。

(5)关于是否需要激励的匹配

在是否需要激励方面,考虑到区块链发票服务商是区块链上的记账人,而销方纳税人在接受区块链发票服务商服务期间,本身就会定期按一定标准向区块链发票服务商支付电子发票运营服务费用。为此,在区块链发票的运行过程中,不需要在链上设计类似竞争挖矿奖励数字货币的激励机制,这一特点与公有链不匹配,与联盟链和私有链相匹配。

(6)关于运行机制的匹配

在运行机制方面,鉴于发票开具及后续流转是经济业务持续开展的必要环节,为有效降低经济运行成本,区块链电子发票系统本身需要低成本运行和维护,区块链电子发票系统上的交易(发票在区块链上的开具和后续流转)成本应尽力降低,但交易速度应该足够高,要在受票方能够接受的范围之内,当然也需要更好地保护开票方和受票方的商业隐私,只能让合理授权人看到具体票面信息。为此,区块链发票的运行机制,与公有链的所有数据默认公开、低交易速度等运行机制特点不匹配,与联盟链和私有链更为匹配。

(7) 关于使用场景的匹配

在使用场景方面,区块链电子发票系统由多个不同类型的组织参与,包括税务机关、开票方、受票方、区块链发票服务商、物流服务商、支付服务商、购方ERP服务商等,与联盟链的使用场景相匹配。区块链电子发票系统的各节点——税务机关、区块链发票服务商、物流服务商、支付服务商、购方ERP服务商等之间,并非完全无信任,但相互之间也并不存在高可信任度,为此,与公有链和私有链均不匹配。

5.1.3 电子发票系统适用的区块链类型确定

根据上文"5.1.2 电子发票系统与区块链类型的匹配"的分析可知,区块链电子发票系统与公有链之间没有相匹配的特性,与私有链之间有2项匹配的特性(包括是否需要激励和运行机制),而与联盟链的7项特性之间完全匹配。为此,区块链电子发票系统适宜采用联盟链方式,即让税务机关、区块链发票服务商、物流服务商、支付服务商、购方ERP服务商等若干机构共同参与区块链电子发票系统的管理,每家机构运行一个或多个节点,其中的区块链发票数据只允许系统内不同的机构进行读写和发送交易(发票流转环节),并且共同来记录交易数据(发票票面信息和发票状态信息)。

5.2 适用区块链的电子发票流转环节分析

5.2.1 我国基于区块链发票的增值税征管全流程

我国基于区块链电子发票的增值税征管全流程如图5-1所示。该流程涉及的业务阶段有税务登记、税务日常管理和税款征管三个,涉及的干系人包括税务机关、销货方和购货方,以及区块链发票服务商、物流企业和购方ERP服务商。

第 5 章 全国区块链电子发票系统的构建 | 121

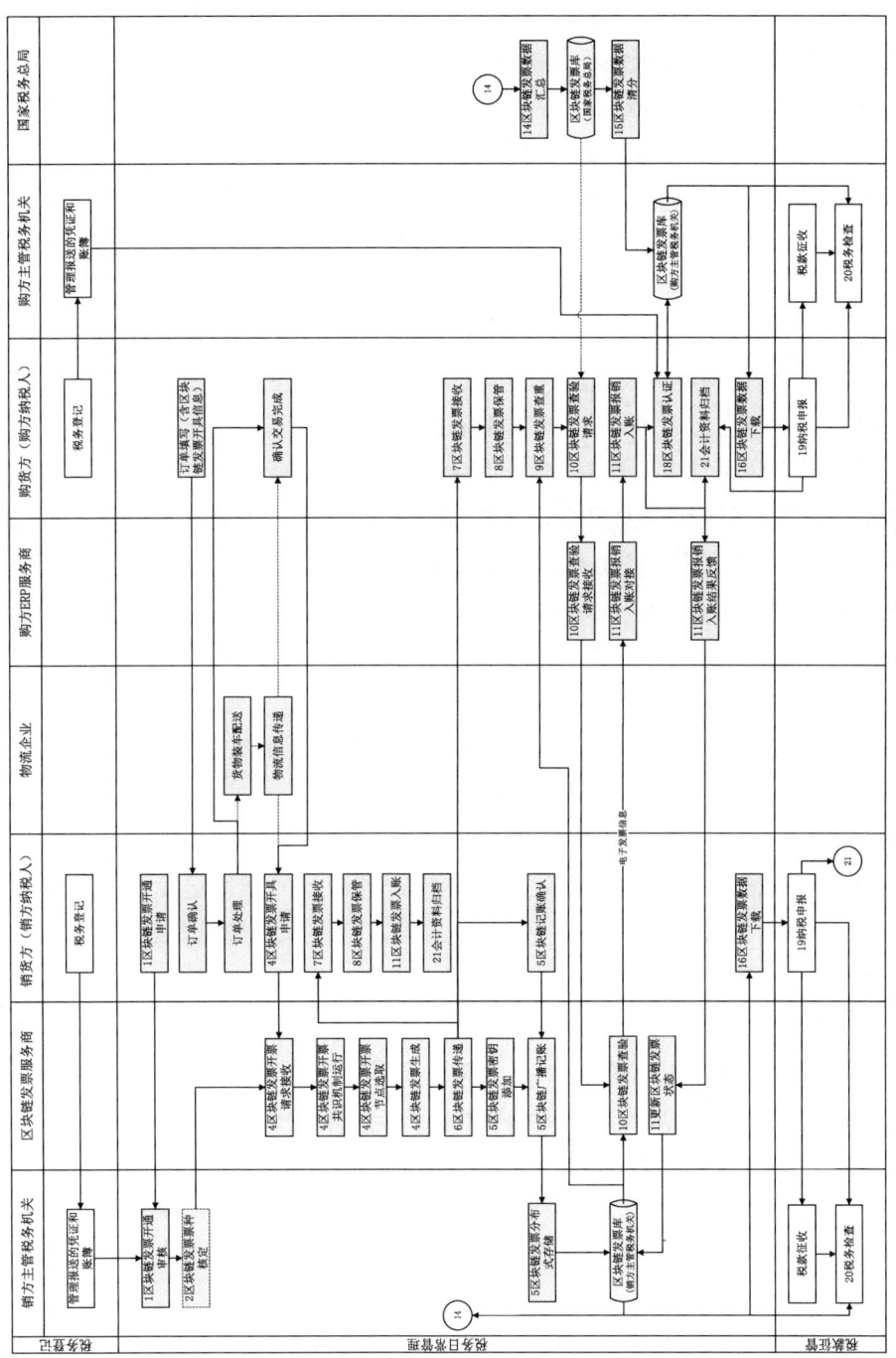

图 5-1 我国基于区块链发票的增值税征管全流程

我国基于区块链发票的增值税征管全流程中，对于销方主管税务机关而言，其主要工作是管理销方纳税人报送的凭证和账簿，组织区块链发票开具资格开通审核和区块链发票票种①核定，分布式存储并支持区块链发票服务商开具的区块链发票上传汇总（汇总至国家税务总局区块链发票库），对销方纳税人进行增值税税款征收和增值税相关税务检查。

对于销方纳税人而言，其主要工作是进行税务登记，申请区块链发票开通，确认订单、处理订单并跟踪物流信息，待购方纳税人确认交易完成之后申请区块链发票开具，接收区块链发票服务商开具的区块链发票，继而进行保管和入账，按期进行区块链发票数据下载、纳税申报并对相关会计资料进行归档。同时，在确认购货方收到区块链发票之后，确认区块链记账。

对于购方纳税人而言，其主要工作是进行税务登记，根据采购需求填写采购订单并提供区块链发票开具信息，跟踪物流信息以确认交易完成，接收并保管区块链发票，对区块链发票进行入账前的查重查验工作和查重查验后的报销入账工作，在购方主管税务机关的系统支持下，对增值税区块链电子专票进行进项税额抵扣认证工作②，以及相应的区块链发票数据下载、纳税申报和会计资料（区块链发票和纳税申报表）归档工作。

对于国家税务总局而言，其主要工作是在区块链电子发票系统中，支持各省区块链发票数据的全国汇总和全国区块链发票数据的跨省清分，提供区块链发票统一查验平台。

对于购方主管税务机关而言，其主要工作是管理购方纳税人报送的凭证和账簿，从国家税务总局区块链发票库接收跨省清分的区块链发票数据并存储，支持购方纳税人对增值税区块链电子专票进行进项税额抵扣认证，对购方纳税人进行增值税税款征收和增值税相关税务检查。

对于区块链发票服务商而言，其主要工作是接收区块链发票开票请求，运行区块链发票开具共识机制，选取区块链发票开票节点，生成并传递区块链发票，在区块链发票上添加密钥，在收到销货方区块链记账确认消息后进行区块链广播记账，支持购方 ERP 服务商传递过来的区块链发票信息查验，根据购方 ERP 服务商反馈的区块链发票报销入账结果更新区块链中的发票状态，确认结果后将"未报账"状态更改为"已报账"状态。

---

① 截至 2019 年 11 月，仅有区块链电子普通发票一个票种。

② 截至 2019 年 11 月，我国税务机关尚不允许开具增值税电子发票。此处为整体设计方案，图中相关环节以虚线标识。

对于购方 ERP 服务商而言,其主要工作是购方纳税人与销方纳税人区块链发票服务商之间的对接,包括区块链发票查验请求的接收与传递,区块链发票报销入账的对接,以及区块链发票报销入账结果的反馈等。

对于物流企业而言,其主要工作是货物装车配送和物流信息传递。

5.2.2 基于三种形式发票的增值税征管全流程对比

根据"3.3.2 我国基于纸质发票的增值税征管全流程""3.3.3 我国基于电子发票的增值税征管全流程"和"5.2.1 我国基于区块链发票的增值税征管全流程"三部分,我们可以对三种形式发票的流转环节进行一一比对,结果如表 5-3 所示。

表 5-3 基于三种形式发票的增值税征管环节对比

环节序号	环节名称	参与方	纸质发票	电子发票	区块链发票
1	开票资格认定	销方纳税人	Y	Y	Y
		销方主管税务机关	Y	Y	Y
2	发票票种核定	销方主管税务机关	Y	Y	Y
3	发票赋码	销方主管税务机关	Y	Y	N
4	发票开具	销方纳税人	Y	Y	Y
5	电子发票存储	销方纳税人	N	Y	Y
6	发票推送	电子发票服务商	Y	Y	Y
7	发票接收	消费者(购方纳税人)	Y	Y	Y
8	发票保管	消费者	Y	Y	Y
		购方纳税人	Y	Y	Y
		销方纳税人	Y	Y	Y
9	电子发票查重	购方纳税人	N	Y	Y
10	发票查验	购方纳税人	Y	Y	Y
11	发票入账	购方纳税人	Y	Y	Y
		销方纳税人	Y	Y	Y
12	抄税	销方纳税人	Y	Y	N
13	发票数据上传	销方纳税人	Y	Y	N
14	发票数据汇总	销方主管税务机关	Y	Y	Y
15	发票数据清分	国家税务总局	Y	Y	Y
16	发票数据下载	购方纳税人	Y	Y	Y

(续表)

环节序号	环节名称	参与方	纸质发票	电子发票	区块链发票
17	发票明细比对	购方主管税务机关	Y	Y	N
18	发票认证	购方纳税人	Y	Y	Y
19	纳税申报	销方纳税人	Y	Y	Y
		购方纳税人	Y	Y	Y
20	税务检查	销方主管税务机关	Y	Y	Y
		购方主管税务机关	Y	Y	Y
21	会计资料归档	销方纳税人	Y	Y	Y
		购方纳税人	Y	Y	Y

注：表中"Y"表示存在该环节，"N"表示不存在该环节。

可见，纸质发票比电子发票少了"电子发票存储"环节和"电子发票查重"环节，而区块链发票比电子发票少了"发票赋码"环节、"抄税"环节、"发票数据上传"环节和"发票明细比对"环节。

究其原因，纸质发票不是电子文件，无需考虑电子文件存储和重复报销问题，因而不存在"电子发票存储"环节和"电子发票查重"环节。

区块链发票码段为所有上链销方纳税人所共享，税务机关无需事先通过税控盘赋码，即可随时随地不限量供应，因而不存在"发票赋码"环节；区块链电子发票系统和区块链发票数据库均部署在税务机关，区块链发票的整个流转过程不使用税控专用设备，无需销方纳税人通过税控专用设备进行抄税，税局即可实时全盘掌握上链企业的开票明细数据，因而不存在"抄税"环节；税局区块链发票数据库是税局区块链电子发票系统的后台数据库，无需通过升级版统一受理平台传递数据，因而不存在"发票数据上传"环节。区块链发票通过共识机制生成区块链发票数据，且在关键干系人（如各省税务机关、国家税务总局等）之间实时分布式共享区块链发票数据库，无需保留专用发票的不同联次，也就不存在专用发票不同联次之间的"明细数据比对"环节。

5.2.3 适宜采用区块链技术的电子发票流转环节

根据"4.4.1 区块链与增值税征管需求契合"中描述的适用区块链解决的业务问题，分析得出适宜采用区块链解决的电子发票流转环节，如表5-4所示。

表 5-4 适宜采用区块链技术解决的电子发票流转环节

发票流转环节编号	发票流转环节名称	区块链发票适用流转环节	区块链发票流转环节名称	区块链发票流转环节参与方	区块链发票是否适宜上链	区块链发票上链编号
1	开票资格认定	Y	1 区块链发票开通申请	销方纳税人	N	
1	开票资格认定	Y	1 区块链发票开通审核	销方主管税务机关	N	
2	发票票种核定	N	2 区块链发票票种核定	销方主管税务机关	N	
3	发票赋码	N	—	—	—	
4	发票开具	Y	4 区块链发票开具申请	销方纳税人	Y	1
			4 区块链发票开票请求接收	区块链发票服务商	Y	1
			4 区块链发票共识机制运行			
			4 区块链发票节点选取			
			4 区块链发票生成			
5	电子发票存储	Y	5 区块链发票记账确认	销方纳税人	Y	2
			5 区块链发票密钥添加	区块链发票服务商	Y	2
			5 区块链发票广播记账			
			5 区块链发票分布式存储			
6	发票推送	Y	6 区块链发票传递	区块链发票服务商	N	
7	发票接收	Y	7 区块链发票接收	消费者/购方纳税人	N	
8	发票保管	Y	8 区块链发票保管	消费者/购方纳税人	N	
9	电子发票查重	Y	9 区块链发票查重	销方纳税人	N	
10	发票查验	Y	10 区块链发票查验请求	购方纳税人	Y	3
			10 区块链发票查验请求接收	购方 ERP 服务商	Y	3
			10 区块链发票查验	区块链发票服务商	Y	3

（续表）

发票流转环节编号	发票流转环节名称	区块链适用流转环节	区块链发票流转环节名称	区块链发票流转环节参与方	区块链发票流转环节是否适宜上链	区块链发票流转环节上链编号
11	发票入账	Y	区块链发票报销入账对接	购方ERP服务商	N	
		Y	区块链发票报销入账	购方纳税人	N	
		Y	区块链发票报销入账结果反馈	销方纳税人	N	
		Y	更新区块链发票状态	购方ERP服务商	Y	4
12	抄税	N	—	销方纳税人	N	
13	发票数据上传	N	—	销方纳税人	Y	5
14	发票数据汇总	Y	区块链发票数据汇总	销方主管税务机关	Y	6
15	发票数据清分	Y	区块链发票数据清分	国家税务总局	Y	8
16	发票数据下载	Y	区块链发票数据下载	购方纳税人	Y	8
		Y	区块链发票数据下载	销方纳税人	N	
17	发票明细比对	N	—	购方主管税务机关	Y	7
18	发票认证	Y	区块链发票认证	购方纳税人	Y	9
19	纳税申报	Y	纳税申报	销方纳税人	Y	9
		Y	纳税申报	购方纳税人	N	
20	税务检查	Y	税务检查	销方主管税务机关	Y	10
		Y	税务检查	购方主管税务机关	Y	10
21	会计资料归档	Y	会计资料归档	销方纳税人	N	
		Y	会计资料归档	购方纳税人	N	

注：表中"Y"表示是，"N"表示否。

(1) 区块链发票开具

"区块链发票开具"环节，可在区块链上进行，其流程如图 5-2 所示。

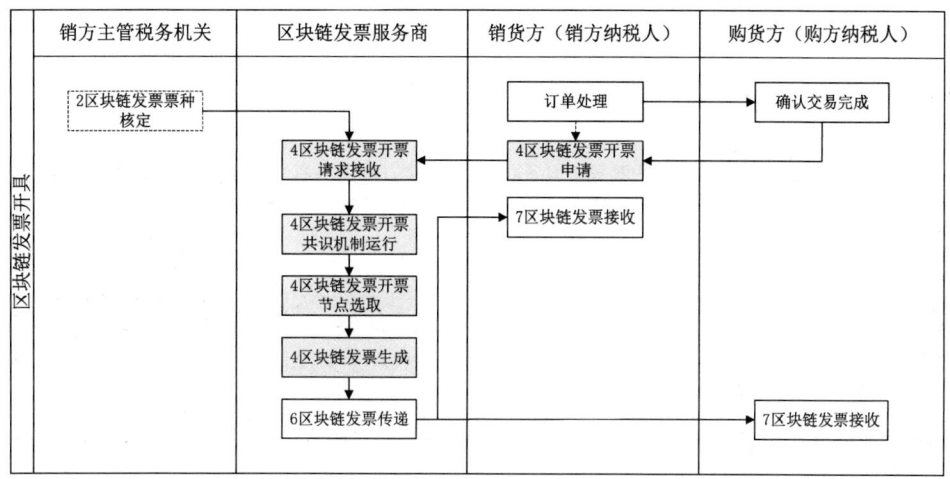

图 5-2　区块链发票开具流程

在销方主管税务机关完成销方纳税人区块链发票开具资格审核和票种核定之后，销方纳税人提出区块链发票开具申请，区块链发票服务商提供的区块链发票服务平台（下文简称"区块链发票服务平台"）接收区块链发票开票请求，运行区块链发票开票共识机制，选取区块链发票开票节点，生成区块链发票，并将区块链发票传递给销方纳税人和购方纳税人。

(2) 区块链发票存储

"区块链发票存储"环节，可在区块链上进行，其流程如图 5-3 所示。

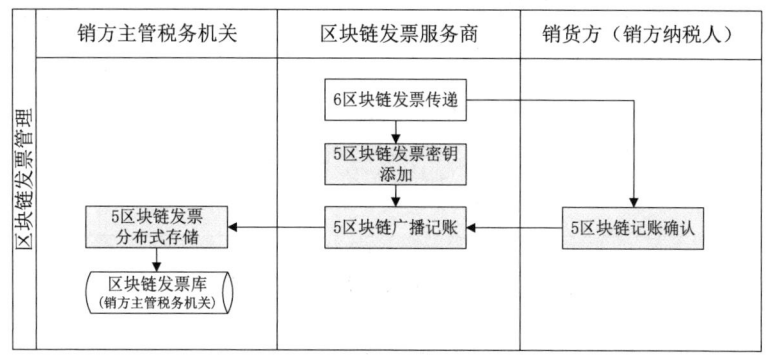

图 5-3　区块链发票存储流程

区块链发票服务平台为区块链发票添加密钥,在销方纳税人确认区块链记账之后,进行区块链广播记账,区块链发票数据实时同步全量存储在销方主管税务机关不同主节点的分布式数据库中。

(3) 区块链发票查验

"区块链发票查验"环节,可在区块链上进行,其流程如图5-4所示。

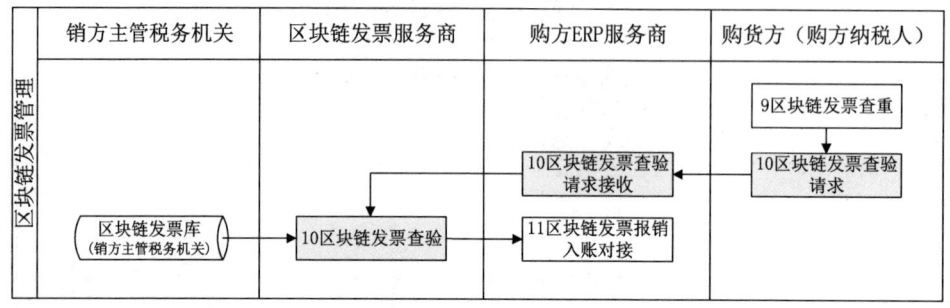

图5-4 区块链发票查验流程

购方纳税人在完成区块链发票查重之后,发出区块链发票查验请求,购方ERP服务商接收区块链发票查验请求并传递给区块链发票服务平台,区块链发票服务平台调用区块链发票库(销方主管税务机关)中的区块链发票数据,进行区块链发票查验,查验结果由购方ERP服务商进行区块链发票报销入账对接。

(4) 区块链发票入账状态更新

"区块链发票入账状态更新"环节,可在区块链上进行,其流程如图5-5所示。

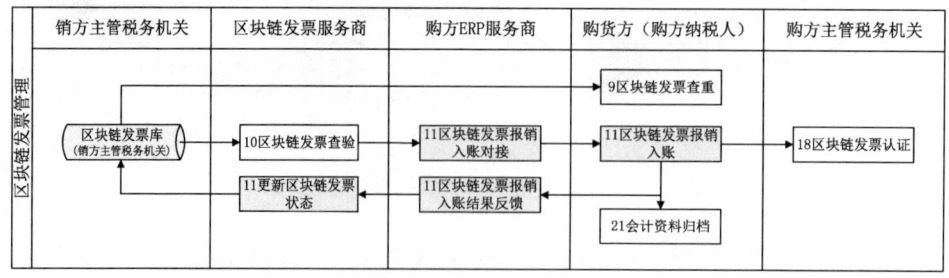

图5-5 区块链发票入账状态更新流程

在区块链发票服务平台完成区块链发票查验之后,由购方ERP服务商负责区块链发票报销入账对接,再由购方纳税人完成区块链发票报销入账。区块链发票报销入账结果通过购方 ERP 服务商反馈给区块链发票服务平台,区块链发票服务平台进行区块链发票状态更新,将"未报账"更改为"已报账",以备购方纳税人后续进行区块链发票查重工作。换言之,因为在区块链上记录了发票报销入账状态,所以区块链发票可以防止购方纳税人重复报账。

(5) 区块链发票数据汇总

"区块链发票数据汇总"环节,可在区块链上进行,其流程如图 5-6 所示。

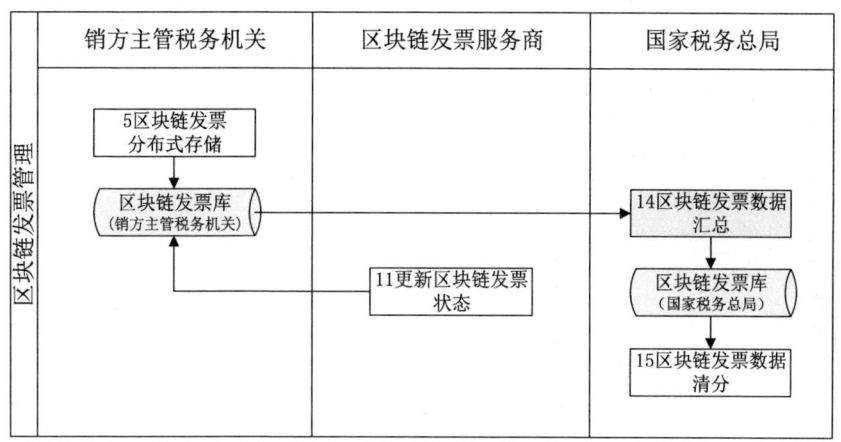

图 5-6　区块链发票数据汇总流程

待区块链发票完成分布式存储和报销入账状态更新之后,销方主管税务机关将本省区块链发票库(销方主管税务机关)中的区块链发票数据,上传汇总到全国区块链发票库(国家税务总局)中,以备国家税务总局后续进行区块链发票数据的跨省清分工作。

(6) 区块链发票数据清分

"区块链发票数据清分"环节,可在区块链上进行,其流程如图 5-7 所示。

国家税务总局在汇总了全国各省的区块链发票数据之后,要完成区块链发票数据的权限分级配置,即完成全国区块链发票数据的跨省清分,使购方主管税务机关仅能看到所管辖企业的区块链发票进项数据,继而用于所管辖企业的区块链发票认证和区块链发票数据下载,以及区块链发票相关的税务检查工作。

(7) 区块链发票认证

"区块链发票认证"环节,可在区块链上进行,其流程如图 5-8 所示。

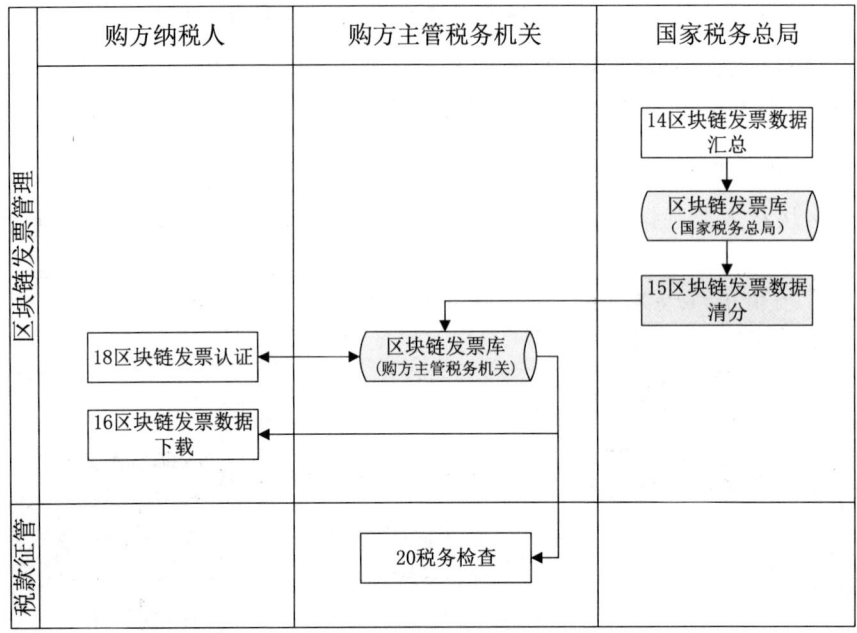

图 5-7　区块链发票数据清分流程

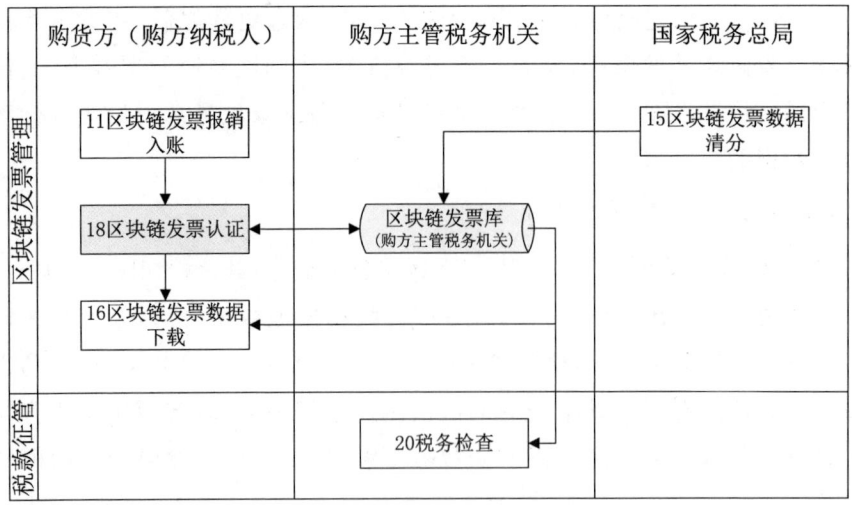

图 5-8　区块链发票认证流程

购方纳税人在完成区块链发票报销入账之后,进行区块链发票认证。认证时,购方纳税人从区块链发票库(购方主管税务机关)中查询区块链发票数据,显示在认证界面。购方纳税人根据实际情况进行勾选认证①,认证结果反馈回区块链发票库(购方主管税务机关),以便购方纳税人后续进行区块链发票数据下载,购方主管税务机关进行区块链发票相应税务检查工作。

(8) 区块链发票数据下载

"区块链发票数据下载"环节,可在区块链上进行,其流程如图 5-9 所示。

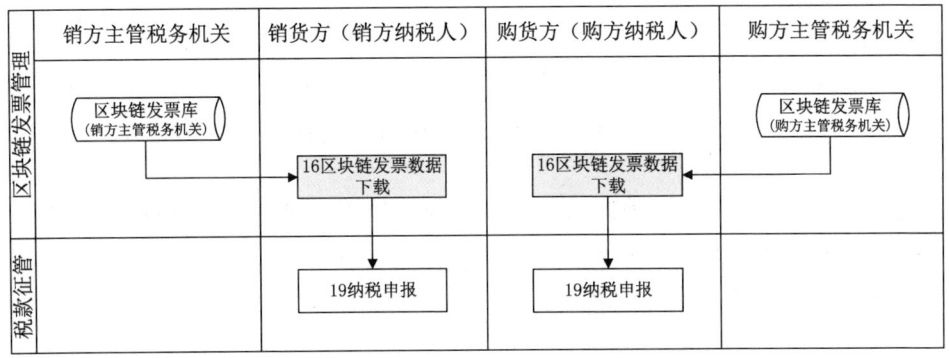

图 5-9　区块链发票数据下载流程

购方纳税人在完成区块链发票认证之后,在进行区块链发票纳税申报之前,可进行区块链发票数据下载。下载时,购方纳税人从区块链发票库(购方主管税务机关)中下载区块链发票数据,自动进行增值税纳税申报表的相应数据项填列,以便后续进行区块链发票的纳税申报工作。

(9) 区块链发票纳税申报

"区块链发票纳税申报"环节,可在区块链上进行,其流程如图 5-10 所示。

购方纳税人从区块链发票库(购方主管机关)下载区块链发票相关进销项数据之后,通过电子税务局填写增值税申报表和附列资料,进行增值税税款申报。购方纳税人完成增值税税款申报之后,必要时②购方主管税务机关对增值税申报表进行审核,审核完成之后,购方纳税人按指定方式缴纳税款。收到税

---

① 认证选项包括申报抵扣、出口退税或者代办退税。异常发票(发票状态为已作废、已失控、已红冲,管理状态为非正常)不能进行勾选操作。

② 对于省级公司,若增值税涉及跨区分配的情形,则采用州(市)级公司统一申报的单位,需要将税款分配结果提交税务局收入核算部门确认。

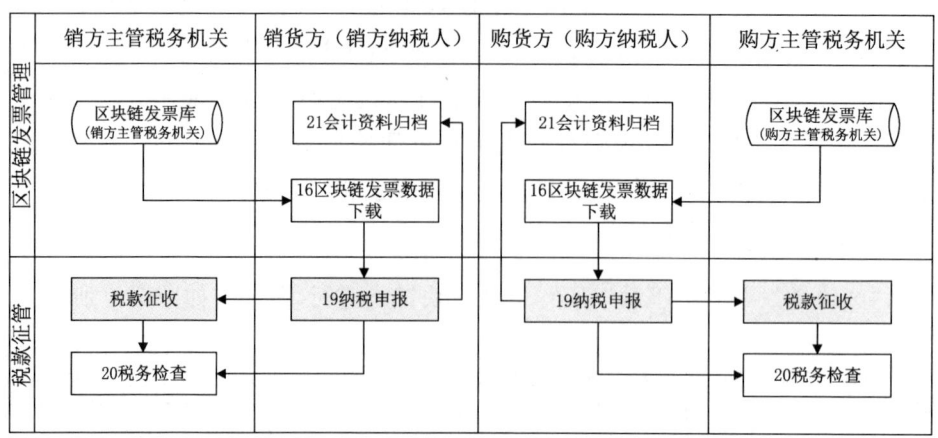

图 5-10 区块链发票纳税申报流程

款之后,购方主管税务机关即可完成税款征收工作。纳税申报和税款征收工作完成之后,购方纳税人可将纳税申报表作为会计资料进行存档①,税务机关可适时进行各种形式的税务检查工作。

销方纳税人的区块链发票纳税申报工作流程,与购方纳税人的工作流程类似。

(10) 区块链发票税务检查

"区块链发票税务检查"环节,可在区块链上进行,其流程如图 5-11 所示。

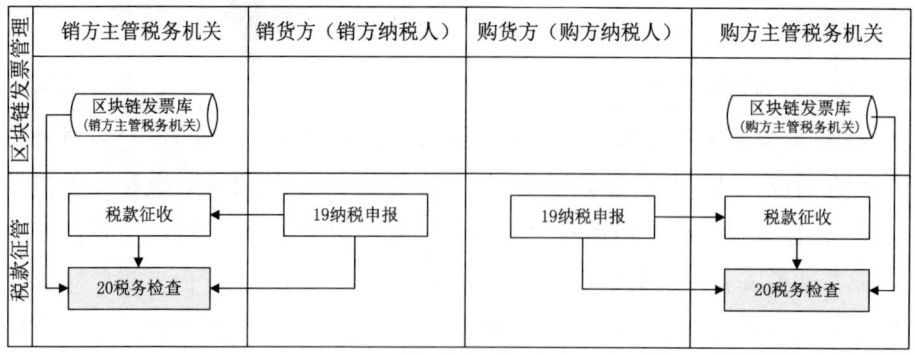

图 5-11 区块链发票税务检查流程

---

① 详见《会计档案管理办法》(中华人民共和国财政部 国家档案局令第 79 号)的附件《企业和其他组织会计档案保管期限表》。

在购方纳税人完成纳税申报和税款缴纳之后,购方纳税人主管税务机关可基于区块链发票库(购方主管税务机关)和购方纳税人增值税申报表,借助税务大数据算法和模型,依据《增值税日常稽查办法》[①]进行增值税稽查,包括增值税稽核[②]、增值税检查[③]及一般性违法问题的处理。

销方主管税务机关的区块链发票税务检查工作,与购方主管税务机关的工作流程类似。

5.3 区块链电子发票系统的工作机制设计

5.3.1 总体工作机制

全国区块链电子发票系统的总体工作机制,可参考"腾讯+深圳税局"区块链电子普票的工作机制。工作机制中各类参与主体,以及主体之间的职责划分如图 5-12 所示。

就技术层面而言,区块链电子发票系统的工作机制突出了以下三个特点:

一是税务机关主导发票区块链标准规则。税务机关应负责对纳税人进行最终身份认证、管理和鉴定权限;对云服务商进行全方位管控,实现稳定、可靠和安全地运行;对区块链技术提供商进行全方位管控,确保流程可追溯、历史不可篡改的可信任环境;对区块链节点即智能合约开发服务商进行全方位管控,确保服务平台开放、共享和活跃;对 SaaS 服务提供商进行全方位管控,灵活支持多业务场景,让更多纳税企业主动参与。

二是区块链电子发票系统保持开放性和共享性。区块链电子发票系统要由多方参与,标准统一、相互制约,可避免被单一技术商控制。参与的多方之间既有竞争也有合作的开发模式,有助于实现更加合理、高效、安全的服务平台。开放共享的区块链电子发票系统,更能获得纳税企业、纳税人的信任,从而促使他们主动参与,以实现共建共赢。

---

① 详见《国家税务总局关于印发〈增值税日常稽查办法〉的通知》(国税发〔1998〕44 号)。
② 根据《增值税日常稽查办法》,增值税稽核是指税务机关监审纳税人增值税纳税申报情况及相关资料,筛选检查对象的过程,分为一级稽核和二级稽核。
③ 根据《增值税日常稽查办法》,增值税检查是指税务机关对纳税人会计核算资料及有关生产经营情况进行实地检查的过程。增值税检查方法可分为抽查和全面检查。

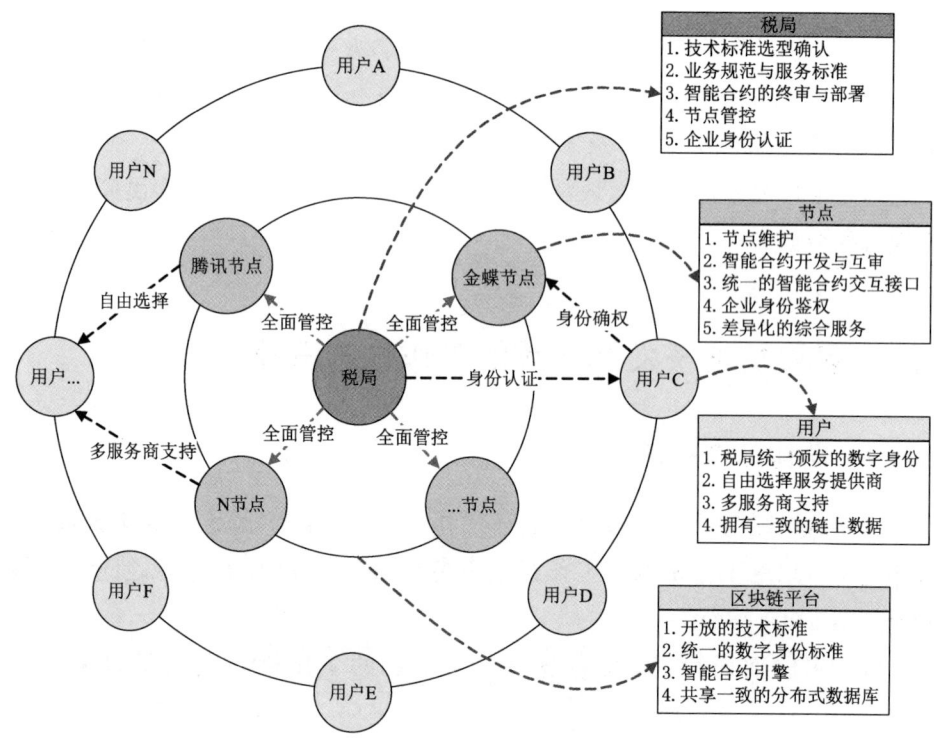

图 5-12 区块链电子发票系统的工作机制

三是区块链电子发票系统保持安全和可信任。在区块链平台上,任何服务商都不能控制多数节点。数据通过智能合约、共识机制等技术保存在区块链上。区块链的分布式存储,有助于数据共享和容灾;区块链上数据的一致性,使得电子发票数据更加安全和可靠;区块链链式数据的可追溯性,有助于区块链电子发票的全流程管控;区块链上数据的不可篡改性,决定了区块链电子发票数据的高可信任度。

5.3.2 具体工作流程

(1) 技术标准的选型和确认

区块链发票技术标准的选型和确认流程如图 5-13 所示。由税务机关负责区块链发票平台的技术标准选型和确认,形成开放的区块链发票技术标准,包括云服务、区块链技术、智能合约标准、数字身份认证标准、分布式存储标准等,用于区块链发票平台中的节点维护和节点管控。

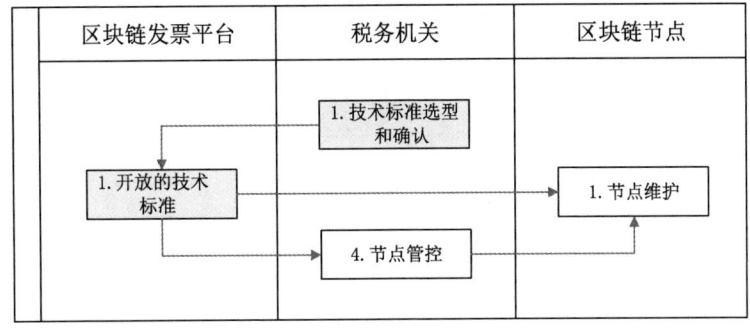

图 5-13　区块链发票技术标准的选型和确认流程

(2) 区块链节点的维护与管控

区块链节点的维护与管控流程如图 5-14 所示。由第三方服务商(包括多家智能合约开发服务商和多家 SaaS 服务商),形成一个个独立的区块链节点,这些服务商对自身的区块链节点进行维护,税务机关对这些区块链节点进行全方位管控,确保区块链发票平台开放、共享、活跃。

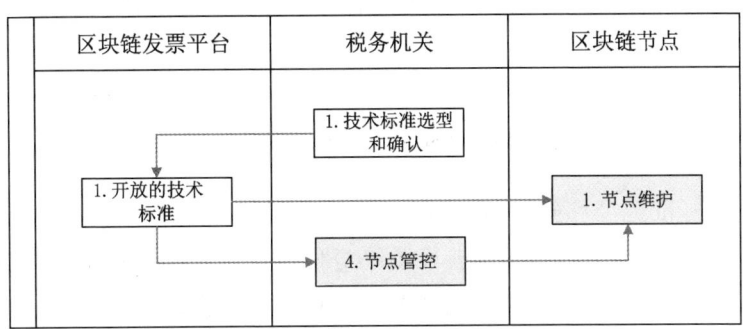

图 5-14　区块链节点的维护和管控流程

(3) 智能合约的开发与部署

智能合约的开发与部署流程如图 5-15 所示。由税务机关负责区块链智能合约的技术标准选型和确认,在区块链发票平台上部署智能合约引擎。各区块链节点基于统一的智能合约交互接口开发智能合约,交由链上其他节点审核,交由税务机关终审,并由税务机关负责在智能合约引擎上部署终审通过的智能合约。

(4) 纳税人的数字身份认证

纳税人的数字身份认证流程如图 5-16 所示。由税务机关负责数字身份

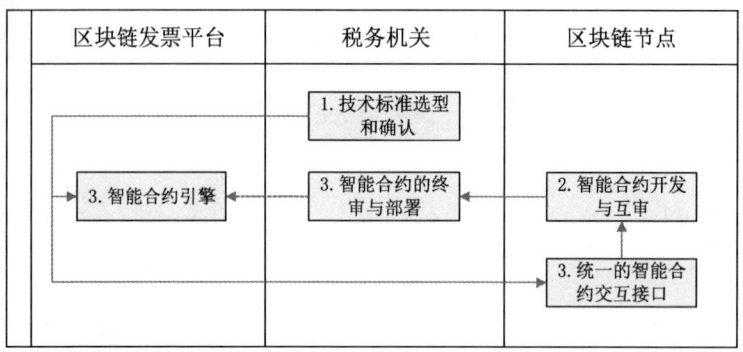

图 5-15　智能合约的开发与部署流程

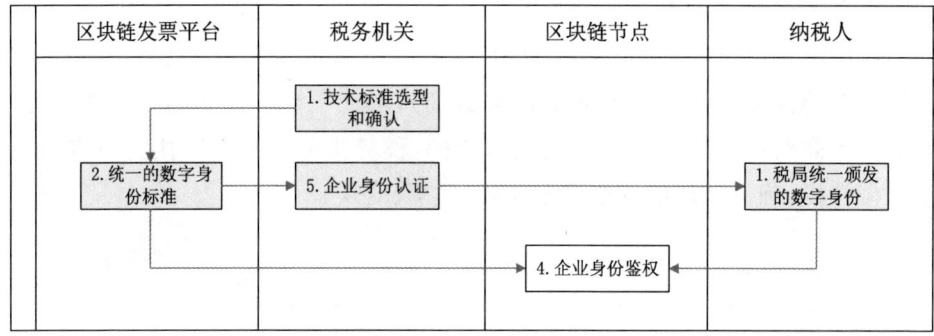

图 5-16　纳税人的数字身份认证流程

认证的技术标准选型和确认,在区块链发票平台上采用统一的数字身份标准。税务机关负责对纳税人(企业)进行最终身份认证,对于通过认证的纳税人颁发统一的数字身份证书,以便纳税人后续访问链上数据。

(5)业务规范与服务商选择

区块链发票的业务规范与服务商选择流程如图5-17所示。由税务机关

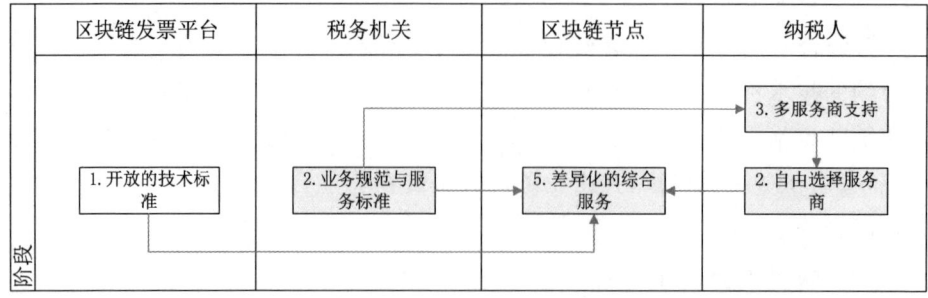

图 5-17　区块链发票的业务规范与服务商选择流程

负责制定区块链发票相关业务规范与服务标准,税务机关引进多服务商,包括云服务商、区块链技术服务商、智能合约开发服务商、SaaS 服务提供商,纳税人可以自由选择服务商,享受第三方服务商提供的差异化综合服务。

(6) 链上数据的分布式存储

区块链电子发票系统链上数据的分布式存储流程如图 5-18 所示。由税务机关负责分布式数据库的技术标准选型和确认,在区块链发票平台上部署共享一致的分布式数据库,纳税人与税务机关同时拥有一致的链上数据。

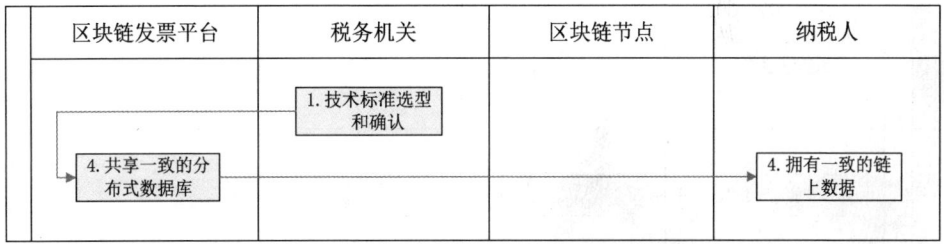

图 5-18　区块链电子发票系统链上数据的分布式存储流程

(7) 链上数据的实时访问

区块链电子发票系统链上数据的实时访问流程如图 5-19 所示。纳税人访问链上数据需要借助税务机关统一颁发的数字身份证书,访问区块链发票平台,由其 SaaS 服务提供商(区块链节点)依据区块链发票平台中统一的数字身份标准对纳税人进行身份鉴权后,实现链上权限内数据访问。

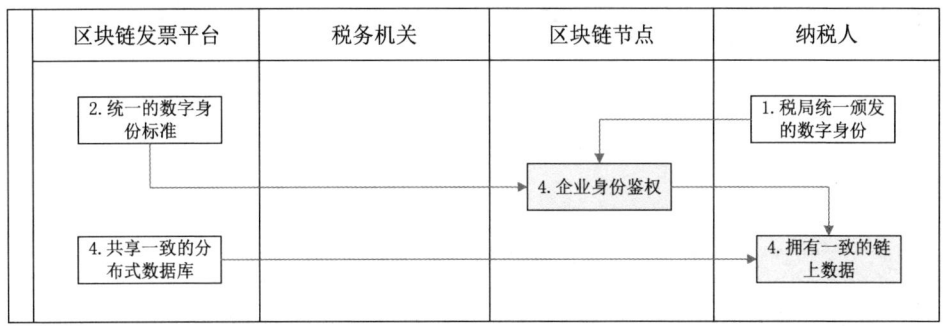

图 5-19　区块链电子发票系统链上数据的实时访问流程

5.3.3 总体工作流程

由"5.3.2 具体工作流程"可汇总得出区块链电子发票系统的总体工作流程,如图 5-20 所示。

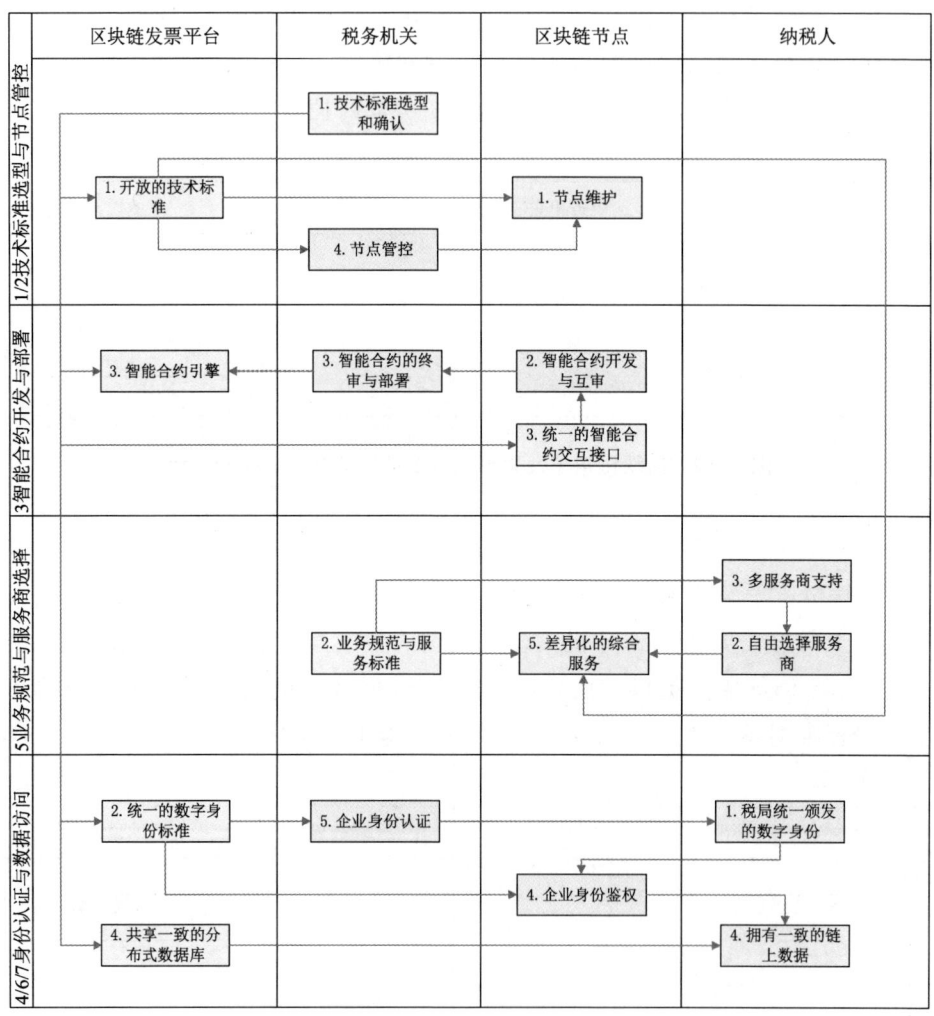

图 5-20 区块链电子发票系统总体工作流程

起始环节包括税务机关负责的技术标准选型和确认,包括区块链发票平台上开放的技术标准、智能合约引擎、统一的数字身份标准、共享一致的分布式数据库,以及税务机关负责的业务规范与服务标准,还有区块链节点上统一的智能合约交互接口。

中间环节包括税务机关负责的节点管控、企业身份认证,区块链节点上的智能合约开发与互审、企业身份鉴权,纳税人享受到的多服务商支持、自由选择服务商、税局统一颁发的数字身份。

结束环节包括区块链节点上的节点维护、差异化的综合服务,税务机关负责的智能合约的终审与部署,以及纳税人拥有一致的链上数据。

5.4 区块链电子发票系统的网络关系图谱设计

5.4.1 网络关系图谱的设计考量

由"3.2.4 增值税发票系统升级版"可知,我国现行增值税管理系统中的电子底账库包括省级电子底账库和全国电子底账库,省级电子底账库(销方主管税务机关)定期上传汇总增值税发票数据到全国电子底账库(国家税务总局),全国电子底账库(国家税务总局)定期清分全国增值税发票数据至省级电子底账库(购方主管税务机关)。此设计方案的主要考量是发票数据归属权的划分、发票数据管理的便利性、电子底账库的并发访问压力,以及电子底账数据的安全性和隐私性等。

为此,设计全国区块链电子发票系统的网络关系图谱,应充分考虑全国电子发票数据在产生、收集、存储和传递等方面功能和性能的可行性。据此,本书提供了两种网络关系图谱设计方案——基于单链的网络关系图谱和基于多链的网络关系图谱。其中,基于单链的网络关系图谱是最终的理想型网络关系图谱,可实现发票数据的全国统一产生、统一收集、统一存储和统一清分,实现的技术、组织和管理条件较多,实现周期较长。而基于多链的网络关系图谱是中间的过渡性网络关系图谱,可实现发票数据的全国分散产生、分散收集、分散存储、全国汇总、统一存储和统一清分,实现的技术、组织和管理条件较少,部分领域可沿用现有技术和系统,实现周期较短。

5.4.2 基于单链的网络关系图谱

基于单链的区块链电子发票系统网络关系图谱如图 5-21 所示,图中展现了区块链电子发票系统的账本部署、节点部署和周边接入。

(1)账本部署

在基于单链的区块链电子发票系统网络关系图谱中,主账本部署在国家

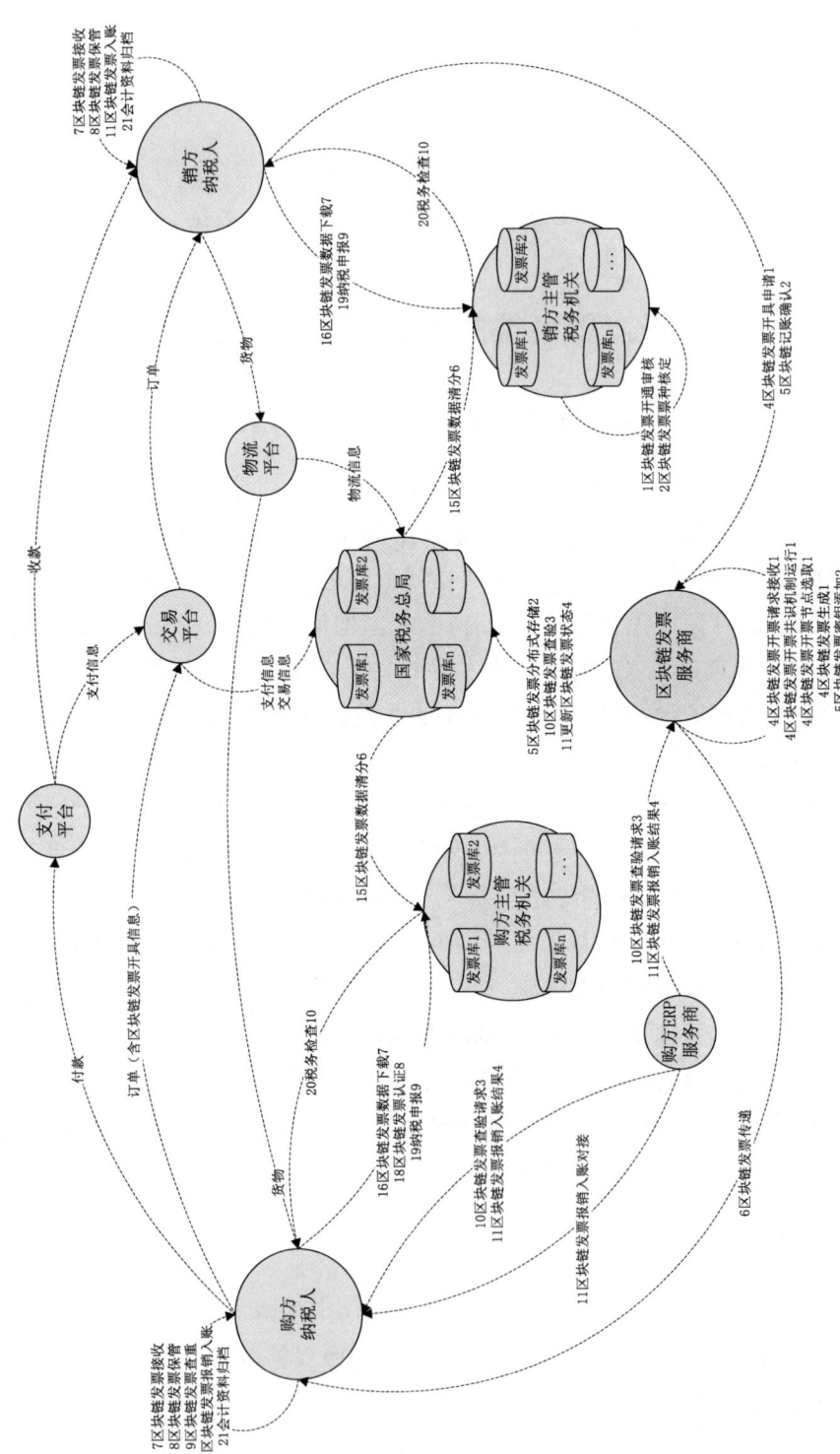

图 5-21 基于单链的区块链电子发票系统网络关系图谱

税务总局,分账本部署在省级税务机关。其中,主账本存储所有企业的区块链发票信息、区块链发票状态信息,以及与该发票相关的交易信息及数字签名、支付信息及数字签名、物流信息及数字签名。国家税务总局可根据实际情况确定账本的数量。这些账本之间是全量备份,并依据购方纳税人档案信息,将区块链发票数据清分到购方主管税务机关的分账本,以供购方纳税人进行区块链发票认证、区块链发票数据下载和纳税申报,供购方主管税务机关对购方纳税人进行税务检查;也会依据销方纳税人档案信息,将区块链发票数据清分到销方主管税务机关的分账本,以供销方纳税人进行区块链发票数据下载和纳税申报,供销方主管税务机关对销方纳税人进行税务检查。

(2) 节点部署

在基于单链的区块链电子发票系统网络关系图谱中,节点部署包括区块链发票服务商、交易平台、支付平台和物流平台。其中,区块链发票服务商负责区块链发票开具、区块链发票传递、区块链广播记账,辅助购方 ERP 服务商完成区块链发票查验,并将 ERP 服务商传来的区块链发票报销入账结果传递到国家税务总局主账本。交易平台允许购方纳税人填写订单(含区块链发票开具信息),并把订单传递给销方纳税人,对接支付平台并归集订单相关的支付信息及数字签名,把交易信息及数字签名、支付信息及数字签名传递到国家税务总局主账本。支付平台负责完成从购方纳税人到销方纳税人的货款支付,并把支付信息及数字签名传递到交易平台。物流平台负责完成从销方纳税人到购方纳税人的货物运输,并把物流信息及数字签名传递到国家税务总局主账本。

(3) 周边接入

在基于单链的区块链电子发票系统网络关系图谱中,周边接入包括购方 ERP 服务商、购方纳税人和销方纳税人。其中,购方 ERP 服务商负责将购方纳税人的区块链发票查验请求传递给区块链发票服务商,基于区块链发票查验结果完成购方纳税人的区块链发票入账对接,并把购方纳税人的区块链发票入账结果传递给服务于购方纳税人的区块链发票服务商。

购方纳税人负责填写订单、支付款项和接收货物,接收和保管区块链发票,对区块链发票进行查重,在购方 ERP 服务商和所选区块链发票服务商的帮助下完成区块链发票查验,对区块链发票进行报销入账后,将入账结果通过购方 ERP 服务商和区块链发票服务商传递给国家税务局主账本,在购方主管税务机关的支持下进行区块链发票认证,从购方主管税务机关下载区块链发票数据并进行增值税纳税申报,将所有会计资料进行归档并迎接购方主管税务机关的税务检查。

销方纳税人负责确认订单、收取款项和发出货物,提出区块链发票开具申请,接收并保管区块链发票,确认区块链记账,同时在企业内部将区块链发票入账,从销方主管税务机关下载区块链发票数据并进行增值税纳税申报,将所有会计资料进行归档并迎接销方主管税务机关的税务检查。

5.4.3 基于多链的网络关系图谱

基于多链的区块链电子发票系统网络关系图谱如图 5-22 所示,图 5-22 展现了区块链电子发票系统的账本部署、节点部署和周边接入。

(1) 账本部局

在基于多链的区块链电子发票系统网络关系图谱中,主链账本部署在国家税务总局,侧链账本部署在省级税务机关。其中,主链账本从省级税务机关接收并存储所有企业的区块链发票信息、区块链发票状态信息,与该发票相关的交易信息及数字签名、支付信息及数字签名、物流信息及数字签名。国家税务总局可根据实际情况确定账本的数量。这些账本之间是全量备份,并依据购方纳税人档案信息,将区块链发票数据清分到购方主管税务机关的侧链账本当中,以供购方纳税人进行区块链发票认证、区块链发票数据下载和纳税申报,供购方主管税务机关对购方纳税人进行税务检查;也会依据销方纳税人档案信息,将区块链发票数据清分到销方主管税务机关的侧链账本,以供销方纳税人进行区块链发票数据下载和纳税申报,供销方主管税务机关对销方纳税人进行税务检查。

(2) 节点部局

在基于多链的区块链电子发票系统网络关系图谱中,区分主链和侧链。其中,主链由国家税务总局构建,其节点包括各省级税务机关;侧链由省级税务机关负责,其节点包括区块链发票服务商、交易平台、支付平台和物流平台。

在省级税务机关的发票侧链中,区块链发票服务商负责区块链发票开具、区块链发票传递、区块链广播记账,辅助购方 ERP 服务商完成区块链发票查验,并将 ERP 服务商传来的区块链发票报销入账结果传递到购方主管税务机关的侧链账本。交易平台允许购方纳税人填写订单(含区块链发票开具信

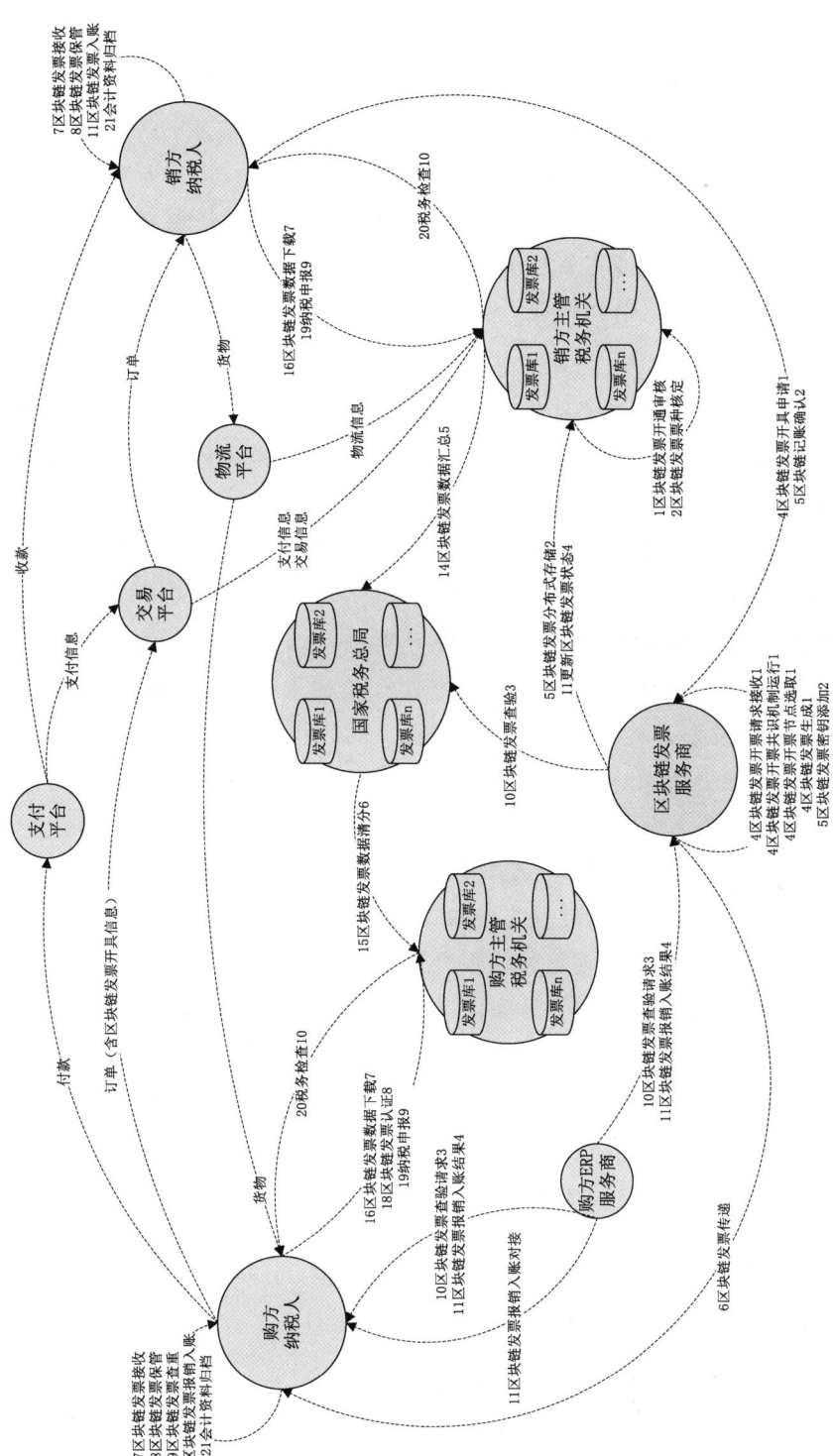

图 5-22 基于多链的区块链电子发票系统网络关系图谱

息),并把订单传递给销方纳税人,对接支付平台并归集订单相关的支付信息及数字签名,把交易信息及数字签名、支付信息及数字签名传递到购方主管税务机关的侧链账本。支付平台负责完成从购方纳税人到销方纳税人的货款支付,并把支付信息及数字签名传递到交易平台。物流平台负责完成从销方纳税人到购方纳税人的货物运输,并把物流信息及数字签名传递到购方主管税务机关的侧链账本。购方主管税务机关负责将其侧链账本中的发票信息、交易信息、支付信息、物流信息传递到国家税务总局的主链账本中。

(3) 周边接入

在基于多链的区块链电子发票系统网络关系图谱中,区分主链周边接入和侧链周边接入。其中,主链周边接入对象是各省级税务机关。省级税务机关负责将本省开具的区块链发票数据传递到国家税务总局的主链账本进行汇总,国家税务总局的主链账本依据购方纳税人档案信息,将区块链发票数据清分到购方主管税务机关的侧链账本当中。

侧链周边接入对象包括购方 ERP 服务商、购方纳税人和销方纳税人。购方服务商负责将购方纳税人的区块链发票查验请求传递给区块链发票服务商,基于区块链发票查验结果完成购方纳税人的区块链发票入账对接,并把购方纳税人的区块链发票入账结果传递给服务于购方纳税人的区块链发票服务商。

购方纳税人负责填写订单、支付款项和接收货物,接收和保管区块链发票,对区块链发票进行查重,在购方 ERP 服务商和所选区块链发票服务商的帮助下完成区块链发票查验,对区块链发票进行报销入账后,将入账结果通过购方 ERP 服务商和区块链发票服务商传递给购方主管税务机关侧链账本,在购方主管税务机关的支持下进行区块链发票认证,从购方主管税务机关下载区块链发票数据并进行增值税纳税申报,将所有会计资料进行归档并迎接购方主管税务机关的税务检查。

销方纳税人负责确认订单、收取款项和发出货物,提出区块链发票开具申请,接收并保管区块链发票,确认区块链记账,同时在企业内容将区块链发票入账,从销方主管税务机关下载区块链发票数据并进行增值税纳税申报,将所有会计资料进行归档并迎接销方主管税务机关的税务检查。

5.4.4 基于单链与多链的网络关系图谱对比

基于单链和多链的区块链电子发票系统网络关系图谱对比如表 5-5 所示。

表 5-5　基于单链和多链的区块链电子发票系统网络关系图谱对比

区块链类型		账本布局	节点布局	周边接入
基于单链		主账本：国家税务总局 分账本：省级税务机关	省级税务机关 区块链发票服务商 交易平台 支付平台 物流平台	购方 ERP 服务商 购方纳税人 销方纳税人
基于多链	主链	主链账本：国家税务总局	省级税务机关	各省及税务机关
	侧链	侧链账本：省级税务机关	区块链发票服务商 交易平台 支付平台 物流平台	ERP 服务商 购方纳税人 销方纳税人

可见，基于单链的区块链电子发票系统与基于多链的区块链电子发票系统之间，账本部署类似，涉及节点一样，差异在于周边接入的节点不同，以及发票数据的流向不同。在基于单链的区块链电子发票系统中，区块链发票服务商、交易平台和物流平台直接对接国家税务总局主账本，发票数据直接汇入国家税务总局主账本，之后根据购方纳税人的档案信息，国家税务总局将跨省开票数据清分到购方主管税务机关的分账本中，以便省级税务机关进行后续的增值税税款征管工作。在基于多链的区块链电子发票系统中，区块链发票服务商直接对接省级税务机关，交易平台、物流平台和区块链发票服务商直接对接省级税务机关，发票数据先汇入省级税务机关的侧链账本，再从侧链账本汇集到国家税务总局的主链账本，进而根据购方纳税人的档案信息，将跨省开票数据从国家税务总局的主链账本清分到购方主管税务机关的侧链账本中，以便省级税务机关进行后续的增值税税款征管工作。

5.5　区块链电子发票系统的链体架构设计

5.5.1　区块链电子发票系统的单链架构设计

根据 4.1.2"区块链的技术架构与交易流程"中的区块链技术架构图，可设计区块链电子发票系统的技术架构，如图 5-23 所示。区块链电子发票系统的技术架构可分为五层，其中，上面四层与传统技术架构有明显差异，下文做重点分析。

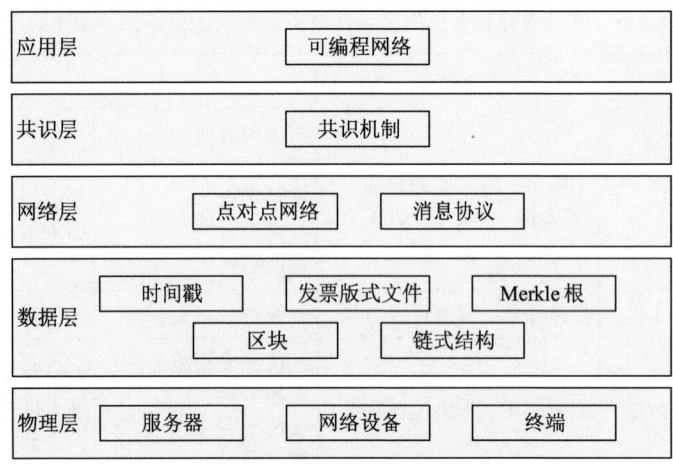

图 5-23 区块链电子发票系统的技术架构

(1) 数据层

数据层利用密码学技术,为区块链技术应用提供交易信息的分布式存储、完整性校验、可追溯性保障等数据服务[①]。数据层涉及的关键技术包括区块链的数据结构、密码学算法及隐私保护。

① 数据结构

数据层定义了区块链电子发票系统的数据结构(图 5-24),保证了区块链内数据的有效性、完整性、可追溯性和不可篡改性。

区块的结构包括间隔符、区块大小、区块头和区块体。其中,区块头利用 Merkle 根[②]和时间戳保障区块信息的完整性和可追溯性。区块体存储区块生成时间内通过验证的所有发票,并记录每张发票的交易明细,包括每张发票的发起节点(销方纳税人)地址、发票体数据、收票节点(购方纳税人)地址、交易时间、发起节点(销方纳税人)的数字签名等,并通过数字签名确保每张发票的有效性和不可篡改性。

多个区块按照时间顺序,以线性链表的形式链接起来形成区块链。每个区块的区块头存储前一区块头的哈希值。若篡改某个区块的数据信息,就必须修改其后所有区块的数据信息,而这难以实现。为此,这种线性链表能够有

---

① 李伟、朱烨东. 中国区块链发展报告(2017)[M]. 北京: 社会科学文献出版社, 2017.
② 区块体包括当前区块经过验证的、区块创建过程中生成的所有交易记录。这些记录通过 Merkle 树的哈希过程生成唯一的 Merkle 根并记入区块头。

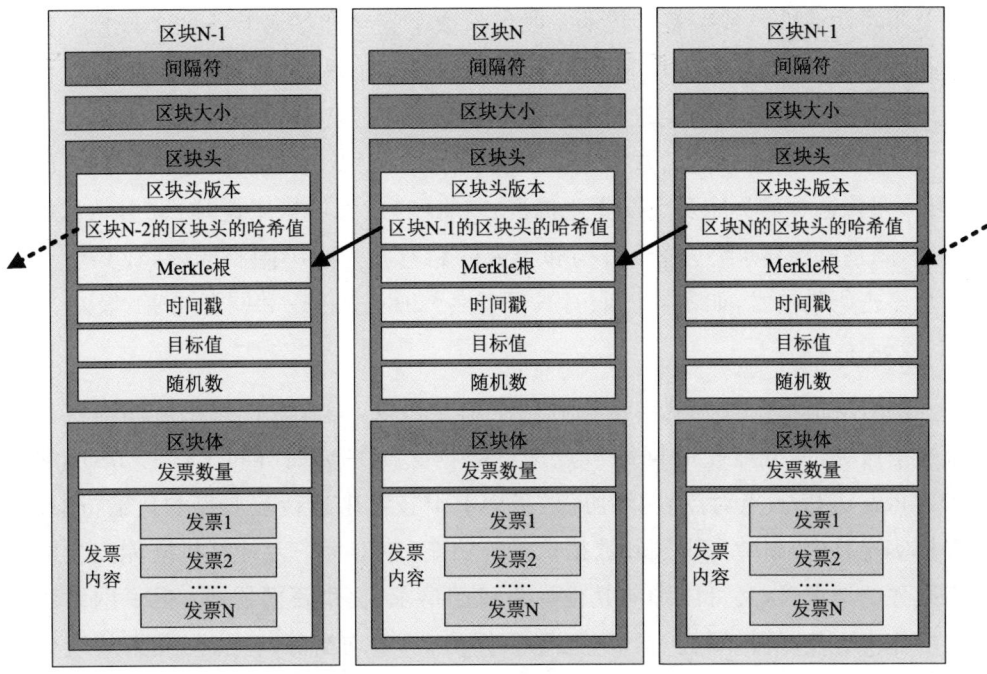

图 5-24 区块链电子发票系统的数据结构

效保护整个区块链电子发票系统的数据完整性[①]。

② 密码学算法及隐私保护

区块链电子发票系统采用数字签名技术,保障链中密钥、数据和身份的安全性、完整性和真实性。数字签名技术是非对称加密算法与数字摘要算法的结合。其中,非对称加密算法是区块链底层安全机制的核心。在该算法中,公钥和私钥成对出现,公钥可广播给全网,私钥由用户自己持有,任何获得公钥的人都可用该公钥对信息进行加密,但只有持有私钥的人才可以将信息解密,其他任何人即使拿到了信息密文也无法阅读,从而保证了信息的安全性。数字摘要算法并不是为了加密,而是为了抽取数据特征,对数据的完整性提供保护。区块链中普遍采用的数字摘要算法是散列(哈希)算法,其原理是将任意长度的信息转换成一个固定长度且唯一的字符串(哈希值),且很难从结果推导出输入。哈希值即指纹信息,对于给定的数据明文和数字摘要,通过比对哈希值就可以验证该数据明文是否被篡改。

数字签名技术用于接收者确认交易的签署方,从而确认数据单元的完整

---

① 李伟,朱烨东.中国区块链发展报告(2017)[M].北京:社会科学文献出版社,2017.

性及不可伪造性。数字签名技术一般包括数字签名和签名验签两个操作。在进行数字签名时,签名者用私钥对信息原文进行处理,生成数字签名值;其他人可用签名者公开的公钥进行验证,从而确认该信息确实由该用户发出。目前区块链上传输和存储的数据都是公开可见的,对交易双方的隐私保护力度不足,尤其是对某些涉及大量商业机密和利益的业务场景来说,对数据隐私的保护,既是监管要求,也符合机构和个人的利益。为解决隐私问题,业界引入了众多密码学技术,如零知识证明[①]、环签名[②]、属性加密[③]和同态加密[④]等。

（2）网络层

网络层基于点对点网络结构和网络消息协议,为区块链技术应用提供基础通信服务,使分散化的网络节点进行数据交换并实现协同工作[⑤]。该层的 P2P(Peer to Peer,点对点)网络协议,采用 P2P 技术来进行点对点的传输,通过多播实现路由、新节点识别和数据传播等功能,使得每一台计算机既能充当网络服务的请求者,又可以影响其他计算机的请求,提供资源服务。P2P 网络协议的非中心化、可扩展性、健壮性、隐私保护、负载均衡等特性,使其天然地成为最适合区块链的网络协议。区块链电子发票系统中的每一条区块链,均采用 P2P 网络协议,以实现分散化的网络节点进行数据交换并实现协同工作。

（3）共识层

① 区块链共识机制对比

共识层为区块链技术应用提供可信任的分布式记账服务,解决了点对点交易中典型的双花[⑥]、拜占庭将军[⑦]等问题。区块链技术没有中心化的记账节

---

① 零知识证明就是既能充分证明自己是某种权益的合法拥有者,又不把有关的信息泄露出去——即给外界的"知识"为"零"。区块链上身份和数据的隐私保护成为零知识证明的主要应用场景。

② 环签名因为其签名隐含的某个参数按照一定的规则组成环状而得名。而在之后提出的许多方案中不要求签名的构成结构成环形,只要签名的形成满足自发性、匿名性和群特性,也称之为环签名。

③ 设计者将属性集合与策略嵌入到了用户私钥与密文中,这样一来,私钥与密文输入解密算法尝试解密的过程,实际也就是属性集合与策略相匹配的过程。倘若能够匹配成功,则算法顺利完成解密操作,用户可成功恢复出明文数据;倘若匹配失败,则用户无法恢复明文,解密失败。

④ 同态加密是基于数学难题的计算复杂性理论的密码学技术。对经过同态加密的数据进行处理得到一个输出,将这一输出进行解密,其结果与用同一方法处理未加密的原始数据得到的输出结果是一样的。

⑤ 李伟,朱烨东. 中国区块链发展报告(2017)[M]. 北京:社会科学文献出版社,2017.

⑥ 双花问题是指在数字资产领域,由于网络延迟、传输错误、软件缺陷、安全漏洞、黑客入侵等造成的双重支付问题。

⑦ 拜占庭将军问题是指战场上距离较远、无法面对面交流、内部可能存在叛徒的情形下,多个将军通过信息传递难以保障进攻时间一致的问题。

点,需要通过特定共识算法推选出记账节点,其他节点对记账结果进行验证与确认,即达成共识,保障记账结果的准确性与可信性。而共识是指多方参与的节点在预设规则下,通过节点间的交互,就数据、行为或流程达成一致的过程。共识机制是指定义共识过程的算法、协议和规则,常用共识机制及其主要特征对比,如表 5-6 所示。

表 5-6 区块链常用共识机制特征对比

项目	PoW (工作量证明)	PoS (权益证明)	DPoS (股份授权证明)	Ripple (瑞波)	PBFT (拜占庭算法)
应用场景	公有链	公有链联盟链	公有链联盟链	联盟链	联盟链
记账节点	全网	全网	参与者协商	指定节点	动态决定
耗时	10分钟6次以上确认	1分钟10次以上确认	3秒左右 2N/3 次确认	3~6秒无需等待确认	3~6秒无需等待确认
存储效率	全账本	全账本	全账本	全账本+部分账本	全账本+部分账本
吞吐量(公网)	约 7TPS[1]	约 117TPS	约 300TPS 或更高	约 1000TPS 或更高	约 1000TPS 或更高
网络容量	50%	50%	20%	20%	38%
典型应用	比特币	未来币	比特股	Ripple 币	Stellar 币

其中,可应用于联盟链的共识机制包括 PoS(权益证明)、DPoS(股份授权证明)、Ripple(瑞波)和 PBFT(拜占庭算法)。

② 区块链电子发票系统的共识机制选择

在共识机制的选择方面,与代币相关的应用常选 PoW 和 PoS,与代币无关的应用常选 PoW、Ripple、SCP(Stellar Consensus Protocol,恒星共识协议)[1]、PBFT;有无分叉、无延迟确认的应用常选 Ripple、SCP、PBFT[2]。

要实现分布式账本技术的大规模应用,不可避免地要在技术和存储方面做进一步性能优化。目前可选的技术方案有 UTXO[3]、账本快照、分片处理和

---

① 恒星共识协议,Stellar Consensus Protocol,是第一个安全可证的联邦拜占庭协议的实现,同时拥有四大关键属性:分散控制、灵活信任、低延迟、渐进安全。
② 李伟,朱烨东.中国区块链发展报告(2017)[M].北京:社会科学文献出版社,2017.
③ 未花费的输出,Unspent Transaction Output。在比特币系统中并没有账户的概念,有的是遍布全网区块链的 UTXO。一个 UTXO 的基本单位是"聪","聪"是比特币的最小计量单位,一个比特币等于 10^8 聪。一个 UTXO 一旦被创建则不可分割,只能当做交易的输入被花费掉,花费后产生新的 UTXO,这样周而复始地实现货币的价值转移。因此我们使用的比特币钱包看到的账户余额实际上是 UTXO 聚合计算的产物。

状态旁路等。其中，UTXO是指关联比特币地址的比特币金额的集合，是一个包含数据和可执行代码的数据结构；账本快照经定期全量保存，在安全性和去中心化方面做出了一定妥协；分片处理在每个节点只处理一部分交易，在减轻计算和存储负担的同时也引入了数据一致性等问题；状态旁路通过改变协议用法的方式解决扩展性问题，通过旁路记载详细信息，其实现方式较为复杂，且不适用于大量用户场景[①]。在实际应用中，这三种优化思路可组合使用。

基于区块链的电子发票系统，隶属于与代币无关的应用，可选用的方法包括 PoW、Ripple、SCP、PBFT。而根据表 5-6 "区块链常用共识机制特征对比"可知，PoW 和 SCP 仅适用于公有链，为此，基于区块链的电子发票系统适用的共识机制包括 Ripple 和 PBFT。

③ 区块链发票的共识与记账流程

区块链发票的共识与记账流程包括发票生成、发票广播、发票确认、区块生成和发票记账五个环节，如图 5-25 所示。

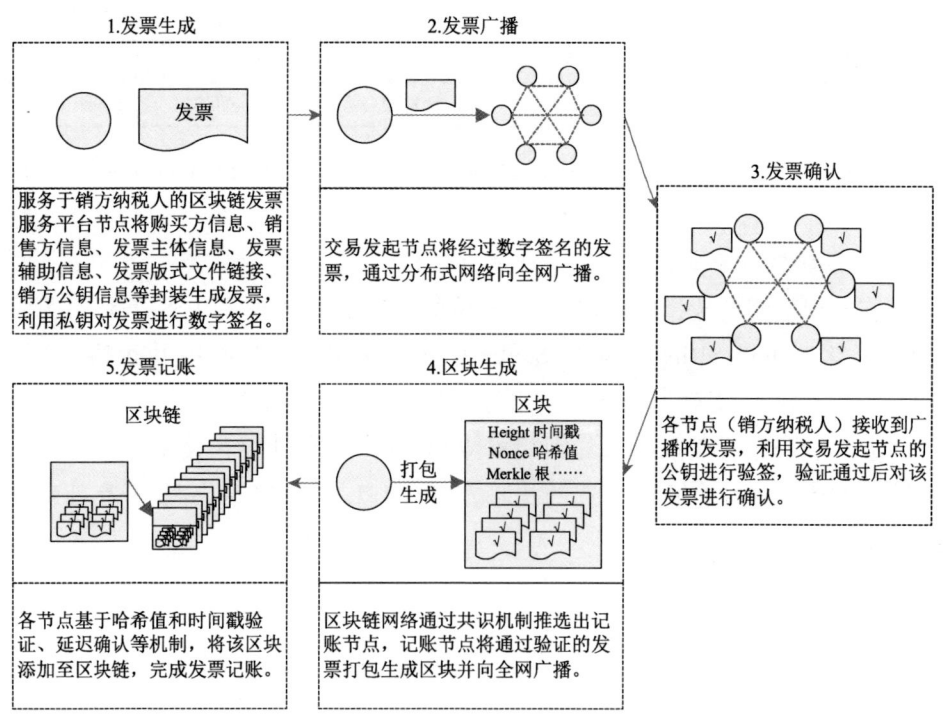

图 5-25　区块链电子发票系统的共识与记账

---

① 李伟，朱烨东. 中国区块链发展报告(2017)[M]. 北京：社会科学文献出版社，2017.

（4）应用层

可编程网络又称软件定义网络，就是将网络设备配置平面从嵌入式节点独立出来到软件平台，是由软件驱动的中央控制节点自动化控制的网络关系图谱[①]。它以开放软件的模式替代传统基于嵌入且不够灵活的控制平面。智能合约是区块链能够被称为可编程网络的主要原因，更是各国央行考虑使用区块链技术来发行数字货币的重要考量因素，因为这是可编程货币和可编程金融的技术基础。

智能合约是根据事先任意制定的规则来自动转移数字资产的系统，智能合约是事件驱动的、具有状态的、获得多方承认的、运行在区块链之上的程序[②]。该程序能够按照预设的条件，自动地处理其管理的资产。智能合约实现资产交易在区块链系统中的具体业务规则。目前各个平台对隐私机制实现和业务处理性能优化方面采取的主要措施均为智能合约。智能合约与传统合约的对比详见表 5-7。

表 5-7　智能合约与传统合约对比

智能合约	传统合约
擅长客观要求，可数学评估	擅长主观要求，需人工判断
低成本	高成本
事前预防	事后强制执行
依靠抵押和保证金	依靠处罚措施

一个智能合约就是一段在区块链上运行着的程序，可以看作区块链上的一个被信任的参与者，可临时保管财产，按预定规则对接收到的信息进行回应。其涉及的内容可概括为多重签名、操作组合和关联交易，为各参与方提供多种业务服务。

5.5.2　区块链电子发票系统的多链架构设计

（1）区块链的多链合作模式

① 跨链和侧链

每个区块链有着不同的应用，一般为解决特定领域的问题而设计，相互之

---

① 詹浩. 软件定义网络在云数据中心的应用[J]. 金融科技时代，2014(04)：64-66.
② 李伟，朱烨东. 中国区块链发展报告（2017）[M]. 北京：社会科学文献出版社，2017.

间完全独立，如共识协议不相容、数据账本不共享等。然而在特定的需求下，区块链之间需要相互协作，因此就有了跨链的需求。提供跨链服务的区块链被称为跨链区块链，跨链区块链和普通区块链一样，也需要区块链平台服务，如智能合约、共识机制、安全机制、链服务管理和链外治理等。

联盟链的跨链，一般为同构链跨链。相对于公有链，联盟链可以选择更强一致性的共识算法以提高跨链安全性，同时联盟链也拥有更高的可监管度，进一步增强了跨链安全性[①]。其中，比较典型的是 Fabric 跨链技术[②]。

公有链的跨链均为异构跨链。目前公有链有四种主流跨链技术实现模式：公证人模式（Notary Schemes）[③]、中继链模式（Relays）[④]、侧链模式（Side Chain）[⑤]和哈希锁定模式（Hash-locking）[⑥]。

② 多链和多通道

现有区块链技术在单链架构下存在性能、容量、隐私、隔离性、扩展上的瓶颈，因此某些应用在单链上无法完整实现，需要多链架构帮助实现可扩展性、隔离性、高性能和互操作等特性[⑦]。

Hyperledger Fabric 是 IBM 推出的企业级区块链开源架构方案，是典型的多链架构。Fabric 定义了链、Peer（节点）、通道、共识服务的概念：每条链对应一个独立的账本，拥有对应的共识服务；一个 Peer 可以拥有多个逻辑账本，并且可以参与多条链；通道是将 Peer 连接共识服务的虚拟通信方式；共识服务是

---

① 参见网址 https://blog.csdn.net/shangsongwww/article/details/89784773。

② Fabric 是 IBM 推出的一款适用于联盟链的区块链产品。其特点是共识和记账分离，共识节点承担与具体区块链无关的公共服务，一个服务节点可以跨越多个账本，即可以参与多个区块链事务，从而可以轻松实现只读跨链，但不支持跨链事务。

③ 公证人模式是中心化或基于多重签名的见证人模式，其主要特点是引入一个可信的第三方充当公证人，作为跨链操作的中介，而不关注所跨链的结构和共识特性。资产首先采用密码算法托管在连接器上，连接器不会丢失或窃取现金，当交易双方达成共识时，便可相互交易。

④ 中继链模式可理解为中间人模式，其主要特点是中继链扮演中间人角色，是整个网络的中心，负责管理所有的平行网络。一个平行链代表一个独立的区块链，通过中继链使用 IBC（Inter Blockchain Communication，链间通信协议）相互通信。中继链是唯一的多资产中心账本，通过去中心化的验证人组（有罚金托管机制），负责保证各类资产在不同平行链转移时总量不变。

⑤ 侧链模式是一种较为轻量的跨链技术，通过智能合约在一个区块链网络中构建另一个区块链的小型链网，以 SPV（Simplified Payment Verification，简单支付验证）的方式来验证其他区块链上的交易，从而实现跨链资产转移。

⑥ 哈希锁定模式的原理是在不同链之间设定相互操作的触发器，触发条件通常是一端私密数据的哈希值，满足了预先设置的哈希值。

⑦ 傅志敬，寮岩，谢翔，等. 区块链核心技术最新进展[M]//李伟，朱烨东. 区块链蓝皮书：中国区块链发展报告（2018）. 北京：社会科学文献出版社，2018.

可信的、与链无关的公共服务。

Fabric 的扩展性主要得益于 Peer 可以参与多个账本。Fabric 强调 Peer 的隔离性,如 Peer 之间的事务隔离、账本隔离,满足了不同场景下"不同人访问不同数据"的基本诉求。Fabric 同时也具有不支持跨链路由、不支持跨链事务、跨链只读等特点。

③ 分片技术

为了解决区块链的扩展性问题,以太坊提出了分片的设计思路,即在原有区块链——主链(Main Chain)中创建若干分片链(Shared Chain)。分片链可理解为子区块链,目前设计中的分片链数目为 100。分片链上的交易处于自己独立的空间中,分片验证人(共识节点)只需验证他们所关注的分片。为了将分片聚合到主链中,在主链上需要设有分片管理合约:由主链来提名分片上每个 Collation(分片链上的区块)的验证人,被提名的验证人需要在指定的期限(聚合周期)内,将 Collation 的头部信息报备到主链上。

理论上,这是一种可显著提高网络吞吐量的架构,分片与分片之间在业务上相互独立,在绝大多数情况下不需要相互通信,每个分片都有自己的共识节点,使计算得以真正并行化。但分片技术也使得部署在分片上的 DApp(Decentralized Application,分布式应用)在去中心化和安全性上做出了一定牺牲[①]。

④ 状态通道

状态通道是基于以太坊的一种支付通道,基本理念是通过将部分流程转移到链外执行来提高区块链的效率,在没有显著增加风险的情况下,状态通道适当地摆脱了一些区块链上的限制,获得经济上(转账费用)和速度上(确认时间)的显著改善。状态通道是以太坊率先提出的一个概念,之后成为一系列共享该理念的技术的总称,包括闪电网络、雷电网络和矩阵元状态通道等。

闪电网络的提出,是为了解决数字资产交易确认缓慢的问题。在微支付通道的基础上,闪电网络提出了可解决支付通道中资产单向流动问题的 RSMC(revocable sequence maturity contract,序列到期可撤销合约),和可解决资产跨节点传递问题的 HTLC(hashed time lock contract,哈希时间锁定合约),可保证多笔资产交易在无须与区块链进行互动的情况下,还能安全地进行。它也不存在交易对手风险,如果任何一方终止合作,或者在约定的时间内没有响应,则该支付通道可被关闭。即无须信任对方以及第三方,即可实现实时的、

---

① 李伟,朱烨东.中国区块链发展报告(2018)[M].北京:社会科学文献出版社,2018.

海量的交易。

雷电网络是以太坊状态通道的一种实现。它类似于闪电网络，具有即时到账、转账费用低、可大规模扩展、隐私保护好等特点。使用雷电网络的参与者在互相转账时，不需要通过以太坊主链进行交易确认，而是通过参与者之间创建状态通道，在链下完成。只有在链下完成交易，需要将资产转回链上时，才会在以太坊主链上登记主链账户的余额变化信息，而这期间发生的交易不会在主链记录。为此，雷电网络一方面可以保护一部分用户隐私，使用户私下的交易行为不必被公开；另一方面可以很好地突破以太坊的容量限制，使高频交易快速确认成为可能。以太坊区块链上的任何交易都取决于交易所需的计算资源，因此，费用在很大程度上与时机转移价值无关，这使得连锁交易最适合中到高的价值转移。

矩阵元状态通道结合了雷电网络和目前一些主流区块链通道的特点，将私有 State（状态）数据和公共 State 数据完全分离。矩阵元区块链将交易分为链上交易和私有交易。其中，链上交易指需要在链上执行并确认的交易，交易执行结果记录在区块链的 State 上，每个节点都维护相同的账本，交易需要在整个链内广播；私有交易是指只需要在交易相关方节点上执行的交易，交易执行结果只记录在交易相关方私有的 State 上，各节点只维护自己的私有 State 账本，交易只广播给相关方。私有交易和链上交易分开执行的方式，保护了链上数据的安全性。此外，私有交易可明显提高交易执行效率以及减少交易执行的开销。典型的应用场景是联盟链中的高频交易。

（2）区块链电子发票系统适用的多链合作模式

根据前文 5.1"电子发票系统适用的区块链类型"可知，区块链电子发票系统适宜采用联盟链方式。为此，公有链的跨链模式——公证人模式（Notary Schemes）、中继链模式（Relays）、侧链模式（Side Chain）和哈希锁定模式（Hash-locking）不适用区块链电子发票系统。

Fabric 的多链和多通道模式具有不支持跨链路由、不支持跨链事务、跨链只读等特点，而区块链电子发票系统需要依赖于跨链路由和跨链事务，以处理不同省份税务机关增值税发票的汇总和清分，以及报账状态回写。为此，Fabric 的多链和多通道模式不适用于区块链电子发票系统。

基于以太坊的状态通道是一种支付通道，尽管增值税发票本身不涉及支付业务，但其处理逻辑可供区块链电子发票系统借鉴。尤其是矩阵元区块链，其将交易区分为链上交易和私有交易，既能保证链上数据的安全性，又可明显提高交易执行效率以及减少交易执行的开销,适用于联盟链中的高频交易。

以太坊提出的分片技术,即"主链+分片链"的方式,目前支持分片链的数目为100。尽管在去中心化和安全性上做出了一定牺牲,但分片技术可显著提高网络吞吐量。区块链电子发票系统实质上是一个多中心系统,需要较高的网络吞吐量。

下文将基于分片技术和矩阵元区块链构建区块链电子发票系统的多链架构。

(3) 区块链电子发票系统的多链架构

区块链的多链架构,包括一重多链架构和二重多链架构[①]。通过短链、中链和长链相互配合的方式,可满足大部分私有链及联盟链的业务需求,同时解决了传统区块链系统吞吐量低、交易慢、隐私保护能力弱的弊病,在区块链的扩展性、管理性、伸缩性、维护性等方面有了很大发展。

① 区块链的一重多链架构

一重多链分为系统链和业务链,其架构如图5-26所示。该架构以高性能、数据隐私保护、数据逻辑隔离等为主要技术特征,典型应用是链上CA(Certificate Authority,电子认证服务机构)为构建私有链的多链业务要求提供了优秀的解决方案。

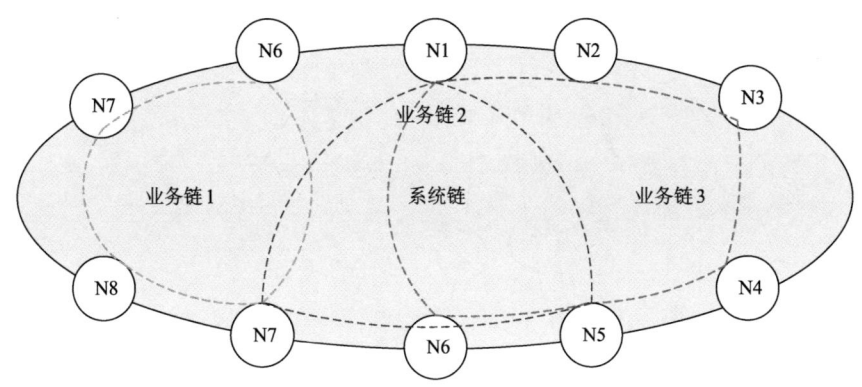

图 5-26 区块链的一重多链架构

② 区块链的二重多链架构

二重多链由一重多链架构和主链联合组成,其架构如图5-27所示。该架构以数据隐私保护、数据物理隔离、交互共享为主要技术特征,典型应用是联

---

① 李伟,朱烨东.中国区块链发展报告(2018)[M].北京:社会科学文献出版社,2018.

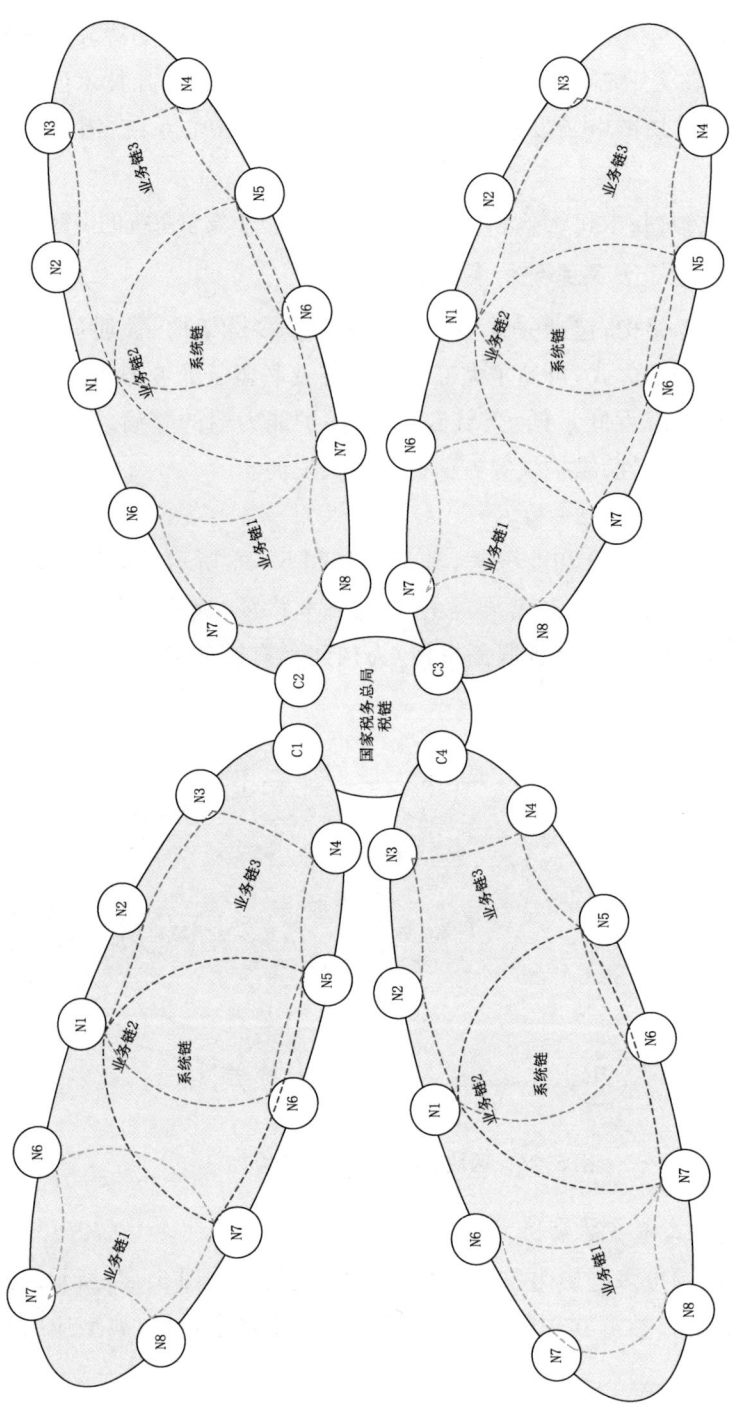

图 5-27 区块链的二重多链架构

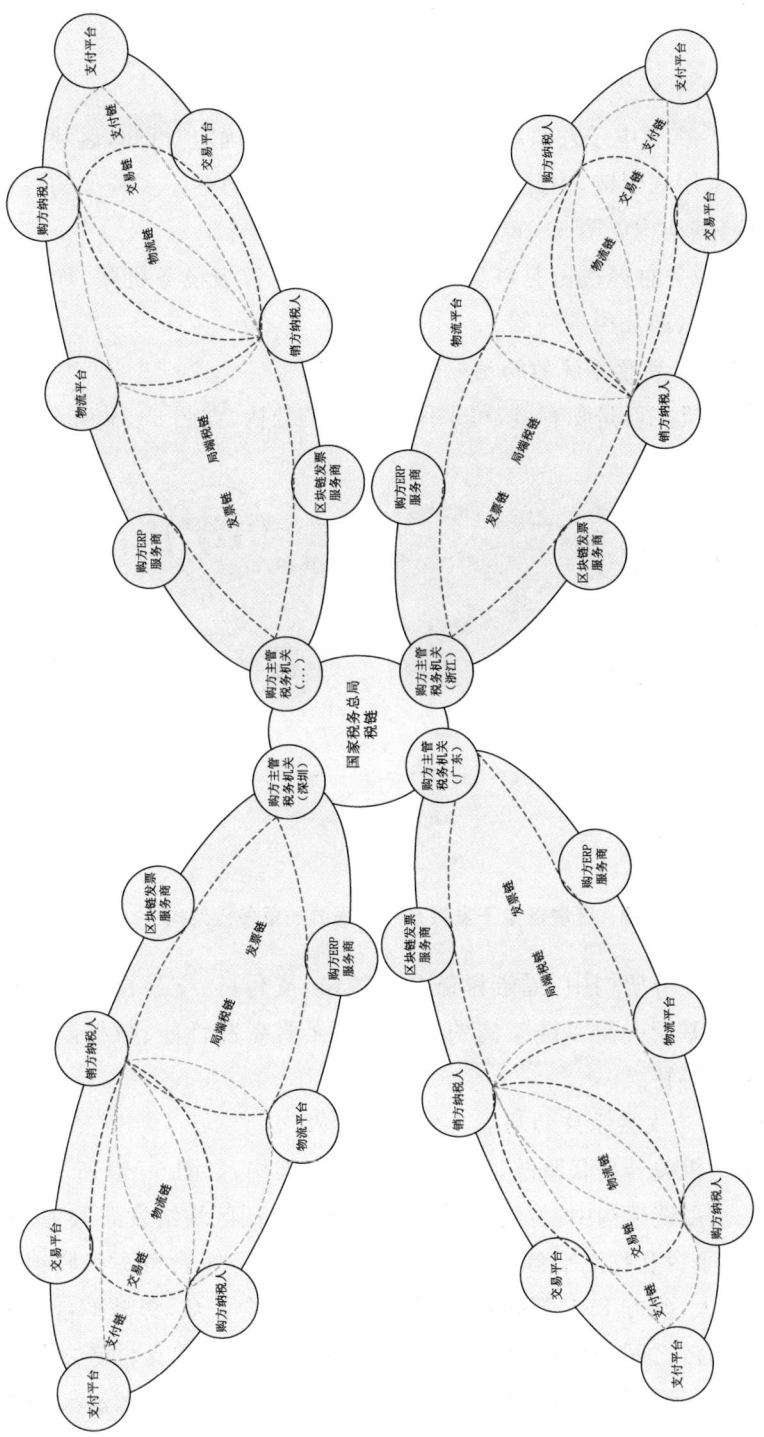

图 5-28 区块链电子发票系统的整体多链架构

盟链间的数据共享,为跨企业、跨行业、跨区域等多场景互通的联盟链提供架构方案。

③ 区块链电子发票系统的整体二重多链架构

根据前文"5.1.3 电子发票系统适用的区块链类型确定"可知,区块链电子发票系统适宜采用联盟链,为此,区块链电子发票系统的整体多链架构可采用二重多链架构,其架构如图 5-28 所示。

其中,国家税务总局税链是联盟链,其节点是各省级税务机关,如深圳税务局、广东税务局、浙江税务局等。

④ 区块链电子发票系统的局端一重多链架构

各省级税务机关若是私有链,可采用一重多链架构,如图 5-29 所示。

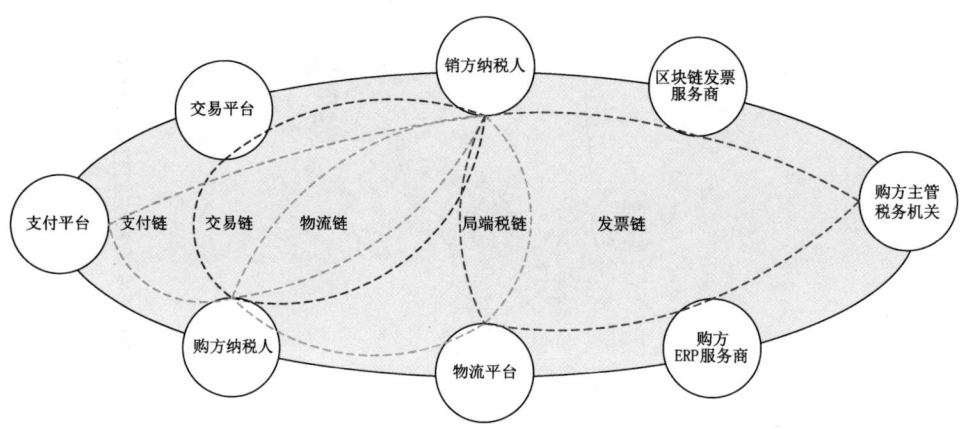

图 5-29　区块链电子发票系统的局端一重多链架构

在局端一重多链架构中,局端税链是系统链,支付链、交易链、物流链、发票链是业务链。基于一重多链架构的省局发票链具备高性能、数据隐私保护和数据逻辑隔离等特点。

⑤ 区块链电子发票系统的局端二重多链架构

各省级税务机关若是联盟链,可采用二重多链架构,如图 5-30 所示。

在局端二重多链架构中,省局发票链核心节点包括区块链发票服务平台、交易平台、支付平台和物流平台。其中,区块链发票服务平台负责串联销方纳税人、购方纳税人、购方 ERP 服务商、个人消费者和社会公众,交易平台负责省局发票链和交易链之间的对接,支付平台负责省局发票链和支付链之间的对接,物流平台负责省局发票链和物流链之间的对接。基于二重多链架构的省局发票链具备数据隐私保护、数据物理隔离、交互共享等主要特点。

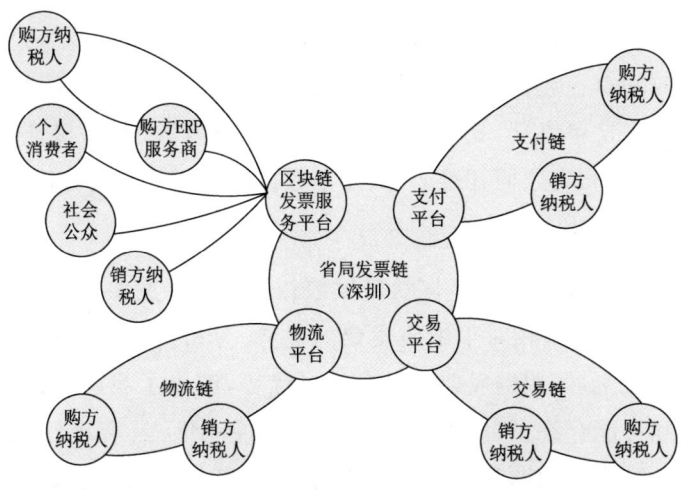

图 5-30　区块链电子发票系统的局端二重多链架构

5.6　区块链电子发票系统的可能收益与实施要点

5.6.1　区块链电子发票系统的可能收益

（1）增值税普通发票：区块链发票相对于电子发票的优势

由表 4-7"三种形式增值税发票现存征管问题对比"可知，就增值税普通发票而言，相对于电子发票，区块链发票优势明显，其既能解决电子发票一定存在的 5 项问题（包括税控系统设备费抵减不充分、电子发票运营服务费额度高、发票开具过程无需达成共识、发票数据存在被篡改可能性、发票数据共享时间存在延滞），又能解决电子发票可能存在的 6 项问题（包括税控专用设备仅支持单终端、电子发票重复报销难以控制、难以保证票面信息完整准确、客商开票信息共享程度不高、发票虚开和真票假开难监管、发票数据难以进行交易溯源）。

（2）增值税专用发票：区块链发票相对于纸质发票的优势

由表 4-7"三种形式增值税发票现存征管问题对比"可知，就增值税专用发票而言，相对于纸质发票，区块链发票优势明显，其既能解决纸质发票一定存在的 8 项问题（包括税控系统设备费抵减不充分、连锁企业税控盘传递不方便、开票方纸质发票存管成本高、纸质发票打印邮寄成本颇高、发票开具过程无需达成共识、客商开票信息共享程度不高、发票数据存在被篡改可能性、发票数据共享时间存在延滞），又能解决纸质发票可能存在的 5 项问题（包括税控专用设备仅支持单终端、受票人和消费人匹配难校验、难以保证票面信息完整准确、发票虚开和真票假开难监管、发票数据难以进行交易溯源）。

(3) 采用区块链发票可能的收益

从上文"增值税普通发票：区块链发票相对于电子发票的优势"和"增值税专用发票：区块链发票相对于纸质发票的优势"分析可知，无论是相对于电子发票还是纸质发票，区块链发票都具有绝对优势，解决了我国发票管理中一定存在的问题和可能存在的问题，能够实现实务便利性，具有良好的成本效益，能够解决业务真实性问题和发票真实性问题，还能提升发票数据的质量，防范纳税遵从的风险，从而解决增值税征管过程中的征纳双方信息不对称问题，提高增值税的纳税服务水平，以及提高增值税的征管效率和效果，降低增值税的征管成本。

5.6.2 区块链电子发票系统的实施要点

由"4.3.2.3 增值税发票管理问题的成因分析"可知，技术方案问题、税收征管模式问题和税控装置使用问题，是增值税发票现存问题最为主要的原因。为此，区块链电子发票系统的改进重点依次为技术改进、税收征管模式优化和税控装置退出。下文将从以上三个方面，探讨区块链电子发票系统的实施要点。

(1) 关于技术改进的考量

由"4.3.2.3 增值税发票管理问题的成因分析"可知，技术方案问题（包括税控专用设备仅支持单终端、开票方纸质发票存管成本高、纸质发票打印邮寄成本颇高、发票开具过程无需达成共识、票面信息完整准确难以保证、客商开票信息共享程度不高、发票数据存在被篡改可能性、发票数据共享时间存在延滞，共计 8 项）是增值税发票现存问题最为主要的原因。为此，在技术实现方面的改进，是增值税电子发票系统优化的第一个重点方向。

由"4.4 区块链用于全国电子发票系统的可行性分析"可知，区块链与增值税征管需求契合，区块链发票理论上和实践中都具备绝对优势，且在技术实现方面、发票管理方面、发票政策方面都具备可行性，为此，将区块链用于全国电子发票系统切实可行。而在全国区块链电子发票系统的系统分析与系统设计阶段，需要重点关注区块链系统类型的选择，区块链电子发票系统工作机制的设计，区块链电子发票系统网络关系图谱的设计和区块链电子发票系统链体架构的设计。

在此过程中，需要秉承解决问题原则、成本效益原则和兼顾发展原则，做好与金税三期中现行增值税发票管理相关系统（包括统一受理平台、税务数字证书系统、电子底账系统、综合征管系统等）之间的衔接，以及与现有区块链电子发票试点系统（包括深圳税局的电子发票区块链项目、广东税局的区块链电子发票平台"税链"、京东"智臻链"上的"区块链增值税专用发票电子化项目"等）之间的对接，包括系统之间的技术对接、数据对接，以及历史数据的迁移等。

（2）关于税收征管模式优化的考量

由"4.3.2.3 增值税发票管理问题的成因分析"可知，税收征管模式问题（包括连锁企业税控盘传递不方便、电子发票运营服务费额度高、电子发票重复报销难以控制、发票虚开和真票假开难监管、发票数据难以进行交易溯源，共计 5 项）是增值税发票现存问题位居第二的原因。为此，在税收征管模式方面的优化是增值税电子发票系统优化的第二个重点方向。

由"4.3.2.1 三种形式发票对增值税发票管理问题的解决情况"可知，深圳税局在进行区块链电子普票的试点过程中，对于税收征管模式优化进行了多方面的探索实践并取得良好成效：第一，税局免费提供区块链电子发票平台，采用区块链电子发票平台开具电子发票的销方纳税人，无需另外购买税控系统和税控专用设备，也无需进行区块链发票赋码，即可进行区块链发票的免费开具、永久免费存储和报税，销方纳税人不存在"连锁企业税控盘传递不方便"和"电子发票运营服务费额度高"的问题。第二，区块链电子发票设有"状态"属性，可记录该发票是否已报销及报销时间等基本信息，且链上及与链对接的各方均可共享该状态信息。因此，企业无需改造自身 ERP 系统，只要将已报销信息上链，就可以杜绝电子发票的重复报销问题。第三，区块链电子发票运行过程中，同时绑定消费者个人信息、交易信息、移动支付信息和发票信息，能够有效避免"发票虚开和真票假开难监管"的问题。第四，区块链电子发票运行过程中，同时绑定了交易平台、支付平台、发票区块链，借助区块链的块链状结构，容易做到从发票信息追溯到交易信息和支付信息，从交易信息和支付信息追溯到各交易参与方，能够很好地解决"发票数据难以进行交易溯源"的问题。

可见,税收征管模式本身的优化,可解决我国增值税征管过程中存在的若干发票管理痛点和难点问题,值得税务部门和有关研究人员重点关注。

(3) 关于税控装置退出的考量

《中华人民共和国增值税法(征求意见稿)》第四十一条规定:"纳税人应当使用税控装置开具增值税发票。"由"3.2.4 增值税发票系统升级版"分析可知,金税盘和税控盘等税控装置,除作为税控开票装置外,同时还作为税务数字证书的载体。一是销方纳税人通过税控专用设备开具发票,发票明细数据能够实时上传至销方税务机关,即实现实时抄报;二是将税务数字证书内置于税控专用设备中,对每一张开具的发票进行数字签名,对销方纳税人进行身份认证,确保发票数据的安全和可靠。

由"4.3.2.3 增值税发票管理问题的成因分析"可知,税控装置使用问题(包括税控系统设备费抵减不充分、连锁企业税控盘传递不方便、税控专用设备仅支持单终端,共计 3 项)是增值税发票现存问题位居第三的原因。由"4.3.2.1 三种形式发票对增值税发票管理问题的解决情况"可知,深圳税局在进行区块链电子普票的试点过程中,没有使用税控系统和税控专用设备,销方纳税人在开票过程和纳税申报过程中,均不再使用税控系统和税控专用设备,有效避免了税控装置使用带来的费用抵减不方便、税盘传递不方便和终端支持受限等问题。

可见,税控装置逐步退出增值税征管全流程,是增值税电子发票系统优化的第三个重点方向。税控装置的退出,势必会影响到整个增值税征管模式、征管组织、征管流程、征管系统和征管政策的重大变化,需要尽早考虑,全面评估,审慎启用。

5.7 本章小结

本章通过对我国全国区块链电子发票系统的构建研究,发现:

第一,区块链电子发票系统适宜采用联盟链方式。通过区块链发票与区块链系统类型的匹配得知,区块链电子发票系统适宜采用联盟链方式,即让税务机关、区块链发票服务商、物流服务商、支付服务商、购方 ERP 服务商等若干机构共同参与区块链电子发票系统的管理,每家机构运行一个或多个节点,其中的区块链发票数据只允许系统内不同的机构进行读写和发送交易(发票流转环节),并且共同来记录交易数据(发票票面信息和发票状态信息)。

第二，区块链发票比电子发票流转环节精简。本书对基于纸质发票、电子发票和区块链发票的我国增值税征管业务流程进行了全面分析，对三种形式发票的流转环节进行一一比对后发现，区块链发票共有 17 个流转环节，比电子发票少了发票赋码、抄税、发票数据上传和发票明细比对 4 个环节。

第三，适宜上链的电子发票流转环节有 10 个。通过报告分析可知，适宜采用区块链解决的电子发票流转环节有 10 个，包括区块链发票开具、区块链发票存储、区块链发票查验、区块链发票入账状态更新、区块链发票数据汇总、区块链发票数据清分、区块链发票认证、区块链发票数据下载、区块链发票纳税申报和区块链发票税务检查。

第四，税务机关应主导发票区块链标准规则。税务机关应负责对纳税人进行最终身份认证、管理和鉴定权限；对云服务商进行全方位管控，实现稳定、可靠和安全地运行；对区块链技术提供商进行全方位管控，确保流程可追溯、历史不可篡改的可信任环境；对区块链节点即智能合约开发服务商进行全方位管控，确保服务平台开放、共享和活跃；对 SaaS 服务提供商进行全方位管控，灵活支持多业务场景，让更多纳税企业主动参与。

第五，区块链电子发票系统应保持开放性和共享性。区块链电子发票系统应由多方参与，标准统一、相互制约，避免被单一技术商控制。参与的多方之间既有竞争也有合作的开发模式，有助于实现更加合理、高效、安全的服务平台。开放共享的区块链电子发票系统，更能获得纳税企业、纳税人的信任，从而促使他们主动参与，以实现共建共赢。

第六，区块链电子发票系统应保持安全和可信任。在区块链平台上，任何服务商都不能控制多数节点。数据通过智能合约、共识机制等技术保存在区块链上。区块链的分布式存储，有助于数据共享和容灾；区块链上数据的一致性，使得电子发票数据更加安全和可靠；区块链链式数据的可追溯性，有助于区块链电子发票的全流程管控；区块链上数据的不可篡改性，决定了区块链电子发票数据的高可信任度。

第七，区块链电子发票系统工作机制涵盖七要素。区块链电子发票系统运行涉及区块链发票平台、税务机关、区块链节点和纳税人等参与方，涵盖技术标准的选型确认、区块链节点的维护管控、智能合约的开发与部署、纳税人的数字身份认证、业务规范与服务商选择、链上数据的分布式存储和链上数据的实时访问七要素。

第八，区块链电子发票系统可有单链和多链架构。基于单链与基于多链的区块链电子发票系统,二者的账本布局类似,涉及节点一样,差异在于周边接入的节点不同。在基于单链的区块链电子发票系统中,区块链发票服务商、交易平台和物流平台直接对接国家税务总局主账本。在基于多链的区块链电子发票系统中,区块链发票服务商、交易平台和物流平台直接对接省级税务机关。

第九,区块链电子发票系统可选用两种共识机制。区块链发票的共识与记账流程包括发票生成、发票广播、发票确认、区块生成和发票记账五个环节。本书第五章通过常用共识机制的特征对比和区块链电子发票系统的特点分析可知,基于区块链的电子发票系统适用的共识机制包括 Ripple(瑞波)和 PBFT(拜占庭算法)。

第十,区块链发票适用于以太坊多链合作模式。基于以太坊的矩阵元区块链,将交易区分为链上交易和私有交易,既能保证链上数据的安全性,又可明显提高交易执行效率以及减少交易执行的开销,适用于联盟链中的高频交易。以太坊提出的分片技术,即"主链 + 分片链"的方式,可显著提高网络吞吐量。区块链电子发票系统,实质上是一个多中心系统,需要支持较高的网络吞吐量,可选用以太坊的矩阵元区块链和分片技术,实现多链合作模式。

第十一,区块链电子发票系统可采用二重多链架构。二重多链由一重多链架构和主链联合组成,以数据隐私保护、数据物理隔离、交互共享为主要技术特点,其典型应用是联盟链之间的数据共享,为跨企业、跨行业、跨区域等多场景互通的联盟链提供架构方案。区块链电子发票系统采用二重多链架构,可解决传统区块链系统吞吐量低、交易慢、隐私保护能力弱的弊病,大幅提升区块链的可扩展性、可管理性、可伸缩性和可维护性等特性。

第十二,全国区块链电子发票系统的采用可能取得良好效益。相对于电子发票和纸质发票,区块链发票都具有绝对优势,解决了我国发票管理中一定存在的问题和可能存在的问题,能够实现实务便利性,具有良好的成本效益,能够解决业务真实性和发票真实性问题,还能提升发票数据的质量,防范纳税遵从的风险,从而解决增值税征管过程中的征纳双方信息不对称问题,提高增值税的纳税服务水平,以及提高增值税的征管效率和效果,降低增值税的征管成本。

第十三,需要充分考量全国区块链电子发票系统的实施要点。区块链电子发票系统的实施要点包括技术改进、税收征管模式优化和税控装置退出。关于技术改进方面,应充分重视全国区块链电子发票系统本身的设计,以及该系统与现有周边相关信息系统,以及已有区块链发票系统之间的技术对接和数据对接。关于税收征管模式优化方面,可借鉴深圳税局基于区块链发票进行的税收征管模式探索和实践经验,为企业提供免费开票和存票服务,绑定能够证实交易真实性的周边平台,与相关部门和发票干系人共享发票数据等;关于税控装置退出方面,因该要点的实施会影响到整个增值税征管模式、征管组织、征管流程、征管系统和征管政策的重大变化,需要尽早考虑,全面评估,审慎启用。

第6章

研究结论与相关建议

本章是全书的研究总结,包括主要结论、相关建议、存在不足和未来研究展望。

6.1 主要结论

6.1.1 电子发票在我国的推广和应用是必然趋势

由第2章分析可知,电子发票在我国的推广应用是必然趋势。电子发票相较于纸质发票具有绝对优势。电子发票具备无纸化、低能耗、网络化、自动化、及时性、易保存和易查询等特性,对于干系人均有益处,其全球应用进程正在加快,也符合我国绿色发展的新发展理念和数据治理国家的总体治理思路,其在我国广泛运用甚至取代纸质发票是大势所趋。

增值税电子普票落地方案成熟且其推广应用速度迅猛。基于国家税务总局"增值税电子发票系统的实现逻辑"(图3-15),结合"企业视角的电子发票业务流程"(图3-16),电子发票服务商为企业开票实务工作提供"增值税电子发票系统的落地方案"(图3-17),该方案涉及将电子发票的干系人和干系平台——消费者、交易平台、电子发票服务平台、销方税控专用设备、销方签章服务器,以及税务机关的税控局端系统、增值税电子发票系统、综合征管系统和电子底账系统关联在一起,支持电子发票的全生命周期流转。该落地方案比较成熟,有众多企业应用客户且推广应用速度迅猛。

6.1.2 我国高度重视和积极推动区块链发展应用

由第4章分析可知,区块链的探索和运用丰富而迅猛。区块链具有去中心化、开放性、自治性、防篡改和可追溯等关键特征,国际社会对区块链技术、区块链标准和区块链实践项目方面的探索和运用,场景丰富而进展迅猛。

国家领导和部委政策有力助推区块链的发展和应用。自2016年12月国务院首次将区块链技术作为战略性前沿技术、颠覆性技术列入《"十三五"国家信息化规划》起,我国发布了一系列推进区块链发展和应用的政策文件,中共中央政治局于2019年10月24日还专门就区块链技术发展现状和趋势进行集体学习,旨在加快推动区块链技术和产业创新发展。

我国对于区块链技术的运用趋于客观理性。鉴于区块链当前主要适用于非实时性、轻量级、交易吞吐量较小和信息敏感度较低的业务场景,我国对于区块链技术的应用更加客观理性。如在金融领域,多采用共建联盟链的方式开展应用研究,现阶段主要用于解决现有业务痛点,力图通过区块链分布式协作的特点,优化现有业务流程。

我国区块链产业链条目前已经形成。我国区块链产业链条目前已经形成,从上游的硬件制造、平台服务、安全服务,到下游的产业技术应用服务,再到保障产业发展的行业投融资、媒体、人才服务,各领域的公司已经基本完备,协同有序,共同推动区块链产业不断前行[1]。

6.1.3 我国增值税发票管理相关的系统纷繁复杂

由第3章分析可知,我国增值税发票管理相关的系统纷繁复杂。增值税发票管理系统隶属于金税三期核心征管系统范畴。征管处理平台是金税三期工程应用架构中征管业务的核心部分,核心征管系统又是征管处理平台的核心部分,纳税人管理、申报征收、发票管理(含增值税防伪税控系统)皆隶属于核心征管系统。个人税收管理系统、网络发票管理系统、纳税服务平台和管理决策支持平台与核心征管系统之间皆存在数据交互。

我国增值税发票管理系统历经数次变迁且多系统并存。从"增值税专用发票系统"到"增值税发票系统升级版"再到"增值税发票管理系统2.0",我国增值税发票管理系统历经了三次大的改造升级,网上统一受理平台、电子底账系统、税务数字证书系统是改造升级重点。其间,也出现了专门面向增值税电子普票的"增值税电子发票系统"和"区块链电子发票系统"。可见,我国增值税发票管理系统历经数次变迁,目前的情形是多套系统并存,各自处理不同发票事务。

---

[1] 详见工业和信息化部信息中心2018年5月20日发布的《2018中国区块链产业白皮书》。

电子底账系统实现我国增值税发票数据的汇总与清分。电子底账系统是增值税发票管理系统升级版的核心系统之一，在现有增值税抵扣凭证稽核系统多年建设经验的基础上，实现了全国增值税发票数据的汇总采集、跨省交易发票的数据清分传输、纳税人申报抵扣发票明细数据的实时比对，以及发票信息的验签处理等功能[①]，是我国发票管理历史上的重要里程碑。

电子签名技术被引入增值税发票管理过程以保障安全。税务数字证书系统是增值税发票管理系统升级版的核心系统之一，为用户提供税务数字证书注册和管理服务，同时提供税务数字证书安全应用服务，包括数字证书身份认证、数据加密、签名验签等。从开票系统将纳税人票据信息上传至电子底账数据库，到最后进行票表比对的整个过程，该系统保证纳税人票据信息的可用性和防篡改。

防伪税控专用设备在增值税防伪税控过程中作用关键。金税盘和税控盘除作为税控开票装置外，同时还作为税务数字证书的载体。开票软件将税控专用设备、税务数字证书和互联网技术三者结合，实现纳税人税控开票、逐票签名和实时上传等功能。税控专用设备联网时，可实时在线上传发票开票明细；税控专用设备不联网时，可离线开具发票并存储发票数据。联网情况下，税控专用设备能自动把离线开票、未上传发票通过增值税网上统一受理平台上传到税务局，进入税控局端系统和电子底账数据库。

6.1.4 区块链用于全国电子发票管理系统确有必要

我国增值税征管中存在 15 个发票相关问题亟待解决。通过分析我国增值税发票管理的概况、我国增值税发票管理系统的变迁，结合文献梳理和实际访谈调研，提炼出我国当前增值税征管中存在的 15 个发票相关问题，包括：税控系统设备费抵减不充分、连锁企业税控盘传递不方便、税控专用设备仅支持单终端、开票方纸质发票存管成本高、纸质发票打印邮寄成本颇高、电子发票运营服务费额度高、电子发票重复报销难以控制、受票人和消费人匹配难校验、发票开具过程无需达成共识、票面信息完整准确难以保证、客商开票信息共享程度不高、真票假开难和发票虚开监管、发票数据难以进行交易溯源、发票数据存在被篡改可能性、发票数据共享时间存在延滞。这些问题主要影响增值税征管过程的实务便利性、成本效益、业务真实性、发票真实性、发票数据质量

---

① 参见网址 http://www.dezhoudaily.com/dzjj/p/1006708.html。

和纳税遵从风险等六个方面。

由第 4 章分析可知,区块链发票有助于解决增值税发票管理问题。相较于纸质发票和电子发票,区块链发票对我国增值税征管中 15 个发票相关问题的解决程度最高,存在的问题最少。通过分析对比发现,针对我国增值税征管中现存的 15 项问题,区块链发票存在的问题最少(可能存在问题 1 项),方案最优;电子发票存在的问题次之(一定存在问题 5 项,可能存在问题 7 项,共计 12 项),方案次优;纸质发票存在的问题最多(一定存在问题 8 项,可能存在问题 5 项,共计 13 项)。

我国区块链发票试点应用存在较多局限。"腾讯+深圳税局"区块链电子普票试点,是基于深圳市对于电子普票的流转和管理需求进行设计和实现的,尽管存在若干优势,但在票种范围、地域范围、厂商对接范围、跨链实现、存储集成等方面存在一定局限,尚不具备直接在全国推广应用的条件。"京东+中国太保"区块链电子专票试点具有里程碑意义,但由于没有税局的正式参与,该试用行为仅是区块链用于增值税专用发票的技术验证,实现了增值税电子专票数据及版式文件在供应链上下游企业之间的流转,未能脱离对纸质增值税专票和相应税控专用设备的依赖。为此,有必要将区块链技术引入全国电子发票管理系统。

6.1.5 区块链用于全国电子发票管理系统切实可行

由第 4 章分析可知,区块链与增值税征管需求十分契合。区块链技术与税收征管之间、区块链技术的应用特点与税收征管现代化需求之间,皆具备天然的契合性[1]。其中,区块链的透明性,可提供全面翔实的涉税信息;区块链的不可篡改性,有助于减少税收欺诈;区块链的智能合约,有助于提高税款征收效率;区块链的账本共享,可降低征税成本,包括编制税务报表,以及税收管理和稽查的成本[2]。区块链为税务机关解决税收征管难题提供了最好的技术支撑。

区块链电子发票具有明显优势。得益于区块链的特征,区块链发票具有明显优势。去中心化特征有助于区块链电子发票数据在区块链节点之间的实时共享和访问;开放性特征有助于存储在不同区块链发票数据库中的区块链电子发票数据彼此之间保持一致性,也有助于区块链发票数据库的容灾性;自治性特征

---

[1] 张巍,郭墨.区块链技术服务税收征管现代化的契合性研究[J].税务研究,2019(5):80-86.

[2] 许文,施文泼.税收征管中的区块链技术应用:基于"不可能三角"的思考[J].财政科学,2019(2):28-36.

有助于区块链电子发票的自动生成和流转,也有助于区块链电子发票票面信息的准确性和完整性;防篡改特征决定了区块链电子发票数据具备稳定性和高可信任度;可追溯特征有助于税务机关对区块链电子发票进行全流程管控,也有助于开票方和受票方在权限内对发票数据进行向前追溯和向后追溯。

我国区块链发票试点成效显著。截至 2019 年 10 月 27 日,深圳注册使用区块链电子发票的企业超过 7 500 家,共开票 975 万张,涉及金额 69.3 亿元,覆盖了餐饮、零售、交通、住宿等多个民生领域①。2018 年 8 月 15 日,京东联合中国太保、大象慧云,开出中国第一张企业间区块链增值税专用电子发票。区块链电子发票解决了发票流转过程中一票多报、虚报虚抵、真假难验等难题,还具有提高效率、降低成本、降低风险、优化流程、应用增值、保障数据安全和隐私等优势。

我国区块链发票运行可行性充分。区块链技术用于发票领域,在数据加密、与第三方平台对接、数据部署方面,具备技术可行性。电子发票的开具、使用、入账、归档等全生命周期环节,均已得到财政部、国家档案局、国家税务总局和深圳税局的政策许可,具备政策可行性。国家税务总局一直很重视区块链的研究和发展,早在 2017 年 6 月就专门成立了区块链研究团队,还批准深圳税局在增值税专用发票以外的领域试点区块链电子发票,可见,区块链用于发票领域具有管理可行性。

6.1.6 区块链并非适用所有的电子发票流转环节

由第 3 章分析可知,电子发票流转历经 21 个关键环节且支撑系统众多。通过梳理我国增值税发票管理系统的历史变迁,以及增值税电子发票系统的落地方案,本书解析出电子发票全生命周期流转的 21 个关键环节,从电子发票认定一直到电子发票归档,干系人涉及销方纳税人、销方主管税务机关、电子发票服务平台服务商、消费者、购方纳税人、国家税务总局、购方主管税务机关等多方,同时需要若干相应信息系统和税控专用设备的支撑。

由第 5 章分析可知,区块链发票比电子发票流转环节精简。本书对基于纸质发票、电子发票和区块链发票的我国增值税征管业务流程进行了全面分析,对三种形式发票的流转环节进行一一比对后发现,区块链发票共有 17 个流转环节,比电子发票少了发票赋码、抄税、发票数据上传和发票明细比对 4 个环节。

适宜上链的电子发票流转环节有 10 个。通过报告分析可知,适宜采用区

---

① 陈发清.前海全面推广电子发票[N].深圳商报,2019-10-28(A05).

块链解决的电子发票流转环节有 10 个,包括区块链发票开具、区块链发票存储、区块链发票查验、区块链发票入账状态更新、区块链发票数据汇总、区块链发票数据清分、区块链发票认证、区块链发票数据下载、区块链发票纳税申报和区块链发票税务检查。

6.1.7 区块链电子发票系统的工作机制设计重要

由第 5 章分析可知,税务机关应主导发票区块链标准规则。税务机关应负责对纳税人进行最终身份认证、管理和鉴定权限;对云服务商进行全方位管控,实现稳定、可靠和安全地运行;对区块链技术提供商进行全方位管控,确保流程可追溯、历史不可篡改的可信任环境;对区块链节点即智能合约开发服务商进行全方位管控,确保服务平台开放、共享和活跃;对 SaaS 服务提供商进行全方位管控,灵活支持多业务场景,让更多纳税企业主动参与。

区块链电子发票系统工作机制涵盖七要素。区块链电子发票系统运行涉及区块链发票平台、税务机关、区块链节点和纳税人等参与方,涵盖技术标准的选型确认、区块链节点的维护管控、智能合约的开发与部署、纳税人的数字身份认证、业务规范与服务商选择、链上数据的分布式存储和链上数据的实时访问七要素。

区块链电子发票系统应保持开放和共享。区块链电子发票系统应由多方参与,标准统一、相互制约,可避免被单一技术商控制。参与的多方之间既有竞争也有合作的开发模式,有助于实现更加合理、高效、安全的服务平台。开放共享的区块链电子发票系统,更能获得纳税企业、纳税人的信任,从而促使他们主动参与,以实现共建共赢。

区块链电子发票系统应保持安全和可信任。在区块链平台上,任何服务商都不能控制多数节点。数据通过智能合约、共识机制等技术保存在区块链上。区块链的分布式存储,有助于数据共享和容灾;区块链上数据的一致性,使得电子发票数据更加安全和可靠;区块链链式数据的可追溯性,有助于区块链电子发票的全流程管控;区块链上数据的不可篡改性,决定了区块链电子发票数据的高可信任度。

区块链电子发票系统可选用两种共识机制。区块链发票的共识与记账流程包括发票生成、发票广播、发票确认、区块生成和发票记账 5 个环节。本书第 5 章通过常用共识机制的特征对比和区块链电子发票系统的特点分析得出,基于区块链的电子发票系统适用的共识机制包括 Ripple(瑞波)和 PBFT(拜占庭算法)。

6.1.8 区块链电子发票系统的网络关系图谱设计重要

由第 5 章分析可知,区块链电子发票系统适宜采用联盟链方式。通过区块链发票与区块链系统类型的匹配得知,区块链电子发票系统适宜采用联盟链方式,即让税务机关、区块链发票服务商、物流服务商、支付服务商、购方 ERP 服务商等若干机构共同参与区块链电子发票系统的管理,每家机构运行一个或多个节点,其中的区块链发票数据只允许系统内不同的机构进行读写和发送交易(发票流转环节),并且共同来记录交易数据(发票票面信息和发票状态信息)。

区块链电子发票系统可有单链和多链架构。基于单链与基于多链的区块链电子发票系统之间,账本布局类似,涉及节点一样,差异在于周边接入的节点不同。在基于单链的区块链电子发票系统中,区块链发票服务商、交易平台和物流平台直接对接国家税务总局主账本。在基于多链的区块链电子发票系统中,区块链发票服务商、交易平台和物流平台直接对接省级税务机关。

区块链电子发票系统适用以太坊多链合作模式。基于以太坊的矩阵元区块链,将交易区分为链上交易和私有交易,既能保证链上数据的安全性,又可明显提高交易执行效率以及减少交易执行的开销,适用于联盟链中的高频交易。以太坊提出的分片技术,即"主链+分片链"的方式,可显著提高网络吞吐量。区块链电子发票系统,实质上是一个多中心系统,需要支持较高的网络吞吐量,可选用以太坊的矩阵元区块链和分片技术,实现多链合作模式。

区块链电子发票系统可采用二重多链架构。二重多链由一重多链架构和主链联合组成,以数据隐私保护、数据物理隔离、交互共享为主要技术特点,其典型应用是联盟链之间的数据共享,为跨企业、跨行业、跨区域等多场景互通的联盟链提供架构方案。区块链电子发票系统采用二重多链架构,可解决传统区块链系统吞吐量低、交易慢、隐私保护能力弱的弊病,大幅提升区块链的可扩展性、可管理性、可伸缩性和可维护性等特性。

6.2 相关建议

6.2.1 通过改进发票管理系统提升增值税征管水平

增值税发票管理系统隶属金税三期核心征管系统范畴,我国增值税发票管理系统历经数次变迁且当前多系统并存。我国当前同时并存多个种类和多种形式的增值税发票，且我国增值税征管中存在 15 个发票相关问题亟待解决。这些问题出于多方面原因，包括税收政策原因、税收征管模式原因、技术方案原因、商业实质原因和税控装置使用原因等。其中，技术方案（8 项问题）、税收征管模式（5 项问题）和税控装置使用（3 项问题）是最为主要的原因。因此，建议国家税务总局通过改进增值税发票管理系统来提升增值税征管水平，增值税电子发票系统的改造重点依次为技术方案改进、税收征管模式优化和税控装置退出。

6.2.2 将区块链技术引入全国增值税发票管理系统

电子发票在我国的推广应用是必然趋势。相对于纸质发票，电子发票具备无纸化、低能耗、网络化、自动化、及时性、易保存和易查询等特点，对于干系人均有益处。电子发票符合我国绿色发展的新发展理念和数据治理国家的总体治理思路，其全球应用进程正在加快，在我国的广泛运用甚至取代纸质发票是大势所趋。我国增值税电子普票落地方案成熟且其推广应用速度迅猛。基于区块链的去中心化、开放性、自治性、信息不可篡改、匿名性和可追溯等核心特征，区块链电子发票具有明显优势。我国区块链电子发票试点证明，区块链电子发票解决了发票流转过程中一票多报、虚报虚抵、真假难验等难题，还具有提高效率、降低成本、降低风险、优化流程、应用增值、保障数据安全和隐私等优势，试点成效显著。因此，建议国家税务总局积极将区块链引入全国增值税发票管理系统。

6.2.3 基于联盟链设计全国区块链电子发票系统的工作机制

联盟链是区块链应用的主要方向，比公有链更适用于电子政务场景。区块链电子发票系统与联盟链的特性完全匹配，适宜采用联盟链方式，即让税务机关、区块链发票服务商、物流服务商、支付服务商、购方 ERP 服务商等若干机构共同参与区块链电子发票系统的管理，每家机构运行一个或多个节点，其中的区块链发票数据只允许系统内不同的机构进行读写和发送交易（发票流转环节），并且共同来记录交易数据（发票票面信息和发票状态信息）。因此，建议国家税务机关基于联盟链研究和设计全国区块链电子发票系统的工作机制。

6.2.4 基于多链设计全国区块链电子发票系统的网络关系图谱

区块链电子发票系统适用以太坊多链合作模式，可采用二重多链架构。二重多链由一重多链架构和主链联合组成，以数据隐私保护、数据物理隔离、交互共享为主要技术特点，其典型应用是联盟链之间的数据共享，为跨企业、跨行业、跨区域等多场景互通的联盟链提供架构方案。区块链电子发票系统采用二重多链架构，可解决传统区块链系统吞吐量低、交易慢、隐私保护能力弱的弊病，大幅提升区块链的可扩展性、可管理性、可伸缩性和可维护性等特性。为此，建议国家税务机关采用多链合作模式搭建全国区块链电子发票系统的网络关系图谱。

6.2.5 税务部门配合财政部门共同推进会计档案无纸化

2013年12月6日，财政部印发《企业会计信息化工作规范》，规定了企业内部生成和从外部获取的会计资料无纸化的条件，在政策层面确立了电子发票在开票方和受票方作为财务凭证无纸化流转的合法地位。2015年12月11日，财政部、国家档案局联合发布《会计档案管理办法》，允许单位内部生成和从外部接收的电子会计资料在满足一定条件时无纸化存档，从而确立了电子会计档案的法律地位。在企业实务工作中，会计档案无纸化的技术条件已经成熟，但周边监督检查机构（如审计部门、税务部门、纪检机构等）仍然习惯借助纸质会计资料和纸质会计档案开展工作，导致企业对推进会计档案无纸化工作顾虑重重、进展缓慢。为此，建议推行电子发票的税务部门在税收征管过程中，能够承认并接受企业的电子会计资料和电子会计档案，以便与财政部门、档案部门等共同推动企业会计档案无纸化的落地，进而推动电子发票在开票方和受票方的快速推广和深入应用。

6.3 存在不足与未来研究展望

本书提出的全国区块链电子发票系统建模，有待在系统落地的过程中进一步检验和修正；限于时间、精力和篇幅，本书未对全国区块链电子发票系统的详细设计和应用路径进行探讨和分析；因为全国区块链电子发票系统尚未落地，本书未能探讨其应用效果。

在未来研究中,可进一步对全国区块链电子发票系统进行详细设计和应用路径探讨,也可通过实地案例分析和实证分析对全国区块链电子发票系统的应用效果进行跟踪评估和实证检验。

致　　谢

本人博士后在站期间，得到中国财政科学研究院多位领导、老师和同学的关照和支持，特别是直接负责博士后工作的张野平老师和董帅老师，以及会计信息化方向的赵纳晖老师、周卫华老师和董木欣老师，在此一并致谢。

在博士后出站报告撰写过程中，本人得到了博士后合作指导老师陈穗红教授和杨周南教授的精心指导和热心关照，包括题目选择、大纲确定、逻辑把握、语言表达、格式规范等诸多方面，他们都事无巨细地帮我把关；同时，写作时间有限，对于报告撰写存在难度的问题，两位导师也给予了最为充分的体谅和理解、与最大限度的包容，本人在此表达真诚谢意和崇高敬意。

在博士后出站报告的调研过程中，本人得到了多位学者和专家的鼎力支持，中国分布式总账基础协议联盟技术委员会白硕主任，北京京东世纪贸易有限公司副总裁蔡磊先生、财税创新事业部吴婧女士，用友网络科技股份有限公司电子发票与税务服务事业部宋艳果先生、孙启峰先生，区块链工厂及中企港资本创始人于小镭先生，普联软件股份有限公司李守强先生，中国联通集团公司孟欣先生，长虹财务共享服务中心胡嘉女士，天宏迅联智慧网络科技有限公司陈玉刚先生、董维佳女士和陶洋洋女士，广西中烟工业有限责任公司梁福标先生，永辉超市股份有限公司黄明月女士，深圳市远致投资有限公司李志伟先生，上海市数字证书认证中心倪嘉莹女士，北京元年科技股份有限公司赵金梅女士，国信电子票据平台信息服务有限公司许义斌先生，国家税务总局深圳市税务局的李荣辉主任、陈春华先生，中国石油集团共享运营有限公司西安中心荆宝森先生、邓龙兵先生，浙江省新华书店集团有限公司叶咏女士，京东至臻链翟欣磊先生、文婧女士，江苏税务学校夏晨华老师，中国烟草总公司云南省公司黄虎先生、刘家富先生，云南省烟草公司红河州公司霸树芬女士，云南省烟草公司普洱市公司张瑞女士，国际区块链财税协会发起人丁永强先生等，为本人深刻认识和理解电子发票、金税三期、区块链，以及区块链电子发票奠定了重要基础，感谢你们及时的访谈支持、资料分享和专业指导。

在博士后出站报告撰写过程中,本人得到了上海国家会计学院领导和老师们的热心关照和大力支持,特别感谢李扣庆院长、刘勤副院长、卢文彬副院长、佟成生教授、王纪平副教授、李昕凝博士、葛玉御博士、杨艺老师、刘荣光老师、李虹老师,感谢你们宽广的胸襟、真诚的友谊和无私的援手。

在博士后出站报告撰写过程中,本人得到了上海国家会计学院在读研究生仇媛媛同学、张心茹同学、左洪章同学、袁宇豪同学的尽心助研,感谢你们真诚的心和给力的活,也很开心看到你们在参与研究过程中的快速成长和长足进步。

在博士后出站报告撰写过程中,本人得到了爱人许向群先生和爱子许光易同学一如既往的理解和支持,感谢你们无私的爱和无尽的温暖。

在博士后出站报告答辩和修改过程中,本人得到了罗文光副院长、韩凤芹研究员、张学诞研究员、陈穗红研究员和赵纳晖副研究员的悉心指导,感谢你们真诚的、毫无保留的、宝贵的建设性意见和建议。

在博士后出站报告撰写过程中,曾因工作忙碌和撰写难度,我不止一次冒出过放弃出站的念头,是导师、朋友、同事和家人反复鼓励我,义无反顾支持我,才使我最终得以完成这十万余字的出站报告。

本研究得到"上海国家会计学院2018年第一批智库研究项目"的支持,感谢上海国家会计学院智库建设专家咨询委员会的肯定与建设性意见。

"路漫漫其修远兮,吾将上下而求索。"很开心本人在求索的过程中自我成长、体会真情和感悟人生,也真心感谢导师、朋友、同事和家人的相伴相随,真心感恩与你们的相识相知、相敬相爱。

2019 年 11 月 30 日于上海

参 考 文 献

[1] 陈德第,李轴,库桂生,等.国防经济大辞典[M].北京:军事科学出版社,2001.

[2] 李伟,朱烨东.中国区块链发展报告(2018)[M].北京:社会科学文献出版社,2018.

[3] 杨周南,赵纳晖,陈翔.会计信息系统[M].2版.北京:首都经济贸易大学出版社,2006.

[4] 于玉林.无形资产辞典[M].上海:上海辞书出版社,2009.

[5] 张海藩.软件工程导论[M].5版.北京:清华大学出版社,2008.

[6] 中国社会科学院经济研究所.现代经济辞典[M].南京:江苏人民出版社,2005.

[7] 中国注册会计师协会.2019年度注册会计师全国统一考试辅导教材:会计[M].北京:中国财政经济出版社,2019.

[8] 朱为群.中国税制[M].北京:高等教育出版社,2016.

[9] 白玉明,陈卓.区块链技术在新时代税收征管领域的应用探析[J].中国税务,2018(7):61-63.

[10] 曹明星,蒋安琦,刘奇超.区块链技术在税收领域的应用:功能补拓、实践观照与问题前瞻[J].国际税收,2018(5):38-45.

[11] 陈少强,覃凤琴.新中国成立70年的税收治理逻辑[J].税务研究,2019(10):24-28.

[12] 陈宇翔,张兆雷,刘地军,等.区块链的税收智能合约设计[J].通信技术,2018,51(6):1384-1390.

[13] 董志学,张义军,宋涛.基于区块链技术的税务管控路径研究[J].税务研究,2018(4):108-112.

[14] 杜莉,郑毓文.应用区块链技术推动我国增值税征管创新:机制分析和方案设计[J].税务研究,2018(6):72-79.

[15] 航天信息股份有限公司.防伪税控解决方案介绍[J].信息安全与通信保密,2009(5):26-28.

[16] 胡海瑞."区块链技术+税收治理"应用探研[J].税收征纳,2019(8):4-6.

[17] 华彦玲,申雨鑫.基层税务视角下大企业专业化税收研究——基于信息不对称理论[J].常州大学学报(社会科学版),2014,15(6):42-47.

[18] 贾宜正,刘建,谷文辉,等.大数据背景下的税收治理问题研究[J].税收经济研究,

2017(5).

[19] 杰弗里·欧文斯,陈延忠.区块链与税收：从梦想到现实[J].国际税收,2018(9)：23-27.

[20] 杰弗里·欧文斯,何振华,王思凡,等.区块链技术的前瞻及在税收领域的应用前景分析[J].国际税收,2017(9).

[21] 李荣辉.区块链电子发票的实践之路[J].中国税务,2019(6)：60-61.

[22] 中国财税博物馆学术与宣传部.历史有痕[J].中国税务,2018(11)：33-35.

[23] 卢阳,王蕴.浅议区块链技术对我国税收征管体制的影响[J].沈阳工程学院学报(社会科学版),2019,15(3)：335-339.

[24] 聂欧,刘秋娜.区块链新图景[J].财经国家周刊,2018.12.

[25] 任超然.基于区块链技术的税收征管模型研究[J].税务研究,2018(11)：90-97.

[26] 汤晓冬,周河山.基于区块链技术的税收治理框架构建[J].税务研究,2018(11)：98-104.

[27] 王婷.不对称信息下税收遵从过程的博弈分析[J].人才资源开发,2015(16)：233.

[28] 王长林.金税工程二十年：实践、影响和启示[J].电子政务,2015(6)：104-110.

[29] 徐夫田,汤荣志,董旸.基于区块链技术的税收信息化研究[J].税收经济研究,2018,23(5)：45-48.

[30] 徐珊,黄明俊.共享第三方涉税信息破解税收征管信息不对称难题[J].江西理工大学学报,2011,32(6)：25-28.

[31] 许文,施文泼.税收征管中的区块链技术应用：基于"不可能三角"的思考[J].财政科学,2019(2)：28-36.

[32] 杨雷鸣,朱波,苏宇.关于应用区块链技术提升税收风险管理的思考[J].税务研究,2019(4)：77-80.

[33] 杨杨,杜剑,罗翔丹.区块链技术对税收征纳双方的影响探析[J].税务研究,2019(2)：114-118.

[34] 詹浩.软件定义网络在云数据中心的应用[J].金融科技时代,2014(4)：64-66.

[35] 张庆胜,刘海法.基于区块链的电子发票系统研究[J].信息安全研究,2017,3(6)：516-522.

[36] 张巍,郭墨.区块链技术服务税收征管现代化的契合性研究[J].税务研究,2019(5)：80-86.

[37] 张文锋,雷珉.区块链技术在税收管理中的应用[J].湖南税务高等专科学校学报,2018,31(5)：36-38,45.

[38] 张晓丽.运用区块链技术创新房地产行业税收征管模式[J].税务研究,2018(8)：111-114.

[39] 张之乐.以区块链技术促进纳税遵从的设想[J].税务研究,2017(12)：108-111.

[40] 郑爽.区块链对信托产品交易流转的国际经验借鉴和影响研究[J].国际金融,2018
(7):73-80.

[41] 周广仁.中国增值税改革发展四十年实践与思考[J].税务研究,2018(12):27-32.

[42] 朱术睿.区块链在税收征管运用中的原则刍议[J].经营与管理,2019(10):6-9.

[43] 陈立.让青春之火在创新大道上熊熊燃烧[N].中国航天报,2010-04-01(004).

[44] 惠赞瑾.从6天到30秒 区块链专票电子化用效率说话[N].中国会计报,2018-08-24(010).

[45] 滕娟.区块链技术:解决电子发票痛点的突破口[N].财会信报.2017(A08).

[46] 邢萌.微信支付上线区块链电子发票 "链上开票"狙击一票多"销"[N].证券日报,2018-12-14(B02).

[47] 徐贝贝.区块链场景应用蹒跚起步[N].金融时报,2018-08-17(004).

[48] 杨毅.资本瞄准区块链细分应用领域[N].金融时报.2018-07-05.

[49] 袁璐.区块链这只"螃蟹"能几吃?[N].北京日报,2019-10-30(011).

[50] 程鹏.人民币国际化的影响因素与路径研究[D].沈阳:辽宁大学,2018.

[51] 董积存.区块链在ABS中的创新应用分析[D].河北:河北金融学院,2018.

[52] 李鸿飞.不对称信息条件下的纳税评估研究[D].大连:东北财经大学,2007.

[53] 王俊.营改增背景下Y县国税税源管理现状与对策研究[D].长沙:湖南农业大学,2018.

[54] 2018中国新兴法律服务业发展报告[C]//上海市法学会,华东政法大学,上海百事通信息技术股份有限公司,律新社,上海国际经济贸易仲裁委员会.《上海法学研究》集刊(2019年第11卷总11卷),2018:136.

[55] 蔡昌.大数据与国家税务治理趋势[C].第二届"互联网+财税"高峰论坛,2018-12-27.

[56] 工业和信息化部,信息化和软件服务业司.中国区块链技术和应用发展白皮书(2016)[C].中国区块链技术和产业发展论坛.2016-10-18:11.

[57] 巴比特,全国首张区块链电子发票在深圳国贸旋转餐厅亮相[EB/OL].(2018-08-10).http://www.sohu.com/a/246398545_100173627.

[58] 北京市国家税务局.北京市国家税务局关于推行通过增值税电子发票系统开具增值税电子普通发票有关问题的公告[EB/OL].(2016-03-16).http://www.shui5.cn/article/bb/86417.html.

[59] 财政部、国家档案局有关负责人就会计档案管理办法修订答记者问[EB/OL].(2015-12-14).http://kjs.mof.gov.cn/zhengwuxinxi/zhengcejiedu/201512/t20151222_1625036.html.

[60] 财政部、国家税务总局.关于增值税税控系统专用设备和技术维护费用抵减增值税税额有关政策的通知[EB/OL].(2012-02-07).http://www.chinatax.gov.cn/n810341/n810765/n812151/n812431/c1083908/content.html.

[61] 财政部.财政部关于印发企业会计信息化工作规范的通知[EB/OL].（2013-12-06）.http：//www.mof.gov.cn/zhengwuxinxi/caizhengwengao/wg2013/wg201312/201406/t20140609_1092515.html.

[62] 财政部.税务总局.关于实施小微企业普惠性税收减免政策的通知[EB/OL].（2019-01-17）.http：//www.chinatax.gov.cn/n810341/n810755/c4014090/content.html.

[63] 鹅民谈财税.深圳区块链电子发票已开出超35亿元[EB/OL].（2018-07-18）.https：//mp.weixin.qq.com/s/9XlEVxsjBmhrPBeF3FJ_gw.

[64] 二哥税税念."金税三期+防伪税控+电子底账"三位一体的风险分析手段不可小觑！[EB/OL].（2017-06-11）.http：//www.nsrjlb.com/indexm.php？c=msg&id=6956.

[65] 国家税务总局关于国内旅客运输服务进项税抵扣等增值税征管问题的公告[EB/OL].（2019-09-16）.http：//www.chinatax.gov.cn/chinatax/n810341/n810755/c5136976/content.html

[66] 工信部信息中心、起风财经区块链研究院.2018年中国区块链产业白皮书[R/OL].（2018-03-09）.http：//www.miit.gov.cn/n1146290/n1146402/n1146445/c6180238/content.html.

[67] 工业和信息化部.对十三届全国人大二次会议第1394号建议的答复[EB/OL].（2019-11-04）.http：//www.miit.gov.cn/n1146295/n1146592/n3917132/n4545264/c7503420/content.html.

[68] 工业和信息化部.工业和信息化部关于开展2017年电信和互联网行业网络安全试点示范工作的通知[EB/OL].（2017-07-26）.http：//www.miit.gov.cn/n1146295/n1652858/n1652930/n4509650/c5742201/content.html.

[69] 工业和信息化部.工业和信息化部关于印发软件和信息技术服务业发展规划（2016—2020年）的通知[EB/OL].（2016-12-18）.http：//www.miit.gov.cn/n1146295/n1652858/n1652930/n3757016/c5465218/content.html.

[70] 工业和信息化部.工业和信息化部关于印发云计算发展三年行动计划（2017—2019年）的通知[EB/OL].（2017-03-30）.http：//www.miit.gov.cn/n1146295/n1652858/n1652930/n3757022/c5570548/content.html.

[71] 工业和信息化部.关于印发工业互联网发展行动计划（2018—2020年）和工业互联网专项工作组2018年工作计划的通知[EB/OL].（2018-06-07）.http：//www.miit.gov.cn/n973401/n5993937/n5993958/c6211943/content.html.

[72] 工业和信息化部信息中心.2018中国区块链产业白皮书[R/OL].（2018-05-20）.http：//www.ce.cn/culture/gd/201805/28/t20180528_29261394.shtml.

[73] 贵阳市人民政府新闻办公室.贵阳区块链发展和应用[R/OL].（2016-12）.http：//www.cbdio.com/image/site2/20161231/3417eb9bbd5919d2122102.pdf.

[74] 国家档案局.国家档案局关于印发企业电子文件归档和电子档案管理试点验收企业名

单(第一批)的通知[EB/OL]. (2019-03-08). http://www.saac.gov.cn/daj/tzgg/201904/69b75678945b40b6b8547c8264a10aee.shtml.

[75] 国家发展改革委办公厅、财政部办公厅、商务部办公厅、人民银行办公厅、海关总署办公厅、税务总局办公厅、工商总局办公厅、质检总局办公厅.关于促进电子商务健康快速发展有关工作的通知[EB/OL]. (2012-02-06). http://www.gov.cn/zwgk/2012-02/17/content_2069604.htm.

[76] 国家发展改革委办公厅.国家发展改革委办公厅关于组织开展国家电子商务示范城市电子商务试点专项的通知[EB/OL]. (2012-05-08). http://www.ndrc.gov.cn/zcfb/zcfbtz/201205/t20120515_479258.html.

[77] 国家互联网信息办公室.区块链信息服务管理规定[EB/OL]. (2019-01-10). http://www.cac.gov.cn/2019-01/10/c_1123971164.htm.

[78] 国家税务总局.关于进一步做好增值税电子普通发票推行工作的指导意见[EB/OL]. (2017-03-21). http://www.chinatax.gov.cn/n810341/n810755/c2540586/content.html.

[79] 国家税务总局.关于扩大小规模纳税人自行开具增值税专用发票试点范围等事项的公告.[EB/OL]. (2019-20-03). http://www.chinatax.gov.cn/n810341/n810755/c4070541/content.html.

[80] 国家税务总局.关于纳税人对外开具增值税专用发票有关问题的公告[EB/OL]. (2014-07-02). http://www.chinatax.gov.cn/n810341/n810755/c1150597/content.html.

[81] 国家税务总局.关于全面推行增值税发票系统升级版有关问题的公告[EB/OL]. (2015-03-30). http://www.chinatax.gov.cn/n810341/n810755/c1537244/content.html.

[82] 国家税务总局.关于推行通过增值税电子发票系统开具的增值税电子普通发票有关问题的公告[EB/OL]. (2015-11-26). http://www.chinatax.gov.cn/n810341/n810765/n1465977/n1466007/c2061033/content.html.

[83] 国家税务总局.关于修订增值税专用发票使用规定的通知[EB/OL]. (2006-10-17). http://www.chinatax.gov.cn/n810341/n810765/n812183/n812826/c1195983/content.html.

[84] 国家税务总局.国家税务总局关于停止使用货物运输业增值税专用发票有关问题的公告[EB/OL]. (2015-12-31). http://www.chinatax.gov.cn/n810341/n810755/c1983655/content.html.

[85] 国家税务总局.国家税务总局关于统一二手车销售发票式样问题的通知[EB/OL]. (2005-07-05). http://www.chinatax.gov.cn/n810341/n810765/n812188/n812920/c1199919/content.html.

[86] 国家税务总局.国家税务总局关于修改部分税务部门规章的决定[EB/OL].(2018-06-15). http://www.chinatax.gov.cn/n810341/n810755/c3518520/content.html.

[87] 国家税务总局.国家税务总局关于印发增值税日常稽查办法的通知[EB/OL].(1998-03-26). http://www.shui5.cn/article/b3/80039.html.

[88] 国家税务总局.税务登记管理办法[EB/OL].(2019-07-24). http://www.pkulaw.cn/fulltext_form.aspx? Gid = 334596.

[89] 国家税务总局.增值税防伪税控系统管理办法[EB/OL].(2018-06-15). http://www.shui5.cn/article/8e/34772.html.

[90] 国家税务总局.中华人民共和国发票管理办法实施细则(2019)[EB/OL].(2019-07-24). http://9369.net/law/3,2/201908/000000974.html.

[91] 国家税务总局深圳税务局.国家税务总局深圳税务局关于推行通过区块链系统开具的电子普通发票有关问题的公告[EB/OL].(2018-08-09). http://www.shui5.cn/article/5a/123027.html.

[92] 国家邮政局.国家邮政局关于推进邮政业服务"一带一路"建设的指导意见[EB/OL].(2018-01-12). http://nm.spb.gov.cn/zcfg/bmgz/201803/t20180301_1499567.html.

[93] 国家知识产权局.关于印发知识产权重点支持产业目录(2018年本)的通知[EB/OL].(2018-01-17). http://www.gov.cn/xinwen/2018-01/23/content_5259755.htm.

[94] 国务院.国务院关于加快构建大众创业万众创新支撑平台的指导意见[EB/OL].(2015-09-26). http://www.gov.cn/zhengce/content/2015-09/26/content_10183.htm.

[95] 国务院.国务院关于印发"十三五"国家信息化规划的通知[EB/OL].(2016-12-15). https://wenku.baidu.com/view/8e72a9fdf6ec4afe04a1b0717fd5360cbb1a8d36.html.

[96] 国务院.国务院关于印发新一代人工智能发展规划的通知[EB/OL].(2017-07-08). http://www.gov.cn/zhengce/content/2017-07/20/content_5211996.htm.

[97] 国务院.中华人民共和国发票管理办法(2010修订)[EB/OL].(2010-12-20). https://duxiaofa.baidu.com/detail? cid = 2094528fb06448e90312d02e78faed7b_law&searchType = statute.

[98] 国务院.中华人民共和国税收征收管理法实施细则(2016年修订)[EB/OL].(2002-09-07). http://www.gov.cn/gongbao/content/2016/content_5139484.htm.

[99] 国务院办公厅.国务院办公厅关于印发全国深化"放管服"改革优化营商环境电视电话会议重点任务分工方案的通知[EB/OL].(2019-08-01). http://www.gov.cn/zhengce/content/2019-08/12/content_5420694.htm.

[100] 杭州市国家税务局、杭州市地方税务局、杭州市财政局、杭州市贸易局、杭州市工商行政管理局.关于电子发票应用试点若干事项的公告[EB/OL].(2013-12-20). http://law.esnai.com/view/140996.

[101] 和讯.区块链与税务管理[EB/OL].(2019-08-13). https://blockchain.hexun.com/2019-08-13/198192535.html.

[102] 环球网.支付宝与百胜中国合作 扫码可开电子发票[EB/OL].(2017-01-06). http://www.360doc.com/content/17/0116/12/30437048_622803180.shtml.

[103] 会计资料无纸化政策破冰——企业会计信息化工作规范解读之一[EB/OL].(2013-12-23). http://kjs.mof.gov.cn/zhengwuxinxi/zhengcejiedu/201312/t20131223_1027775.htm.

[104] 交通运输部、国家税务总局.关于收费公路通行费增值税电子普通发票开具等有关事项的公告.交通运输部公告[EB/OL].(2017-12-25). http://www.chinatax.gov.cn/n810341/n810755/c2985595/content.html.

[105] 教育部.教育部关于印发教育信息化2.0行动计划的通知[EB/OL].(2018-04-13). http://www.moe.gov.cn/srcsite/A16/s3342/201804/t20180425_334188.html.

[106] 金融界.京东推出首个企业间专票电子化区块链应用[EB/OL].(2018-08-17). https://baijiahao.baidu.com/s?id=1609042078809905595&wfr=spider&for=pc.

[107] 金台新声.习近平在两院院士大会上的讲话全文[EB/OL].(2018-05-29). http://www.sohu.com/a/233334519_387134.

[108] 鲸准研究院.2018中国区块链行业分析报告[R/OL].(2018-02-09). http://www.199it.com/archives/686595.html.

[109] 跨链技术践行者.联盟链的多链与跨链的思考与实现[EB/OL].(2019-05-03). https://blog.csdn.net/shangsongwww/article/details/89784773.

[110] 李超,王新根,吴洁.腾讯牵手深圳市国税局 发布全国首个基于区块链的数字发票解决方案[EB/OL].(2018-05-24). http://www.myzaker.com/article/5b06a5ec1bc8e0ca3600034e.

[111] 李广乾.国内外区块链发展现状、趋势与政策[R/OL].(2018-06-15). http://m.sohu.com/a/350117708_416839.

[112] 李画.中国人寿开出内地金融保险业第一张电子发票[EB/OL].(2015-02-10). http://xw.sinoins.com/2015-02-10/content_145591.htm.

[113] 李彤.人保财险接收国内企业电子发票第一单[EB/OL].(2014-06-27). http://finance.people.com.cn/money/n/2014/0630/c42877-25216846.html.

[114] 刘锟.中国太保携手京东上线全国首个区块链专用发票电子化项目[EB/OL].(2018-08-17). https://www.jfdaily.com/news/detail?id=100541.

[115] 明宇.微信发布电子发票方案 在卡包勾选可生成报销单[EB/OL].(2016-03-31). https://www.cnbeta.com/articles/tech/488641.htm.

[116] 全国人大常委会.中华人民共和国电子签名法[EB/OL].(2019-04-23). http://www.chinalaw.gov.cn/Department/content/2019-06/11/592_236651.html.

[117] 全国人大常委会.中华人民共和国电子商务法[EB/OL].(2018-08-31).http://www.mofcom.gov.cn/article/zt_dzswf/deptReport/201811/20181102808398.shtml.

[118] 全国人大常委会.中华人民共和国税收征收管理法[EB/OL].(2015-04-24).http://www.chinaacc.com/new/63/67/83/2006/1/ma408831050152160025044-0.htm.

[119] 如何申请开具电子发票[EB/OL].(2019-05-07).https://www.admin5.com/article/20190507/906739.shtml.

[120] 商务部.商务部关于进一步推进国家电子商务示范基地建设工作的指导意见[EB/OL].(2017-01-17).http://www.mofcom.gov.cn/article/b/fwzl/201701/20170102505764.shtm.

[121] 商务部办公厅、财政部办公厅.商务部办公厅 财政部办公厅关于开展供应链体系建设工作的通知[EB/OL].(2017-08-11).http://ltfzs.mofcom.gov.cn/article/ag/wltz/201708/20170802627302.shtml.

[122] 商务部办公厅、国家标准委办公室.商务部办公厅 国家标准委办公室关于印发网络零售标准化建设工作指引的通知[EB/OL].(2017-11-21).http://www.mofcom.gov.cn/article/i/jyjl/l/201712/20171202684033.shtml.

[123] 数字经济研究院.全球区块链十大创业公司深度报告[EB/OL].(2017-08-18).http://www.cbdio.com/BigData/2017-08/18/content_5579314.htm.

[124] 塔链智库.2018中国区块链电子政务研究报告[R/OL].(2018-10-06).http://www.sohu.com/a/259986376_405262.

[125] 腾讯科技.微信电子发票四大能力首次发布!一扫发票烦恼[EB/OL].(2017-11-09).https://tech.qq.com/a/20171109/032571.htm.

[126] 腾讯科技.中国电子商务领域首张电子发票在京东诞生[EB/OL].(2013-06-27).https://tech.qq.com/a/20130627/016703.htm.

[127] 王冲,赵洪菊.德州市区国税局增值税发票系统升级 简化办税流程[EB/OL].(2015-12-28).http://www.dezhoudaily.com/dzjj/p/1006708.html.

[128] 吴洁.区块链技术应用于发票领域!前海或率先进入电子发票时代[EB/OL].(2019-10-27).http://www.myzaker.com/article/5db57a591bc8e0455200012b/?f=none.

[129] 新华社.李克强主持召开国务院常务会议[EB/OL].(2017-07-05).http://politics.people.com.cn/n1/2017/0705/c1001-29385492.html.

[130] 新华社.习近平:加快推动区块链产业创新发展[EB/OL].(2019-10-25).https://mp.weixin.qq.com/s/slhWumAwqH9EnwofK9ISFQ.

[131] 新华网.全国首张区块链电子发票在深圳开出[EB/OL].(2018-08-10).http://www.gd.xinhuanet.com/newscenter/2018-08/10/c_1123251859.htm.

[132] 新华网.习近平在中央政治局第十八次集体学习时强调 把区块链作为核心技术自主创新重要突破口 加快推动区块链技术和产业创新发展[EB/OL].(2019-10-25).

http://www.xinhuanet.com/politics/leaders/2019-10/25/c_1125153665.htm.

[133] 新京报.中国人民银行支付结算司副司长穆长春关于央行研究数字货币的相关报告[EB/OL].(2019-08-12).https://www.jianshu.com/p/8dc6c27b4952.

[134] 信息化和软件服务业司.2018年信息化和软件服务业标准化工作要点[EB/OL].(2018-03-23).http://www.miit.gov.cn/n1146285/n1146352/n3054355/n3057656/n3057660/c6105131/content.html.

[135] 郑澍.广州推出全国首个"税链"电子发票区块链平台 实现首张电子发票上链[EB/OL].(2018-06-23).http://baijiahao.baidu.com/s?id=1604075952050657613&wfr=spider&for=pc.

[136] 中国产业发展研究网.2017年全球电子发票数量及主要国家发展态势分析[EB/OL].(2017-09-18).http://www.chinaidr.com/news/2017-09/115664.html.

[137] 中国产业发展研究网.区块链：全球市场规模超122亿元 中国市场理性增长[EB/OL].(2019-11-07).http://www.cinic.org.cn/xw/schj/657722.html.

[138] 中国经济网."营改增"随着京东购物来了 京东电子发票玩出新花样[EB/OL].(2016-05-24).http://finance.sina.com.cn/roll/2016-05-24/doc-ifxskpkx7740878.shtml.

[139] 中国人民银行 中央网信办 工业和信息化部 工商总局 银监会 证监会 保监会关于防范代币发行融资风险的公告[EB/OL].(2017-09-04).http://www.csrc.gov.cn/pub/newsite/zjhxwfb/xwdd/201709/t20170904_323047.html.

[140] 中国物流与采购联合会.中国电子发票蓝皮书.[EB/OL].(2011-06-28).http://www.chinawuliu.com.cn/office/23/134/8827.shtml.

[141] 中华人民共和国财政部.中华人民共和国财政部国家档案局令第79号会计档案管理办法[EB/OL].(2015-12-11).http://www.jssmu.edu.cn/cwc/2019/0221/c2179a35560/page.htm.

[142]《中华人民共和国增值税法（征求意见稿）》征求意见[EB/OL].(2019-11-27).http://www.chinatax.gov.cn/chinatax/n810356/n810961/c5140207/content.html.

[143] 中央党校（国家行政学院）电子政务研究中心.联合国电子政务调查报告[R/OL].2018：237.

[144] A report by the UK Government Chief Scientific Adviser. Distributed Ledger Technology: beyond block chain[R]. 2016.

[145] Ainsworth R. T, M Alwohaibi, M. Cheetham. VATCoin: The GCC's Cryptotaxcurrency[M]. Social Science Electronic Publishing, 2017.

[146] Bruno Koch. Billentis. 2017 E-Invoicing / E-Billing Significant market transition lies ahead[R]. May 18, 2017: 10.

[147] Brussels. Commission Anti-Fraud Strategy: enhanced action to protect the EU budge[R]. 2019.

[148] Deloitte. Blockchain technology and its potential in taxes[R]. December 2017.

[149] E-estonia[EB/OL]. 2019-12-15. https://e-estonia.com/

[150] E-Tax[EB/OL]. 2019-12-15. https://e-estonia.com/solutions/business-and-finance/e-tax/

[151] Global Tax Insight. Tax and Blockchain[EB/OL]. 2017-12-5. https://www.ashurst.com/en/news-and-insights/insights/tax-and-blockchain.

[152] Julie Maupin (Centre for International Governance Innovation (CIGI)). The G20 Countries Should Engage with Blockchain Technologies to Build an Inclusive, Transparent, and Accountable Digital Economy for All[R]. (2017-3-16). 2017-3-20.

[153] PwC. Estonia — the Digital Republic Secured by Blockchain, 2019

[154] Richard Asquith. EU blockchain to solve VAT fraud? [EB/OL]. https://www.avalara.com/vatlive/en/vat-news/eu-blockchain-to-solve-vat-fraud.html.

[155] Richard Thompson Ainsworth, Andrew Shact. Blockchain (Distributed Ledger Technology) Solves VAT Fraud[R]. 2016-10-19.

[156] Satoshi Nakamoto. Bitcoin. A Peer-to-Peer Electronic Cash System[R]. November, 2008.

[157] The Goldman Sachs Group, Inc. Blockchain Putting theory into practice[R]. May 24, 2016: 4.

[158] Whitfield Diffie And Martin E. Hellman. New Directions in Cryptography[J]. IEEE Transactions on Information Theory, Vol. It-22, No. 6, November 1976.

附录 A

增值税发票的票样

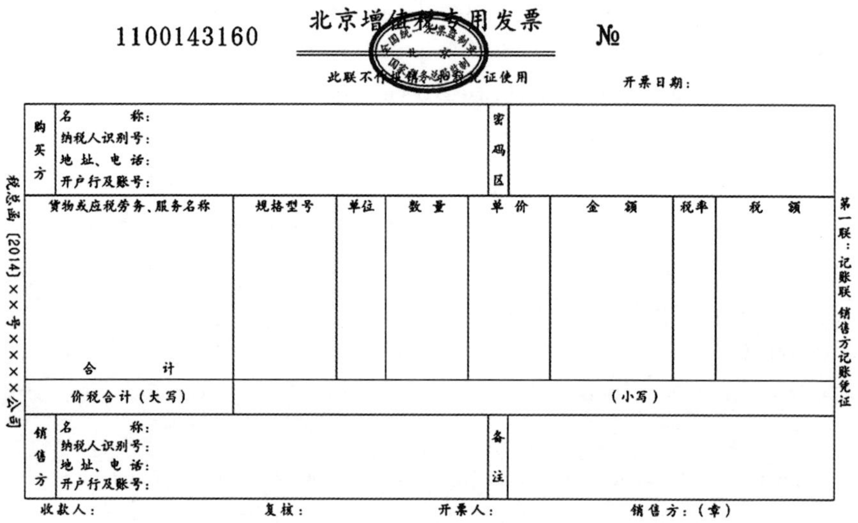

北京增值税专用发票

1100143160　　№

此联不作报销、扣税凭证使用　　开票日期：

购买方	名　　称： 纳税人识别号： 地 址、电 话： 开户行及账号：	密码区	

货物或应税劳务、服务名称	规格型号	单位	数量	单价	金额	税率	税额
合　　计							
价税合计（大写）	（小写）						

销售方	名　　称： 纳税人识别号： 地 址、电 话： 开户行及账号：	备注	

收款人：　　复核：　　开票人：　　销售方：（章）

税总函〔2014〕××号×××公司

第一联：记账联　销售方记账凭证

图 A-1　增值税专用发票票样

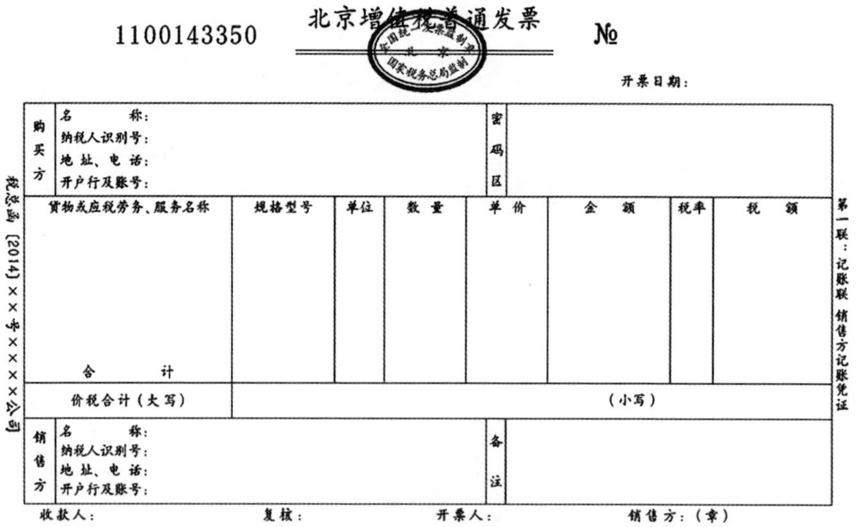

北京增值税普通发票

1100143350　　№

开票日期：

购买方	名　　称： 纳税人识别号： 地 址、电 话： 开户行及账号：	密码区	

货物或应税劳务、服务名称	规格型号	单位	数量	单价	金额	税率	税额
合　　计							
价税合计（大写）	（小写）						

销售方	名　　称： 纳税人识别号： 地 址、电 话： 开户行及账号：	备注	

收款人：　　复核：　　开票人：　　销售方：（章）

税总函〔2014〕××号×××公司

第一联：记账联　销售方记账凭证

图 A-2　增值税普通发票票样

图 A-3 增值税普通发票(卷票)票样

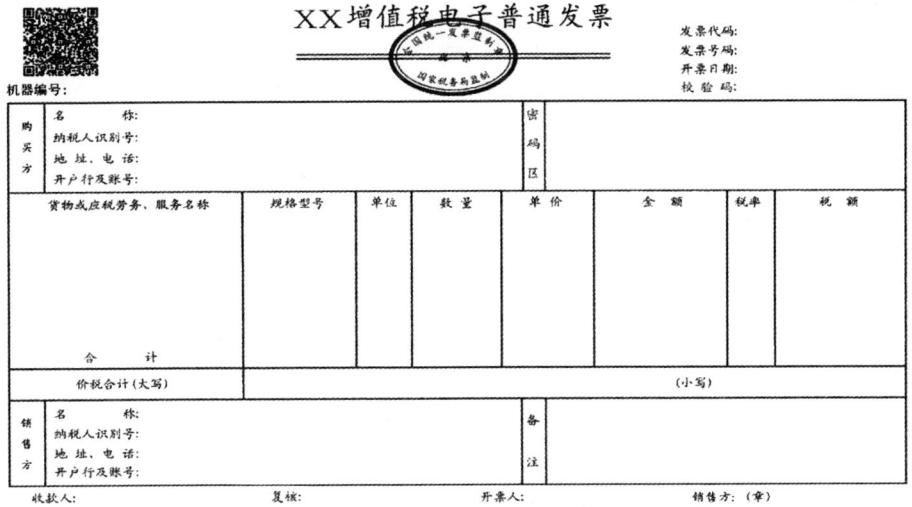

图 A-4 增值税电子普通发票票样

深圳电子普通发票

全国统一发票监制章 国家税务总局 深圳市税务局

发票代码:
发票号码:
开票日期:
校验码:

购买方	名称: 纳税人识别号: 地址、电话: 电子支付标识:			密码区			
货物或应税劳务、服务名称	规格型号	单位	数量	单价	金额	税率	税额
合计							
价税合计(大写)	(小写)						
销售方	名称: 纳税人识别号: 地址、电话: 开户行及账号:			备注			

收款人: 复核: 开票人: 销售方:(章)

图 A-5 区块链电子普通发票票样

XX增值税电子普通发票

通行费

机器编号:

全国统一发票监制章 北京 国家税务局监制

发票代码:
发票号码:
开票日期:
校验码:

购买方	名称: 纳税人识别号: 地址、电话: 开户行及账号:			密码区			
项目名称	车牌号	类型	通行日期起	通行日期止	金额	税率	税额
合计							
价税合计(大写)	(小写)						
销售方	名称: 纳税人识别号: 地址、电话: 开户行及账号:			备注			

收款人: 复核: 开票人: 销售方:(章)

图 A-6 收费公路通行费增值税电子普通发票票样

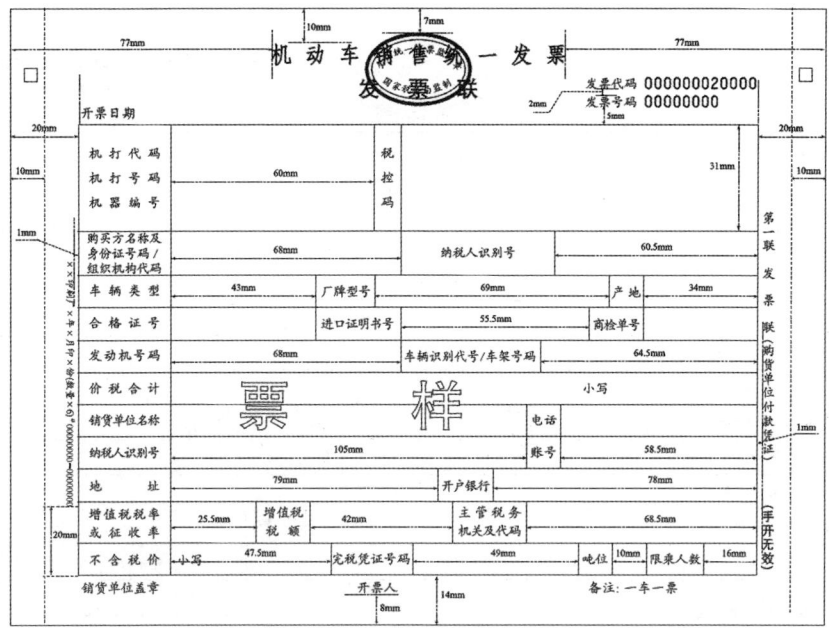

图 A-7 机动车销售统一发票票样

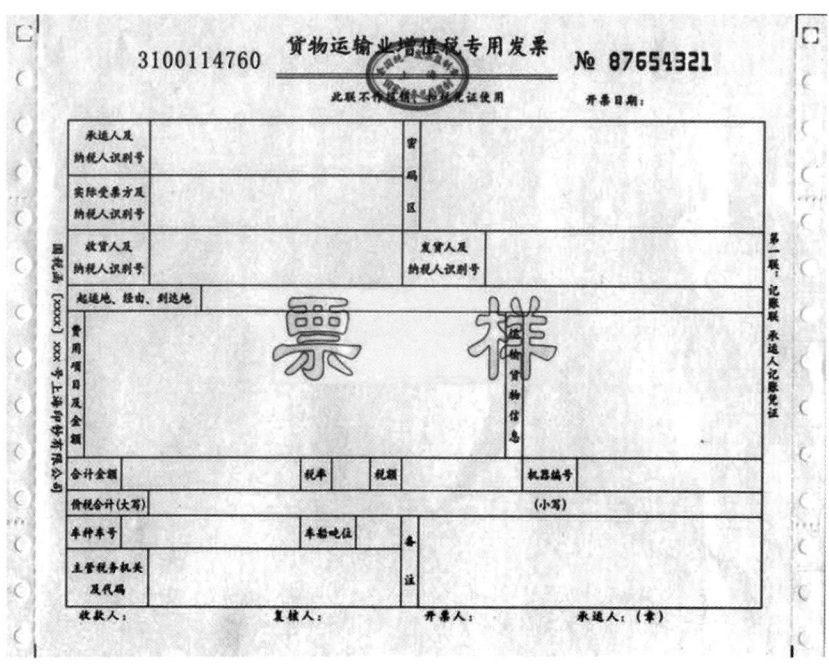

图 A-8 二手车销售统一发票票样

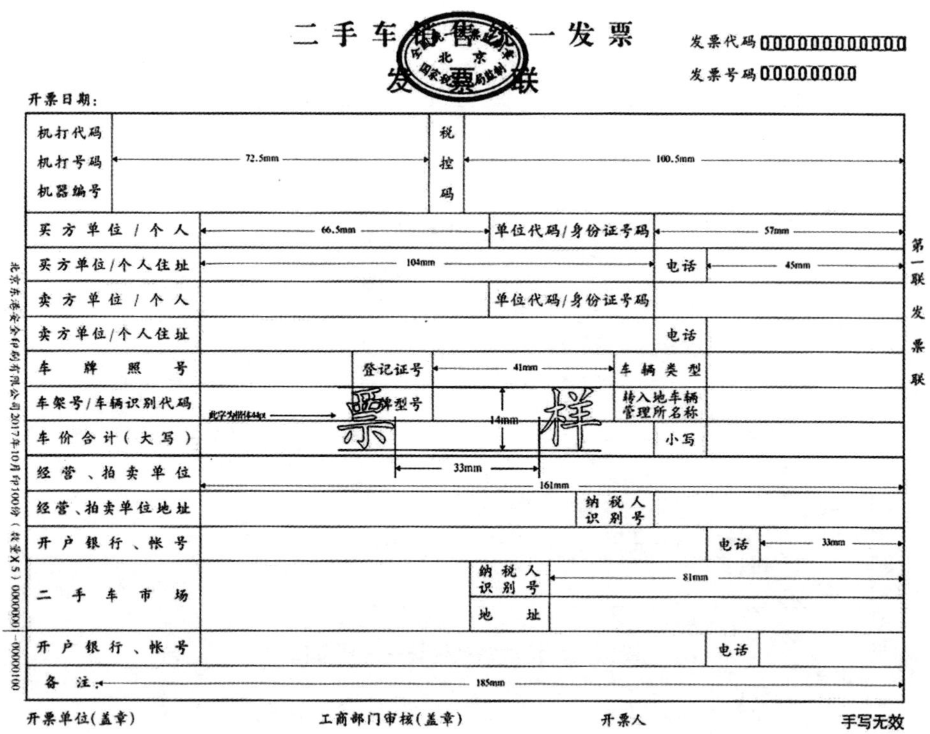

二手车销售统一发票

发票联

发票代码 000000000000

发票号码 00000000

开票日期：

机打代码 机打号码 机器编号	72.5mm	税控码	100.5mm		
买方单位/个人	66.5mm	单位代码/身份证号码	57mm		
买方单位/个人住址	104mm	电话	45mm		
卖方单位/个人		单位代码/身份证号码			
卖方单位/个人住址		电话			
车牌照号		登记证号	41mm	车辆类型	
车架号/车辆识别代码	此字为楷体4号	厂牌型号	14mm	转入地车辆管理所名称	
车价合计（大写）				小写	
经营、拍卖单位	33mm 161mm				
经营、拍卖单位地址		纳税人识别号			
开户银行、帐号		电话	33mm		
二手车市场		纳税人识别号	81mm		
		地址			
开户银行、帐号		电话			
备注	185mm				

开票单位(盖章)　工商部门审核(盖章)　开票人　手写无效

第一联 发票联

北京东港安全印刷有限公司2017年10月印100份（仅堂X5）0000001—00000100

票样

图 A-9　货物运输业增值税专用发票票样

附录 B

电子发票基础知识

(1) 电子发票的界定

发票是指在购销商品、提供或者接受服务以及从事其他经营活动中,开具、收取的收付款凭证[①]。电子发票是指在购销商品、提供或者接受服务以及从事其他经营活动中,开具、收取的经过电子签名认证、以电子方式存储的收付款凭证[②]。可见,电子签名认证和以电子方式存储是电子发票的特色所在。

(2) 电子发票的基本内容

《中华人民共和国发票管理办法实施细则》[③]第四条规定了发票的基本内容[④]。电子发票是一个 PDF 格式的版式文件,具有发票的基本内容。增值税电子普票在 PDF 文件阅读器中的显示式样如图 B-1 所示。

与增值税纸质普票相比,增值税电子普票引进了二维码和电子签章。其中,左上角的二维码,扫描之后可直接显示该发票的关键信息,包括发票代码、发票号码、合计金额(不含税)、开票日期及发票校验码。用微信扫描此二维码,微信发票助手中的显示效果如图 B-2 所示。

[①] 参见《中华人民共和国发票管理办法》第三条(1993 年 12 月 12 日国务院批准、1993 年 12 月 23 日财政部令〔1993〕第 6 号发布,根据 2010 年 12 月 20 日《国务院关于修改〈中华人民共和国发票管理办法〉的决定》修订,根据 2019 年 3 月 2 日《中华人民共和国国务院令第 709 号〈国务院关于修改部分行政法规的决定〉》修订)。

[②] 参见杭州市国家税务局、杭州市地方税务局、杭州市财政局、杭州市贸易局、杭州市工商行政管理局 2013 年 12 月 20 日发布的《关于电子发票应用试点若干事项的公告》。

[③] 《中华人民共和国发票管理办法实施细则》2011 年 2 月 14 日国家税务总局令第 25 号公布,根据 2014 年 12 月 27 日《国家税务总局关于修改〈中华人民共和国发票管理办法实施细则〉的决定》和 2018 年 6 月 15 日《国家税务总局关于修改部分税务部门规章的决定》修正。

[④] 发票的基本内容包括:发票的名称、发票代码和号码、联次及用途、客户名称、开户银行及账号、商品名称或经营项目、计量单位、数量、单价、大小写金额、开票人、开票日期、开票单位(个人)名称(章)等。省以上税务机关可根据经济活动以及发票管理需要,确定发票的具体内容。

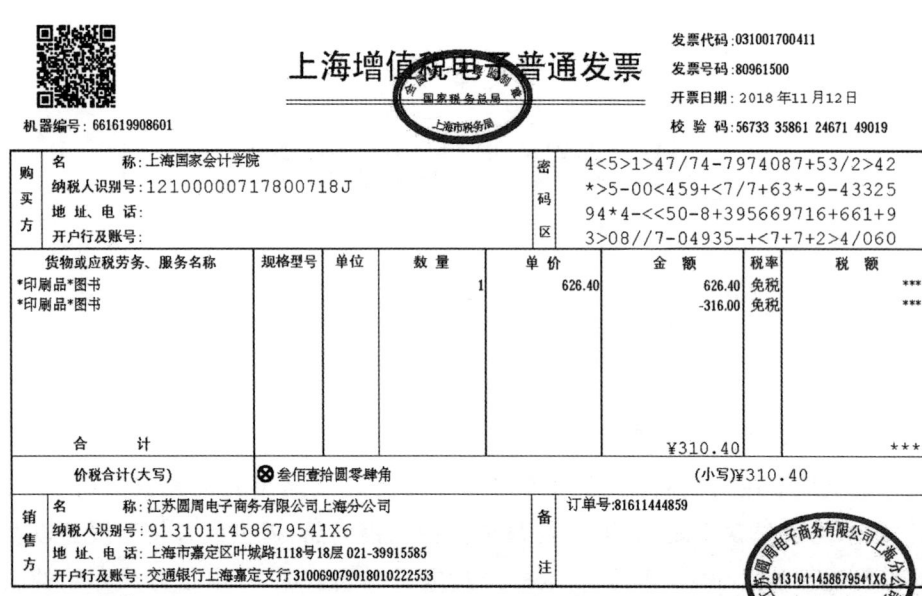

图 B-1　增值税电子普通发票示例

图 B-2　电子发票二维码携带信息示例

根据《中华人民共和国电子签名法》[①]第十三条可知，右下角的电子签章可确保该电子发票的以下特性：对电子签章的任何改动能够被发现，对数据电文内容和形式的任何改动能够被发现。

---

①《中华人民共和国电子签名法》2004年8月28日第十届全国人民代表大会常务委员会第十一次会议通过，2015年4月24日第十二届全国人民代表大会常务委员会第十四次会议修正。

（3）电子发票的联次

《中华人民共和国发票管理办法实施细则》第三条规定了发票的基本联次，如图 B-3 所示。省以上税务机关可根据发票管理情况以及纳税人经营业务需要，增减除发票联以外的其他联次，并确定其用途。

存根联	由收款方或开票方留存备查
发票联	由付款方或受票方作为付款原始凭证
记账联	由收款方或开票方作为记账原始凭证

图 B-3　发票的基本联次

对于电子发票，开票方和受票方可以自行打印增值税电子普通发票的版式文件，其法律效力、基本用途、基本使用规定等与税务机关监制的增值税普通发票相同[①]。因电子发票可供开票方和受票方多次打印，为此，增值税电子普票的联次设置与纸质发票不同，为单联发票，不再区分联次。

（4）电子发票的功能

发票有三个核心功能，即交易凭证、财务凭证和计税凭证，分别由《中华人民共和国发票管理办法》[②]、《中华人民共和国税收征收管理法》[③]和《中华人民共和国税收征收管理法》[④]进行规范。发票的功能、功能描述和功能依据，如表 B-1 所示：

表 B-1　发票的功能

发票功能	功能描述	功能依据
交易凭证	发票是指在购销商品、提供或者接受服务以及从事其他经营活动中，开具、收取的收付款凭证。即发票是交易凭证	《国务院关于修改〈中华人民共和国发票管理办法〉的决定》第三条

[①] 参见《国家税务总局关于推行通过增值税电子发票系统开具的增值税电子普通发票有关问题的公告》(国家税务总局公告 2015 年第 84 号)。

[②] 中华人民共和国国务院令第 587 号《国务院关于修改〈中华人民共和国发票管理办法〉的决定》，2010 年 12 月 20 日修订，第三条。

[③] 《中华人民共和国税收征收管理法》，根据 2015 年 4 月 24 日第十二届全国人民代表大会常务委员会第十四次会议《关于修改〈中华人民共和国港口法〉等七部法律的决定》第三次修正，第十九条。

[④] 《中华人民共和国税收征收管理法》，根据 2015 年 4 月 24 日第十二届全国人民代表大会常务委员会第十四次会议《关于修改〈中华人民共和国港口法〉等七部法律的决定》第三次修正，第二十一条。

(续表)

发票功能	功能描述	功能依据
财务凭证	纳税人、扣缴义务人按照有关法律、行政法规和国务院财政、税务主管部门的规定设置账簿,根据合法、有效凭证记账,进行核算。即发票是重要的合法、有效记账依据,是财务中重要的原始凭证	《中华人民共和国税收征收管理法》第十九条
计税凭证	税务机关是发票的主管机关,负责发票印制、领购、开具、取得、保管、缴销的管理和监督。单位、个人在购销商品、提供或者接受经营服务以及从事其他经营活动中,应当按照规定开具、使用、取得发票。发票是税务机关进行税务管理和监督的工具,即计税凭证	《中华人民共和国税收征收管理法》第二十一条

电子发票的法律效力、基本用途、基本使用规定等与税务机关监制的增值税普通发票相同,为此,电子发票与纸质发票一样,同时具备交易凭证、财务凭证和计税凭证功能。

(5) 电子发票的优势

与传统纸质发票相比,电子发票具备无纸化、低能耗、网络化、自动化、及时性、易保存和易查询等特性,对于发票干系人均有益处,如表 B-2 所示。

表 B-2 电子发票的优势

发票干系人	发票的优势
买方企业	提升报销入账效率/降低收到假发票风险/便于获取/便于打印
卖方企业	节约财务经营成本/提高财务工作效率/助力财务转型/改善客户关系/有助财务决策支持
消费者	有助消费维权/方便保存和使用
监管部门	有助加强税收征管/有助提高纳税服务水平
社会大众	减少环境资源和社会资源消耗,有助环境保护

附录 C

研究报告相关调研和访谈活动

序号	调研时间	调研地点	调研对象/活动主办方	探讨内容/活动名称
1	2016.08.13	温州	中国分布式总账基础协议联盟技术委员会白硕主任	探讨区块链的基本理念和最新发展
2	2017.03.10	北京	京东财税事业部吴婧女士团队	调研京东电子发票的设计、实施与运转情况
3	2018.05.20	上海	用友网络宋艳果先生	探讨电子发票与电子会计档案系统设计思路和方案
4	2018.06.30	网络	区块链工厂及中企港资本创始人于小镭先生	探讨区块链在财税领域运用的可能
5	2018.07.07	北京	普联软件股份有限公司李守强先生	区块链的发展与应用情况
6	2018.07.28	上海	中国联通集团公司孟欣先生	调研联通电子会计档案试点情况
7	2018.08.17	北京	京东至臻链区块链服务平台发布会	了解区块链电子专票在税源管理和企业采购中的运用
8	2018.09.13	绵阳	长虹财务共享服务中心胡嘉团队	调研长虹和云尚行客户的电子会计档案设计、实施与运转情况
9	2018.09.17	网络	京东集团蔡磊先生、吴婧女士	探讨电子发票中的电子签名合法性及第三方认证等问题
10	2018.10.10	上海	天宏迅联智慧网络科技有限公司陈玉刚先生、董维佳女士、陶洋洋女士	探讨税票数字化与供应链协同
11	2018.10.30	网络	广西中烟工业有限责任公司梁福标先生	探讨电子会计档案在企业中的运用

(续表)

序号	调研时间	调研地点	调研对象/活动主办方	探讨内容/活动名称
12	2018.10.31	网络	永辉超市黄明月女士	探讨电子会计档案在企业中的运用
13	2018.11.17	网络	深圳市远致投资有限公司李志伟先生	探讨区块链在财务中的运用
14	2018.12.08	北京	银行函证区块链团队	探讨区块链在银行函证中的运用
15	2018.12.17	上海	上海市数字证书认证中心倪嘉莹女士	探讨数字证书的时限与第三方认证问题
16	2018.12.27	北京	第二届"互联网＋财税"高峰论坛	了解财税信息化发展与运用最新动向
17	2019.03.05	网络	元年科技赵金梅女士	探讨金税三期增值税管理系统设计和应用有关情况
18	2019.03.05	网络	国信电子票据平台信息服务有限公司许义斌先生	探讨金税三期增值税管理系统设计和应用有关情况
19	2019.04.04	深圳	深圳税局	调研区块链电子发票的设计和运用情况
20	2019.04.16	北京	安永2019中国银行业及资本市场论坛	了解中介机构税务管理的新思路和新做法
21	2019.05.22	西安	中石油西安财务共享中心荆宝森团队	调研中石油电子会计档案实施与运用情况
22	2019.05.27	杭州	浙江新华书店集团叶咏女士团队	调研电子会计档案实施与推进情况
23	2019.05.28	北京	京东区块链团队	调研京东区块链的最新研发和应用进展
24	2019.06.07	无锡	江苏税务学校夏晨华老师团队	探讨金税三期和税务风险评估实务工作
25	2019.06.18	网络	云南烟草商业黄虎先生	探讨区块链在电子发票中的运用方案
26	2019.07.27	上海	国际区块链财税协会发起人丁永强先生	探讨区块链在财务和税务中的运用现状和运用可能

(续表)

序号	调研时间	调研地点	调研对象/活动主办方	探讨内容/活动名称
27	2019.07.31	红河	云南省烟草公司红河州公司霸树芬女士	调研税控盘使用、增值税流转和账务处理实务工作
28	2019.09.20	上海	2019年澳洲会计师公会年度论坛	了解企业实务工作中的税务管理信息化方案
29	2019.10.23	北京	用友股份税务管理团队	调研企业税务管理系统及银税连云相关设计与实施思路
30	2019.10.31	昆明	云南省烟草公司普洱市公司张瑞女士	调研增值税发票实务工作中存在的问题
31	2019.11.01	昆明	云南烟草商业刘家富先生	调研电子发票实施、开具和入账实务工作
32	2019.11.04	上海	国信电子票据平台信息服务有限公司许义斌先生	调研金税三期和增值税管理系统2.0部署、电子发票实施和维护实务工作
33	2019.12.08	上海	中石油共享服务西安中心邓龙兵副主任	企业增值税智能化管理相关问题

附录 D

深圳地铁区块链电子发票开具过程

2019年4月14日,本人前往深圳税局开展实地调研,对深圳税局信息中心主任和关键技术人员进行访谈,了解到深圳税局区块链电子普票的实施方案,以及区块链电子普票的实际实施和推广情况。通过乘坐深圳市地铁,本人感受到了区块链电子发票开具过程的便捷性。

(1) 行程确定

确定从入住酒店到深圳税局的地铁行程,去程为"皇岗村—上沙",返程为"上沙—皇岗村"。

(2) 开通乘车码

在微信的发现/小程序功能中,搜索"深圳地铁e出行",进行个人信息注册,勾选同意协议并点击开通"深圳市地铁乘车码"。开通乘车码之后的小程序界面如图 D-1 所示。

图 D-1 中有 3 个核心功能:扫码乘车、网络购票和设备取票,为消费者提供了不同的乘车购票方式。

(3) 进站乘车

点击"扫码乘车",可出现深圳市地铁乘车码(图 D-2)。通过扫码,可直接进入地铁闸机口并乘车。

图中的乘车二维码会自动刷新。同时

图 D-1 "深圳地铁e出行"小程序开通乘车码后的界面

在此界面,还可查看地铁线路图、规划出行、查看娱乐信息,以及回到个人中心。

(4) 出站支付

通过再次刷微信小程序中的深圳市地铁乘车码,直接离开地铁闸机口并根据"开通乘车码"环节的支付条款,自动从微信零钱或银行卡支付地铁乘车费用 2 元,扣费凭证如图 D-3 所示。

图 D-2 "深圳地铁 e 出行"小程序中的深圳市地铁乘车码

图 D-3 微信免密支付扣费凭证

扣费凭证记录了此次乘坐地铁业务的详细信息,包括扣费项目、支付方式、乘车路线、乘车时间和备注。消费者在此界面上还可管理扣费项目和查看乘车记录。在查看乘车记录界面,可申请开具发票。

(5) 进入开票链接

在支付成功界面或在微信小程序"深圳地铁 e 出行"中的乘车记录界面(图 D-4),可点击"开具发票",进入开票环节。

"乘车记录"界面,记录了个人的所有乘车记录,显示每条记录的起点、终点、时间和金额,以及该月份的乘车支出总额。

(6) 正式开票

选择发票抬头"上海国家会计学院",自动带出税号、详细地址、联系电话、开户银行、银行账户等信息,自动填充发票内容"城市轨道交通服务",点击"提交发票"即可开票,如图 D-5 所示。

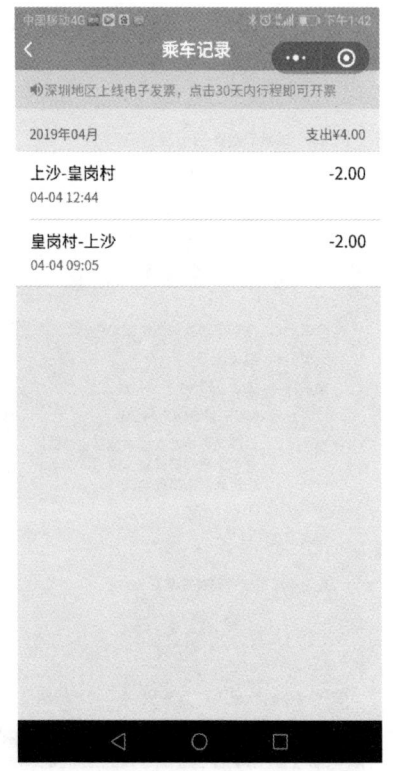

图 D-4 "深圳地铁 e 出行"小程序中的乘车记录

图 D-5 区块链电子发票开具信息填写界面

(7) 收到发票提醒

在微信的"服务通知"中,出现乘车码发票助手发来的"收到新发票提醒",提醒乘客该发票已存到"我/卡包"中,也可直接查看发票详情和查看发票授权,如图 D-6 所示。

(8) 查看发票

在微信小程序"深圳地铁 e 出行"中的"个人中心/乘车记录"界面,选择乘车记录,可以查看已开具的发票,如图 D-7 所示。

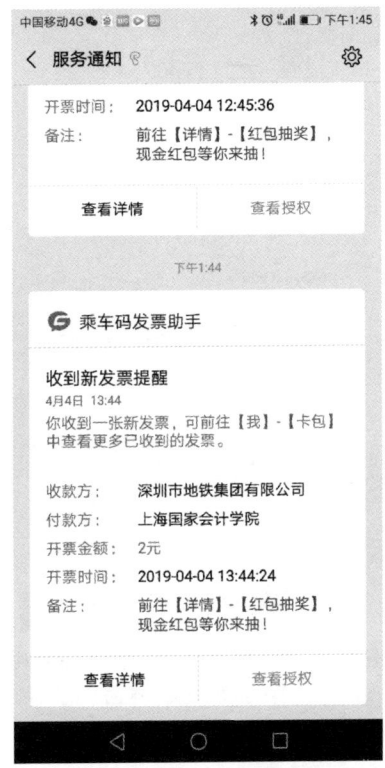

图 D-6　微信通知中的"收到新发票提醒"

图 D-7　"深圳地铁 e 出行"小程序中已开具的发票

图 D-7 显示了发票的关键票面信息,包括发票抬头、税号、发票内容、发票金额,受票单位的详细地址、联系电话、开户银行、银行账户,以及该发票申请开具的时间。点击"查看发票",可进入所示的"查看发票"界面,详见图 D-8。

图 D-8 展现了发票的四条关键信息,包括付款方、收款方、发票金额和开票时间。在此界面,消费者可进行红包抽奖,也可将电子发票发送到指定邮箱,或转发给微信好友,还可以回到微信公众号。

(9) 转发发票

点击"转发到邮箱",可打开"转发到邮箱"界面,如图 D-9 所示。

图 D-9 中,消费者可填入用以接收电子发票的电子邮箱,点击"发送",即可完成电子发票的转发。此时,消费者通过查看邮件(图 D-10)下载该电子发票(图 D-11),进入后续报销环节。

图 D-8 "深圳地铁 e 出行"小程序中的"查看发票"界面

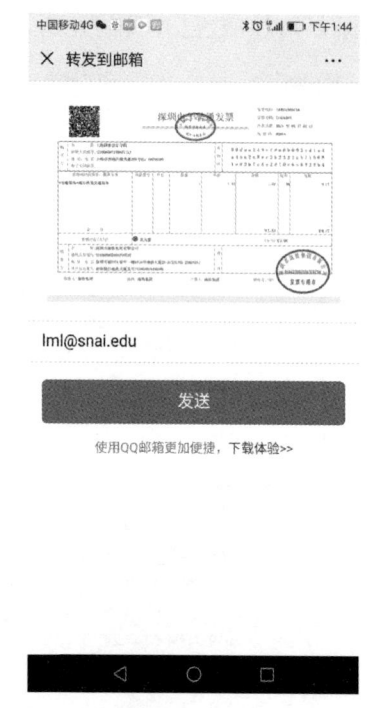

图 D-9 "深圳地铁 e 出行"小程序中的"转发到邮箱"界面

图 D-10 腾讯企业邮箱中的电子发票邮件

图 D-11 中的基于区块链的电子普票,记录了电子普票的全票面信息,盖有税务机关——深圳税局和受票方——深圳市地铁集团有限公司的电子签章。与电子普票相比,最大的差异在于密码区。该密码区显示的是哈希值。

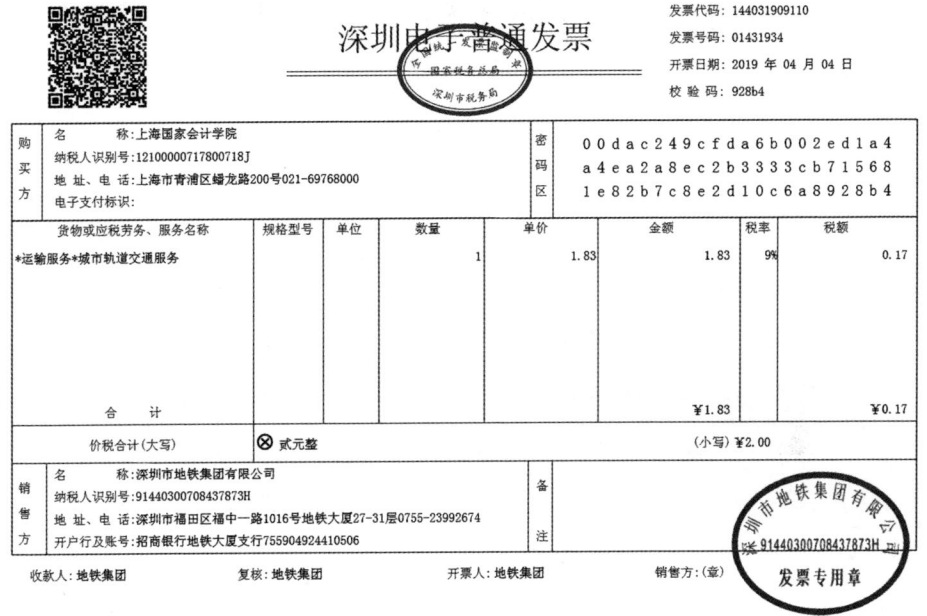

图 D-11 深圳地铁的区块链电子普票

附录 E

缩略语列表（按字母顺序）

序号	缩略语	英文全称	中文翻译全称
1	ABS	Asset-backed Securities	资产证券化
2	API	Application Programming Interface	应用程序编程接口
3	CA	Certificate Authority	证书颁发机构
4	CRM	Customer Relationship Management	客户关系管理
5	DS	Digital Signature	数字签名
6	DApp	Decentralized Application	分布式应用
7	DCEP	Digital Currency Electronic Payment	中国央行数字货币
8	DICE	Digital Invoice Customs Exchange	数字发票海关交易所
9	DLT	Distributed Ledger Technologies	分布式账本技术
10	DPoS	Delegate Proof of Stake	股份授权证明
11	ECC	Elliptic Curve Cryptography	椭圆曲线加密
12	ERP	Enterprise Resource Planning	企业资源计划
13	GCC	Gulf Cooperation Council	海湾合作委员会
14	HTLC	Hashed Time Lock Contract	哈希时间锁定合约
15	INF	Information	信息（所得税相关免税项目）
16	KSI	Keyless Signature Infrastructure	无钥签名基础设施
17	ICO	Initial Coin Offering	首次代币发行
18	IDT	Innovation Diffusion Theory	创新扩散理论
19	NSA	National Security Agency	美国国家安全局

(续表)

序号	缩略语	英文全称	中文翻译全称
20	OID	Object Identifier	对象标识符
21	P2P	Peer to Peer	点对点
22	PBFT	Practical Byzantine Fault Tolerance	拜占庭算法
23	PoS	Proof of Stake	权益证明
24	POW	Proof of Work	工作量证明
25	RFID	Radio Frequency Identification	无线射频识别
26	RSMC	Revocable Sequence Maturity Contract	序列到期可撤销合约
27	SCP	Stellar Consensus Protocol	恒星共识协议
28	SCS	Sequence Control System	顺序控制系统
29	UPnP	Universal Plug and Play	通用即插即用
30	VAT	Value Added Tax	增值税